Lösungen

zu dem

Zivilrechtspraktikum

herausgegeben von

Kammergerichtsrat **Dr. Richard Schück.**

Mit Genehmigung des Verfassers bearbeitet
nach dem Bürgerlichen Gesetzbuch für Studierende und Referendare

von

Heinrich von der Mosel,
Rechtsanwalt in Dresden.

Zweite Auflage.

Berlin 1909.
J. Guttentag, Verlagsbuchhandlung,
G. m. b. H.

Vorwort zur zweiten Auflage.

Im vorliegenden habe ich die Lösungen zu Dr. Schücks Zivilrechtspraktikum um 121 vermehrt. Da nach Wegfall der früheren Nr. 2 bereits 79 Lösungen vorhanden sind, so liegen jetzt im ganzen 200 vor, das heißt es ist durchschnittlich jeder dritte Fall besprochen.

Die bereits vorhandenen Lösungen wurden teilweise etwas verbessert, weshalb ich das Ganze als zweite Auflage herausgebe.

Von Buch 1 und 3 ist jetzt die bei weitem größere Hälfte der Fälle besprochen, von Buch 2 konnten vorläufig nur 17 weitere Lösungen gegeben werden. Ich hebe aber hervor, daß noch etwa 150 Lösungen von Buch 2, 4 und 5 druckfertig bei mir liegen, die vorläufig noch nicht veröffentlicht werden konnten, weil dadurch der Umfang des Buchs zu erheblich wird. Diese Besprechungen stelle ich auf Wunsch gern zur Verfügung.

Sehr nützlich waren mir bei der Verbesserung der früheren Lösungen einige vorzügliche Ausführungen des Herrn Dr. E. Aßmann in Berlin, dem ich auch hier meinen besten Dank ausspreche. Bei der Kürze meiner Bearbeitung konnte ich leider das Gegebene nicht in vollem Maße zur Geltung bringen.

Dresden, den 20. Januar 1909.

Heinrich v. d. Mosel, Rechtsanwalt.

Abkürzungen.

BGB. = Bürgerliches Gesetzbuch.
EG. = Einführungsgesetz zum Bürgerlichen Gesetzbuch.
ZPO. = Zivilprozeßordnung.
HGB. = Handelsgesetzbuch.
WO. = Wechselordnung.
KO. = Konkursordnung.
FGG. = Reichsgesetz über die Angelegenheiten der freiwilligen Gerichtsbarkeit.
GrO. Grundbuchordnung.
GewO. = Gewerbeordnung.
StrGB. = Strafgesetzbuch.
StrPO. = Strafprozeßordnung.
ZwVG. Zwangsversteigerungsgesetz.

Anm. Die Paragraphen des Bürgerlichen Gesetzbuchs werden gewöhnlich ohne den Zusatz BGB. angeführt.

Erstes Buch. Allgemeiner Teil.

Fall 1. (Schücks Zivilrechtspraktikum Seite 1.)

Die erste Behauptung des Professors betreffs der Zeit der Geburt der Kinder ist falsch, denn wie in allen öffentlich-rechtlichen Verhältnissen nach dem Reichsgesetz vom 12. März 1893, so gilt gewohnheitsrechtlich auch in privatrechtlichen Verhältnissen die mitteleuropäische Zeitrechnung, falls nicht besondre Bestimmungen vorliegen. Nach dieser Zeitrechnung sind die hier in Betracht kommenden Kinder des Professors und des Hauptmanns zu gleicher Zeit geboren, nämlich um 9 Uhr vormittags. Der Professor beruft sich weiter darauf, daß sein Kind während der Geburt geschrien, also bereits vor der völligen Ausstoßung aus dem Mutterleibe gelebt habe. Diese Behauptung wird ohne weiteres hinfällig durch die Vorschrift des § 1. Danach beginnt die Rechtsfähigkeit des Menschen erst mit der Vollendung der Geburt, also beginnt auch die Fähigkeit eine Erbschaft zu erwerben, die ja nur eine Seite der Rechtsfähigkeit ist, mit diesem Zeitpunkte. Die Feststellung, wann die Geburt erfolgt sei, ist Sache der medizinischen Wissenschaft. Die Frage ist aber hier ohne Bedeutung, denn die Parteien streiten ja nur darüber, wann die Rechtsfähigkeit beginnt.

Besser ist das Vorbringen des Hauptmanns, daß das Kind des Professors in das Sterberegister eingetragen, also jedenfalls in der Geburt verstorben sei. Die in § 18 des Personenstandsgesetzes von 1875 genannten Personen haben die Verpflichtung, jeden Geburtsfall dem Standesbeamten des zugehörigen Bezirks anzuzeigen. Der Standesbeamte hat weiter die Verpflichtung, jeden in seinem Bezirke vorkommenden Geburts- und Sterbefall, der ihm angezeigt wird, zu beurkunden. Hier ist nun nur der Sterbefall eingetragen worden. Also ist nach § 15 verb. mit § 23 Pers.Ges. zu vermuten, daß das Kind des Professors überhaupt nicht gelebt hat, sondern bereits in der Geburt — also vor völliger Ausstoßung aus dem Mutterleibe — gestorben ist. Bewiesen ist dies freilich nicht, wie der Hauptmann annimmt. Denn es ist nicht ausgeschlossen, daß bei der Anzeige ein Irrtum vorgekommen ist, oder daß der Standesbeamte die Beurkundung der Geburt vergessen hat. Der Gegenbeweis bleibt also immer offen. Im Text ist aber nicht davon die Rede, daß der Professor wirklich diesen Gegenbeweis geführt hat. Gelingt ihm dieser Beweis nicht, so muß der Hauptmann im Prozesse unter allen Umständen durchdringen, und seinem Kinde muß das Recht auf die Villa zugesprochen werden.

Nimmt man als bewiesen an, daß auch das Kind des Professors lebend geboren ist, so sind beide Kinder, da sie als zugleich geboren angesehen werden müssen, an dem Vermächtnis zu gleichen Teilen berechtigt, und das Testament ist insoweit zu interpretieren (Concursu partes fiunt, vgl. auch § 2073). Übrigens fordert der Professor, selbst wenn ihm der Beweis, daß sein Kind ebenfalls Rechtsfähigkeit erlangt hat, gelingen sollte, wahrscheinlich noch zu viel, wenn er die Hälfte des Vermächtnisses beansprucht. Denn wenn man voraussetzt, daß seine Frau zur Zeit des Erbfalls noch lebt, so wird diese nach § 1925 Abs. 2 Miterbin ihres Kindes zu $1/_2$, während die andere Hälfte — also ein Viertel des Ganzen — auf den Vater entfällt.

Fall 2. (Schücks Zivilrechtspraktikum Seite 2.)

Die Frage ist die, inwieweit für die drei Fälle ein Schutz des Namensrechts auf Grund von § 12 einzugreifen hat.

a) Der Professor ist eine allgemein bekannte und geachtete Persönlichkeit. Seine Bedeutung besteht darin, daß er Philosophie vorträgt. Wenn er in einem Lustspiel mit vollem Namen auf die Bühne gebracht und als lächerliche Figur dargestellt wird, so ist nicht ausgeschlossen, daß ihm infolge dieser Darstellung das Verhalten, die Handlungen und Leistungen der im Lustspiel vorkommenden Person irrtümlicherweise zugerechnet werden, daß er dadurch an Achtung verliert und die Zahl seiner Zuhörer infolgedessen abnimmt. Er hat also nicht nur ein Interesse schlechthin, sondern vielleicht auch ein Vermögensinteresse, welches nach § 12 gar nicht vorausgesetzt wird, daran, daß er nicht in dieser Weise dargestellt wird. Der § 12 will nun zwar vor allem den häufigsten Fall treffen, daß jemand unbefugt sich selbst den Namen eines anderen beilegt. Doch kann man auf Grund extensiver Interpretation desselben auch das als unbefugten Gebrauch bezeichnen, wenn jemand einem anderen — das ist hier der Schauspieler im Lustspiel — den Namen eines Dritten unter Umständen beilegt, die dessen Interesse an seinem Namen verletzen. Somit ist hier meines Erachtens der Schutz des § 12 gegeben, und der Professor kann dem Autor des Lustspiels den Gebrauch seines Namens verbieten. Er kann also klagen auf Änderung der Bezeichnung der betreffenden Person des Lustspiels in der Weise, daß eine Verwechslung mit seiner Person ausgeschlossen ist, ferner, da weitere Beeinträchtigungen hier leicht zu besorgen sind, auf Unterlassung der Bezeichnung bei späteren Aufführungen. Handelt der Verurteilte seiner Verpflichtung zur Unterlassung nach Erlaß des Urteils auch fernerhin zuwider, so kann er an sich nur mit mittelbarer Gewalt hierzu gezwungen werden, der Schuldner kann nämlich gemäß § 890 ZPO. auf Antrag des Gläubigers wegen jeder Zuwiderhandlung vom Prozeßgericht erster Instanz zu einer Geldstrafe bis zu 1500 M. oder zur Strafe der Haft bis zu sechs Monaten verurteilt werden. Der Verurteilung muß nach § 890 Abs. 2 ZPO. eine Strafandrohung vorausgehen. Den Antrag auf Strafandrohung braucht der Gläubiger nicht erst im Zwangsvollstreckungsverfahren zu stellen, sondern kann ihn, wie dies in der Praxis meistens geschieht, schon als Kläger im Klageantrag stellen. Dann erreicht er die Strafandrohung schon früher, nämlich bereits im Urteil über die Hauptsache. Hierauf kann auf seinen Antrag die Verurteilung des Schuldners zu der nach § 890 Abs. 1 ZPO. festgesetzten Strafe durch Beschluß erfolgen. Sollte sich der Autor auch weigern, die Änderung der Bezeichnung der den Professor darstellenden Person vorzunehmen, so könnte dieser auch das durch mittelbaren Zwang nach § 888 ZPO. erwirken, da hier eine ausschließlich vom Willen des Schuldners abhängende Handlung in Betracht kommt. (Auch § 887 könnte man in Erwägung ziehn.)

b) Hier ist § 12 wieder auf Grund extensiver Interpretation anwendbar. Das fragliche Schreiben geht offenbar nicht von Bismarck aus, da es der Weinbergsbesitzer selbst ersonnen hat und Bismarck es nicht unterschrieben hat. Der Weinbergsbesitzer sucht aber bei dem Publikum den Glauben zu erwecken, als ob es von Bismarck ausginge, als ob dieser also seinen Wein belobigt hätte, damit sucht er das Publikum in seinem Interesse zu täuschen. Bismarck hat aber entschieden ein Interesse daran, daß ein Schreiben, das eine Ansicht enthält, die er möglicherweise gar nicht vertritt, nicht als von ihm unterschrieben verbreitet wird. Der Weinbergsbesitzer gebraucht also den Namen Bismarcks unbefugt und verletzt damit dessen Interesse an seinem Namen. Bismarck kann daher von demselben auf Grund von § 12 Beseitigung der vorhandenen Belobigungsschreiben verlangen. Da weitere Beeinträchtigungen leicht möglich sind, so kann er auch auf Unterlassung der Anfertigung weiterer mit seiner Unterschrift versehener Belobigungsschreiben klagen. Auch kann der Kläger wieder mit dem Klagantrage den Antrag nach § 890 der ZPO. verbinden oder denselben nach Erlaß des Urteils stellen. (Vgl. hierüber das unter a Gesagte.) Bismarck kann dagegen nicht darauf klagen, daß der Weinbergsbesitzer auch die Bezeichnung „Fürst Bismarck" unterläßt. Durch sie wird das Interesse Bismarcks nicht verletzt. Denn es ist in unserem Verkehrsleben allgemein üblich, Zigarren oder anderen Waren die Namen berühmter Männer beizulegen. Diese Bezeichnungen haben vorwiegend den Zweck, ein Unterscheidungsmerkmal zu bilden, nicht aber den, den Anschein zu erwecken, daß die betreffende Person in irgendeiner Beziehung zu der Sache steht. Derjenige, welcher daraufhin diesen Waren einen besonderen Wert beilegt, hat selbst die Schuld daran, denn es fehlt ihm die normalerweise bei einem Käufer vorauszusetzende Kenntnis vom Verkehrsleben.

c) Hier ist der Schutz des § 12 nicht gegeben. Offenbar stützt sich der Schustergeselle darauf, daß durch die Namensänderung des Referendars Cohn in Conrad der Anschein erweckt werden könnte, daß er selbst der früher Cohn genannten jüdischen Familie angehöre. Nach unseren modernen Rechtsanschauungen hat aber die Religion in rechtlicher Beziehung keinen Einfluß mehr. Das Interesse eines Mannes namens Conrad an seinem Namen wird somit nicht dadurch verletzt, daß ein Jude Cohn den Namen Conrad annimmt. Der Schustergeselle kann daher weder gegen den Referendar, noch gegen die zuständige Behörde irgendwie vorgehn.

Anm. Über das Namensrecht läßt sich vieles sagen, was aber dem Zwecke der vorliegenden Behandlung nicht entspräche, welcher nur dahin geht, die leitenden Gesichtspunkte zu eröffnen und im direkten Anschluß an den einzelnen Fall so kurz wie möglich zu entscheiden, ohne weiter auf theoretische Entwicklungen und die damit zusammenhängenden Streitfragen und die Literatur einzugehen. Bemerkt soll nur werden, daß das Namenrecht von den wenigen sog. Individualrechten des Menschen ist, welche durch BGB. geschützt werden. Ähnliche Rechte sind das von mir als vorhanden angenommene, jetzt viel besprochene Recht auf Verbieten des Reproduzierens von Photographien, wenn die Aufnahme wider Willen des Aufgenommenen erfolgt ist (sog. Recht am eignen Bild, vgl. Fall 311), und das Recht der Verfügung über den Körper für die Zeit nach dem Tode (vgl. Fall 53).

Frühere Reichsgesetze enthielten übrigens einen Schutz des Namensrechts nur in einzelnen Beziehungen, so schützen z. B. das HGB. das Firmenrecht der Kaufleute, das Gesetz vom 12. Mai 1894 und das Gesetz vom 27. Mai 1896 über den unlauteren Wettbewerb die Warenbezeichnungen. Auch diese Vorschriften kann man bis zu einem gewissen Grade als hierher gehörig in Betracht ziehen.

Fall 6. (Schücks Zivilrechtspraktikum Seite 2.)

Der Portier hat die Verpflichtung, die Straße vor dem Hause der Gesellschaft zu bestreuen. Wenn er dies unterläßt, so handelt er widerrechtlich, denn er verletzt die fragliche Polizeiverordnung, er handelt auch fahrlässig, da er die möglichen Folgen seiner Unterlassung kennt oder kennen muß, somit die im Verkehr erforderliche Sorgfalt außer acht läßt (§ 276). A. erleidet dadurch eine Körperverletzung. Der Portier hat also nach § 823 (vielleicht nach § 823 Abs. 2) dem A. Schadensersatz zu leisten. Daß sein Verstoß in einer Unterlassung besteht, ist gleichgültig, da die vorliegende Polizeiverordnung nur durch Unterlassung übertreten werden kann und daher eine Verpflichtung zur Handlung vorlag. (Vgl. Baron, Pandekten, § 313 IIb S. 576.)

Weiter fragt sich, ob auch die Aktiengesellschaft dem A. für den Schaden haftet. Der Portier ist vom Vorstande der Gesellschaft angestellt und instruiert worden. Da dieser aber nur als direkter Stellvertreter der Gesellschaft — also einer juristischen Person — handelt, so gilt er als von der Gesellschaft selbst angestellt, nicht vom Vorstand. Bezüglich der Haftung der Gesellschaft sind also die Vorschriften über die Haftung für Verschulden Angestellter in Betracht zu ziehn. Das HGB., welches hier zunächst in Frage kommt, gibt hierüber im allgemeinen keine näheren Bestimmungen, sondern läßt das BGB. entscheiden. Dieses regelt die Frage vor allem in § 278 und § 831. § 278 kommt hier nicht in Betracht, da er nur für Verschulden aus Vertragsverhältnissen gilt, es bleibt also § 831. Zweifellos ist der Portier von der Gesellschaft zu einer Verrichtung bestellt, indem er den Bürgersteig vor dem Hause mit Sand zu bestreuen hat. Die Gesellschaft haftet daher für den Schaden, den er in Ausübung dieser Verrichtung einem Dritten widerrechtlich zufügt. Nun entsteht zwar der Schaden hier nicht bei Ausführung der Verrichtung, sondern gerade durch Unterlassung derselben. § 831 ist aber ebenso wie § 823 dahin zu interpretieren, daß er nicht nur die Schadenzufügung durch positive Handlung, sondern auch eine solche durch Unterlassung umfaßt, wenn eine Verpflichtung zum Handeln vorlag (s. o.). Somit muß die Gesellschaft für den vom Portier dem A. zugefügten Schaden nach § 831 Abs. 1 Satz 1 haften. Die Gesellschaft kann sich aber von dieser Haftung nach § 831 Abs. 1 Satz 2 befreien, indem sie nachweist, daß sie bei Anstellung des Portiers die im Verkehr erforderliche Sorgfalt beobachtet habe. Das würde in einem etwaigen Prozeß besonders durch die Aussage des Vorstands, der den Portier angestellt und instruiert hat, sowie durch den Nachweis, daß der Portier im allgemeinen ein ordentlicher und tüchtiger Mensch ist, festgestellt werden können. Gelingt der Beweis, so würde der Schadenszufüger allein haften.

A. mußte also seine Klage, soweit sie sich gegen die Gesellschaft richtet, auf § 831 stützen. Er stützt sich dagegen auf § 31. Diese Vorschrift schlägt deshalb nicht ein, weil es sich darin nur um den Schaden handelt, den der Vorstand, ein Mitglied des Vorstandes oder ein anderer verfassungsmäßig berufener Vertreter des Vereins durch eine in Ausführung der ihm zustehenden Verrichtungen begangene zum Schadensersatze verpflichtende Handlung einem Dritten zufügt. § 31 will also eine verschärfte Haftung eines rechtsfähigen Vereins für außerkontraktliches Verschulden der genannten Personen feststellen, indem der Verein sich nicht auf die Einrede nach § 831 Abs. 1 Satz 2 stützen kann. Richtig ist zwar, daß § 31 in Ermangelung entgegengesetzter Vorschriften des HGB. auch für Gesellschaften gilt, die juristische Personen sind. Im vorliegenden Fall hat aber ein Dritter den Schaden zugefügt, der erst vom Vorstand in Vollmacht der Gesellschaft angestellt worden ist. Daß dieser kein verfassungsmäßig berufener Vertreter des Vereins ist, ist ohne weiteres klar. Somit ist § 31 nicht anwendbar, und die Gesellschaft hat das Recht aus § 831 Abs. 1 Satz 2. Sie haftet, falls sie den fraglichen Nachweis nicht erbringt, nach § 840 mit ihrem Angestellten zusammen als Gesamtschuldner. Andrerseits führt die falsche Rechtsausführung, auf die sich A. stützt, nicht zur Klagabweisung (nach dem Satze: **jura novit curia**).

Anm. Für das innere Verhältnis gilt hier, wie in allen derartigen in der Praxis sehr häufigen Fällen folgendes: Wenn der Vorstand bei Auswahl des Portiers nicht die erforderliche Sorgfalt anwendete, so handelte er fahrlässig und haftet daher der von ihm vertretenen Gesellschaft auf Schadensersatz. Diese Haftung gründet sich aber nicht auf Delikt, sondern auf Vertrag, nämlich auf mangelhafte Erfüllung des zwischen ihm und der Gesellschaft bestehenden Vertrags, der als Dienstvertrag anzusehn ist. Daraus haftet er gemäß § 241 HGB. verb. mit § 276 BGB. Der Verein würde also insofern ein Regreßrecht gegen seinen Vorstand haben.

Die Höhe und Art des Schadensersatzes regeln an und für sich die allgemeinen auch für Vertragsverhältnisse gegebenen Schadensersatzvorschriften der §§ 249 ff. Für den Fall der Verletzung des Körpers hat aber § 843 die spezielle Anordnung gegeben, die hier aller Wahrscheinlichkeit nach einschlägt.

Fall 9. (Schücks Zivilrechtspraktikum Seite 2.)

Der Gesangverein Harmonie ist ein Verein im Sinne des § 21, also ein solcher, der durch Eintragung in das Vereinsregister des zuständigen Amtsgerichts die Rechtsfähigkeit — also juristische Persönlichkeit — erlangt hat. Gemäß § 26 wird der Verein durch A. als Vorstand vertreten, und zwar ist dieser direkter Stellvertreter (§ 164). Der Mietvertrag zwischen A. und B., sowie der Dienstvertrag zwischen A. und C. sind daher als Rechtsgeschäfte des Vereins, also der juristischen Person, anzusehn. Wenn nun die Vereinsmitglieder bis auf A., X. und Y. austreten und A. stirbt, so hat der Verein nur noch zwei Mitglieder, nämlich X. und Y., da nach § 38 die Mitgliedschaft nicht übertragbar und nicht vererblich ist und die Erben des A. daher nicht Mitglieder des Vereins werden. Daher hat das Amtsgericht ganz mit Recht unter Berücksichtigung des § 73 dem Verein die Rechtsfähigkeit entzogen. Nach § 47 hat nunmehr die Liquidation zu erfolgen. Nach § 49 Abs. 2 gilt dabei der Verein als fortbestehend, soweit der Zweck der Liquidation es erfordert. Dies ist aber vor allem der Fall, wenn es sich um Abwicklung früher eingegangener Verträge und um Prozesse wegen derselben handelt. Die aus diesen Verträgen Berechtigten müssen also den Verein als juristische Person verklagen, und dieser haftet nur mit dem Vereinsvermögen. Im vorliegenden Falle ist nun gerade der Vorstand, der zur Vertretung des Vereins im Liquidationsverfahren gesetzlich berufen ist, nicht mehr vorhanden. Die Gesellschafter müssen daher analog § 27 (vgl. § 48) einen anderen Liquidator bestellen, als welcher einer von ihnen oder auch ein Dritter auftreten kann. Dieser hat in dem von B. und C. anzustellenden Prozesse den Verein zu vertreten (ev. muß nach § 29 die Bestellung erfolgen).

Die Frage, ob B. und C. wegen der Miete und des Lohns auch gegen die Erben des A. klagen können, ist nach dem Obigen zu verneinen. Denn da, wie oben gesagt, nach § 38 die Mitgliedschaft nicht übertragbar und nicht vererblich ist und die Erben des A. somit nicht Mitglieder des Vereins werden, so geht auch das Recht des A. an dem Vermögen des Vereins nicht auf seine Erben über. Diese sind daher bei einer Klage gegen die Vereinsmitglieder nicht passiv legitimiert. (Dagegen übernehmen die Erben des A. die sonstigen Verpflichtungen desselben. Zu diesen gehört aber möglicherweise die Verpflichtung zur Herausgabe des noch bei ihnen befindlichen Inventars [s. u.]. Im Falle der Nichtbefriedigung oder nicht völligen Befriedigung können daher die Gläubiger auf Grund vollstreckbaren Urteils die Forderung des Vereins gegen die Erben des A. auf Herausgabe der Inventargegenstände pfänden und sich überweisen lassen und treten nun als Gläubiger an Stelle des Vereins.)

Welche Rechte können die Beklagten wegen des Inventars geltend machen? Da das Inventar sich zum Teil bei dem Vermieter B., zum Teil bei den Erben des A. befindet, so kann es sich hier nur um Rechte gegen diese Personen handeln. Mit B. hat der Verein einen Mietvertrag abgeschlossen, seine Rechte bestimmen sich also nach den §§ 535 ff. bzw. nach dem Vertrage. Ist dieser z. B. sofort kündbar, so kann der Verein das Inventar herausverlangen und es so zur Bezahlung der Schulden mit verwenden, falls das sonstige Vermögen nicht zureicht. Was die Rechte und Pflichten des Vereins gegen die Erben des A. betrifft, so kommt es hier wieder auf das zwischen dem Verein und den Erben bestehende Vertragsverhältnis an, auf Grund dessen die Erben des A. die Möbel erlangt haben. Wahrscheinlich ist es ein Mietvertrag. Es kann aber auch ein Verwahrungsvertrag sein (§§ 688 ff.). Ist dieser Vertrag ohne Kündigungsfrist geschlossen, so kann der Verein das Inventar von den Erben des A. sofort herausverlangen, andernfalls unter Einhaltung der gesetzlichen oder vertragsmäßigen Kündigungsfrist.

Ungenau ist es, wenn hier von Rechten der Beklagten die Rede ist. Die fraglichen Rechte muß vielmehr, wie schon hervorgehoben, der Verein als juristische Person unter der Firma „Gesangverein Harmonie in Liquidation" geltend machen, denn offenbar erfordert das der Zweck der Liquidation. (Vgl. das zur ersten Frage hierüber Gesagte.) Es kann übrigens auch sein, daß der Verein noch zu Lebzeiten des A. diesem den fraglichen Teil des Inventars übergeben hat. Freilich entsteht dann die Frage, inwieweit A. als Vorstand zu diesem Rechtsgeschäft mit sich selbst berechtigt war (§ 181). Es soll aber hierauf nicht näher eingegangen werden, da dies zu weit führen würde.

Anm. Hätten X. und Y. nach Entziehung der Rechtsfähigkeit neue Schulden kontrahiert, so würden sie für diese noch § 54 im allgemeinen wie Gesellschafter haften, also persönlich (§§ 705 ff.). Erhebt der Gläubiger aus diesen Verträgen Klage, so würde § 50 Abs. 2 ZPO. in Betracht kommen, denn es ist zu beachten, daß der Verein als nicht rechtsfähiger in Ermangelung einer ausdrücklichen oder stillschweigenden Auflösung noch nicht aufgehört hat zu existieren.

Fall 18.

Der Gerichtsvollzieher ist öffentlicher Beamter und zugleich Beauftragter der Partei im Sinne des § 675. Hier kommt nur seine erstere Eigenschaft in Betracht. Die Frage der Haftung des Staates für vorsätzliche oder fahrlässige Pflichtverletzung seines Beamten wird im allgemeinen in den §§ 89, 31 verb. mit §§ 839, 823 geregelt. Es liegt kein Grund vor, den Gerichtsvollzieher nicht nach diesen Vorschriften zu beurteilen. Hier hat nun X. offenbar eine zum Schadensersatz verpflichtende Handlung (Unterschlagung) begangen. Wenn daher der Kläger im Konkurse des Gerichtsvollziehers nur 200 M. Dividende erhält, so sollte man annehmen, daß der Fiskus für den Ausfall nach obigen Vorschriften als Gesamtschuldner mit seinem Beamten zu haften habe (§ 840). Die Frage kann aber zweifelhaft sein. Denn die durch § 89 festgesetzte Haftpflicht beschränkt sich nach Absicht des Gesetzgebers nur auf solche Handlungen, die die Beamten in ihrer privatrechtlichen Vertretungsmacht vorgenommen haben. Die Frage, ob und inwieweit der Staat auch für den Schaden haftet, den seine Beamten in Ausübung der ihnen anvertrauten öffentlichen Gewalt Dritten zufügen, unterliegt — weil dem öffentlichen Rechte angehörig — der Entscheidung durch die Landesgesetzgebung (Art. 77 EG.; vgl. Rosenthal, Anm. 56 zu § 89; Hatschek, Die rechtliche Stellung des Fiskus im BGB., Berlin 1899, S. 46, 47).

Zu untersuchen ist also: Welcher der beiden Fälle liegt hier vor?

Mir scheint unbedenklich, das BGB. anzuwenden. Dabei dürfte die Frage entstehen, ob der Fiskus vielleicht deshalb nicht haftet, weil es sich nicht um eine „in Ausführung der ihm zustehenden Verrichtungen" begangene Handlung (§ 31), sondern nur um eine bei Gelegenheit dieser Ausführung begangene Handlung handelt. Man kann wohl ersteres annehmen. Somit haftet der Fiskus.

Anm. In Sachsen besteht ein Gewohnheitsrecht, wonach der Staat für den Schaden, den seine Beamten bei der Amtsführung stiften, haftet (Sächs. Archiv 9 S. 25, vgl. auch GrO. § 12). Übrigens haftet der Staat nicht nur subsidiär, sondern neben dem Beamten (vgl. Zentralblatt für freiw. Gerichtsbark. S. 38ff.).

In Sachsen bliebe also die Entscheidung, falls Landesrecht anzuwenden wäre, dieselbe.

Fall 23.

Die Frage der Haftung des Fiskus für Schadenszufügungen seiner Beamten wird in § 89 verb. mit § 31 geregelt. Danach haftet der Fiskus für den Schaden, den sein verfassungsmäßig berufener Vertreter durch eine in Ausführung der ihm zustehenden Verrichtungen begangene zum Schadensersatz verpflichtende Handlung einem Dritten zufügt. B. ist zweifellos ein solcher Vertreter. Nach dem Text soll auch als festgestellt gelten, daß er fahrlässig gehandelt hat. Daher ist eine Verpflichtung des B. zur Schadensersatzleistung nach § 839 unbedenklich anzunehmen. Wie steht es aber mit dem Fiskus? Fraglich ist, ob hier das BGB. überhaupt anzuwenden ist oder nicht vielmehr eine lex specialis, nämlich das Haftpflichtgesetz vom 7. 6. 1871. Nach § 1 desselben haftet der Fiskus, wenn man annimmt, daß der Unfall des Klägers „bei dem Betriebe" einer Eisenbahn sich ereignet. Daß die Prüfung der Feuerlöschgerätschaften und insbesondere das Forttragen des geladenen Extinkteurs hierunter fällt, ist wohl anzunehmen. (Die näheren Umstände sind nicht bekannt.) Nimmt man es an, so schlägt das Haftpflichtgesetz ein, nach dem der Fiskus zu haften hat.

Wendet man das Haftpflichtgesetz an, so ergibt sich in der weiteren Lösung ein erheblicher Unterschied. Nach § 5 cit. dürfte dann der Verzicht im voraus ungültig sein. Übrigens wäre dann auch die Fahrlässigkeit des B. nicht wesentlich (§ 1 cit.).

Ist A. nicht mit festem Gehalt und Pensionsberechtigung angestellt — was bei Beamten des Staats die Ausnahme bildet — so greift übrigens das Unfallversicherungsgesetz Platz (§ 1 Ziff. 3, insbes. § 128, s. auch §§ 135, 136).

Anm. Der preußische Eisenbahnfiskus wird nach § 6 der seit dem allerhöchsten Erlaß vom 15. 12. 94 geltenden Verwaltungsordnung jetzt durch die Eisenbahndirektion vertreten.

Fall 24. (Schücks Zivilrechtspraktikum Seite 3.)

Der Fall ist eines der lehrreichsten Beispiele aus der Besitz- und Eigentumslehre in Verbindung mit §§ 90ff.

Der Zopf ist ein Bestandteil des Körpers, daher, solange er sich am Körper befindet, keine Sache im Rechtssinne (§ 93). Es fragt sich nun, inwiefern sich durch das Abschneiden der Zöpfe die Rechtslage verändert. Dadurch werden die Zöpfe Sachen im Rechtssinne, also körperliche Gegenstände im Sinne des § 90. Wie nun die B. vor dem Abschneiden das Recht hatte, über die Zöpfe ausschließlich zu verfügen, so behält sie dieses Recht und den Willen auch, nachdem die Zöpfe zu Sachen geworden sind. Bei diesen ist aber das ausschließliche Verfügungsrecht Eigentum im Sinne des § 903. Die B. erwirbt also im Augenblick des Abschneidens der

Zöpfe Eigentum an denselben. Den Besitz an denselben hat sie allerdings verloren, denn diesen hat ihr A. nach § 861 entzogen, indem er die Zöpfe — wenigstens für kurze Zeit — an sich nahm, so daß sie nicht mehr in der Lage ist, über sie zu verfügen, wie § 854 es verlangt. Man könnte wohl auch behaupten, den Besitz an den Zöpfen habe die B. gar nicht erlangt, sondern der A. habe ihn sofort mit dem Abschneiden erlangt.

Welche Bedeutung hat es weiter, wenn A. die Zöpfe in die Gosse wirft und C. sie findet und an sich nimmt? A. beweist durch das Wegwerfen, daß ihm an dem Besitz der Zöpfe als körperlicher Sachen nichts gelegen ist und er ihn daher gleich, nachdem er ihn erlangt hat, wieder aufgeben will. C. nimmt an, die Zöpfe seien herrenlose (dereliquierte) Sachen im Sinne des § 959. Das ist nicht zu verwundern, denn beim Finden von natürlichen Zöpfen muß man jedenfalls annehmen, daß die Eigentümerin sie absichtlich weggeworfen hat. (Anders, falls die Zöpfe künstlich wären, da diese vermutlich niemand dereliquieren wird.) C. glaubt also, daß er durch Aneignung nach § 958 Eigentum an einer herrenlosen Sache erlangt hat. Dieses hat aber in Wahrheit noch die B. C. kann also nicht Eigentümer an den Zöpfen werden. Der gute Glaube nützt ihm nichts, er würde ihm auch im Falle des derivativen Erwerbs nach § 942 nur nützen, wenn ihm die Zöpfe übergeben worden wären, und selbst dann würde er hier kein Eigentum erlangen, da dann § 935 einschlagen würde, und die Zöpfe als „sonst abhanden gekommene" Sachen zu gelten hätten. Die Rechtsstellung des C. ist also nur die des sog. Eigenbesitzers (§ 872).

C. verkauft die Zöpfe weiter an D. und übergibt sie ihm, wie zu ergänzen ist. D. weiß nichts davon, daß C. nicht Eigentümer der Zöpfe ist, er ist also gutgläubiger Erwerber. Nach § 932 müßte D. durch Übergabe Eigentum an den Zöpfen erwerben, obgleich C. nicht Eigentümer war. Nach § 935 erwirbt D. aber kein Eigentum an den Zöpfen, sondern nur Besitz (vielleicht auch das nicht, vgl. § 856 Abs. 2). Denn die Zöpfe fallen ohne Zweifel unter die in § 935 als „sonst abhanden gekommen" bezeichneten Sachen, wenn sie auch nicht als verlorene Sachen im Sinne dieses Paragraphen angesehn werden dürfen. Die B. bleibt also auch jetzt noch Eigentümerin der Zöpfe.

Es fragt sich nun, in welcher Weise die B. gegen A., C. und D. vorgehen kann. Das ergibt sich nach Erledigung dieser Vorfragen mit Leichtigkeit.

A. hat das Eigentum der B. vorsätzlich und widerrechtlich verletzt, indem er die Zöpfe, die, wie erörtert, durch das Abschneiden Eigentum der B. werden, in die Gosse warf, wo sie schmutzig werden. Er hat also eine Sachbeschädigung, und somit auch eine unerlaubte Handlung nach § 823 — vgl. auch § 826 — begangen, und es fragt sich nun, ob er daraus auf Schadensersatz haftet. Das BGB. (§§ 249 ff., insbes. § 253) versteht unter Schaden in dem hier in Betracht kommenden Sinne allein den Vermögensschaden. Einen solchen hat die B. voraussichtlich nicht erlitten (denn sie müßte dann nachweisen, daß sie die Absicht hatte, sich durch die Verwertung der Zöpfe eine Einnahme zu verschaffen). Trotzdem ist ein Anspruch der B.

gegen A. denkbar auf Grund des § 847. Es fragt sich hierbei, ob das Abschneiden der Haare als eine Verletzung des Körpers im Sinne des § 847 aufzufassen ist. Der Begriff der Körperverletzung ist im Strafrecht genau festgestellt. Es liegt aber kein Grund vor, einen besonderen zivilrechtlichen zu konstruieren. Im Strafrecht ist nun die Frage, ob das Abschneiden des Zopfes eine Körperverletzung im Sinne des § 223 StrGB. ist, sehr bestritten. Zu bejahen ist sie nach Olshausen, wenn durch das Abschneiden eine Entstellung, wenn auch nur eine vorübergehende, herbeigeführt wird. Dies ist hier, da es sich um ein junges Mädchen handelt, der Fall (vgl. Kom. von Olshausen, Anm. 6b zu § 223 StrGB.). Somit haftet A. nach § 847 und hat der B. eine billige Entschädigung in Geld zu zahlen. (S. hierzu auch Binding, Grundriß, II. Teil 1. Hälfte § 168 S. 132.)

Auch strafrechtlich kann die B. gegen A. vorgehn, indem sie Bestrafung desselben nach § 223 StrGB. beantragt. In diesem Falle kann auf Verlangen der B. gegen A. nach § 231 StrGB. neben der Strafe auf eine an die B. zu erlegende Buße bis zu 6000 M. erkannt werden. Die Zuerkennung der Buße schließt aber nach § 231 Abs. 2 StrGB. die Geltendmachung weiterer Entschädigungsansprüche aus. Dieser Weg wäre vielleicht der B. am meisten zu empfehlen, da auf diese Weise der A. für sein rohes und zugleich hinterlistiges Benehmen am empfindlichsten gestraft wird und andrerseits auch die B. eine Genugtuung erhält. Nimmt man dagegen Körperverletzung nicht an, so ist das Abschneiden der Zöpfe immer noch als eine Beleidigung nach § 185 StrGB., und zwar als sog. tätliche Beleidigung zu betrachten. Stellt nun die B. aus § 185 Strafantrag, so kann sie allerdings die Zuerkennung einer Buße nicht mehr herbeiführen, denn diese kommt nur in den Fällen der leichtfertig üblen Nachrede des § 186 StrGB. und der Verleumdung des § 187 StrGB. in Betracht. Diese Art des Vorgehens ist daher der B. weniger zu empfehlen.

Schwieriger ist es schon, wenn man die Handlung des A. als Erpressung oder Raub konstruieren will.

C. ist zwar nicht Eigentümer der Zöpfe geworden, er ist aber dadurch, daß er ihm nicht gehörige Sachen — wenn auch gutgläubig — an sich nahm und verkaufte, ohne rechtlichen Grund bereichert, denn er hat somit „in sonstiger Weise" auf Kosten der B. etwas erlangt (§ 812). Die B. kann daher von C. dessen Bereicherung, also den von D. gezahlten Kaufpreis, herausverlangen. C. kann hiervon nach § 818 Abs. 3 einen kleinen Abzug machen, da er die Zöpfe, wie der Text hervorhebt, gereinigt hat.

Gegen D. kann die B. die Eigentumsklage anstellen, denn sie ist nichtbesitzende Eigentümerin, D. aber besitzender Nichteigentümer. Die B. erlangt somit Herausgabe der Zöpfe. Da ihr diese wohl wenig Befriedigung gewähren wird, so ist auch dieses Vorgehn ihr nicht in erster Linie zu empfehlen.

Frage 2. Wenn die Zöpfe künstliche waren, so würde dies, wie schon erwähnt, gewiß einen Unterschied machen.

Anm. Es könnte vielleicht auffallen, daß die B. ihr Eigentumsrecht nicht sofort gegenüber dem A. geltend macht, indem sie den A. verfolgt. Man könnte dadurch auf den Einwand kommen, daß sie nach dem Abschneiden der Zöpfe gar nicht mehr den Willen gehabt habe, ein Eigentumsrecht daran auszuüben, sondern sie doch derelinquiert habe. Das Verhalten der B. erklärt sich aber sehr einfach aus dem Umstande, daß sie im Augenblick des Abschneidens erschrocken und eingeschüchtert ist, so daß der Gedanke an die sofortige Wiedererlangung der Zöpfe bei ihr gar nicht aufkommt.

Fall 25. (Schücks Zivilrechtspraktikum Seite 3.)

Nach § 94 sind die mit dem Boden zusammenhängenden Erzeugnisse eines Grundstücks dessen wesentlichen Bestandteile. Nach § 93 können solche nicht Gegenstand besonderer Rechte sein. Erst durch die Trennung werden sie zu Sachen im Rechtssinne. Wenn also A. dem B. Früchte auf dem Halme verkauft, ohne ihm zugleich das Grundstück zu verkaufen, so ist der Kaufvertrag unter der Voraussetzung (condici tacito oder juris) zustande gekommen, daß die Früchte vorher vom Boden getrennt werden (vgl. auch § 956). Die Früchte sind vorläufig nur res futurae, das heißt solche, welche als Sachen im Rechtssinn (§ 90) noch nicht vorhanden sind, deren späteres Vorhandensein aber mit Sicherheit zu erwarten ist (vgl. Fälle 53, 54). Da die Früchte auf dem Halm noch keine Sachen sind, so können sie auch nicht zu Besitz oder Eigentum übergeben werden. Die Möglichkeit, daß A. dem B. die Früchte hier auf Grund des Kaufvertrags nach den §§ 930, 931 bereits übergeben hat, ist also völlig ausgeschlossen. B. erwirbt durch den Kaufvertrag weiter nichts als ein persönliches Recht gegen A. auf Übergabe der Früchte nach den §§ 929 ff. oder auf Gestattung der Aneignung nach § 956.

Wenn nun der Gläubiger C. die Früchte pfändet, so liegt die Annahme nahe, daß C., da die Früchte nach § 93 nicht Gegenstand besonderer Rechte, also nicht Sachen im Rechtssinne sein können, durch die Pfändung kein Recht erlangt (ebenso wie B., der zwar ein Recht auf die Früchte aber kein solches an den Früchten erlangt). Bezüglich der Früchte auf dem Halm besteht aber die ganz singuläre Vorschrift des § 810 ZPO., wonach Früchte, die vom Boden noch nicht getrennt sind, einen Monat vor der Reife gepfändet werden können, solange nicht ihre Beschlagnahme im Wege der Zwangsvollstreckung in das unbewegliche Vermögen erfolgt ist. Da von letzterem im Tatbestand nicht die Rede ist, so ist die von C. vorgenommene Pfändung gültig. C. erwirbt daher, wenn die Voraussetzungen des § 810 vorliegen, an den Früchten ein Pfändungspfandrecht, also ein dingliches Recht (§ 804 ZPO.).

Die Frage ist nun, welches Recht vorgeht, das von B. oder das von C. erlangte. Nach dem Obigen muß das Recht des C. als dingliches Recht an den Früchten dem nur persönlichen Rechte des B. auf dieselben vorgehn. B. kann daher weder als Eigentümer, noch als besser Berechtigter Freigabe der Pfänder verlangen. Denn sein Recht ist weder ein die Veräußerung hinderndes im Sinne des § 771 ZPO., noch ein solches im Sinne des § 805 ZPO.

Das Resultat ist also, daß B. der Pfändung der Früchte durch C. nicht widersprechen kann und C. sich auf Grund seines Pfändungspfandrechts aus denselben durch die Versteigerung (§ 824 ZPO.) befriedigen kann. Das Rechtsverhältnis zwischen A. und B. ist dann nach den Vorschriften über die nachträgliche Unmöglichkeit der Leistung bei gegenseitigen Verträgen zu beurteilen. (Vgl. z. B. Fall 27.) Danach dürfte wohl § 325 anzuwenden und A. als schadensersatzpflichtig anzusehn sein.

B. behauptet zudem, daß C. um den Kauf gewußt habe. Daraus kann B. die Berechtigung zu seinem Verlangen auf Freigabe ebensowenig herleiten. Die Bösgläubigkeit des C. spielt hier keine Rolle. Sie würde erst in Betracht kommen, wenn die bereits vom Boden getrennten Früchte dem B. verkauft und dann von dem bösgläubigen C. gepfändet würden.

Fall 26.

Wenn der Text von C. „als Eigentümer" einer Feldbahn spricht, so könnte man annehmen, daß es vorausgesetzt werden soll, daß C. Eigentümer ist. Dann hätte aber der Fall keinen Zweck, denn dann würde C auch nach dem Verkauf des Grundstücks Eigentümer der Feldbahn bleiben, und es wäre zweifellos, daß er den Mietszins für deren Benutzung fordern könnte. Hier soll aber gerade die Frage die sein, ob C., der zunächst Eigentümer der Feldbahn war, dies auch geblieben ist, nachdem A. das Benutzungsrecht an derselben erlangt hat. Das hängt wieder davon ab, ob die Feldbahn als Bestandteil oder Zubehör des Grundstücks zu betrachten ist. Die Abgrenzung zwischen diesen Begriffen ist bisweilen schwierig; so auch hier. Zu erwägen ist folgendes: Die Feldbahn hat A. von C. gemietet. Ist ihre Verbindung mit dem Boden (Schienenwege, vielleicht wird sie durch eine feststehende Lokomobile getrieben) von vornherein nur „zu einem vorübergehenden Zwecke" (§ 95) erfolgt, oder nicht? Man wird die Frage hier wegen Mangel genauer Kenntnis der Umstände leicht entscheiden können, also entscheide ich problematisch:

a) Sie ist Bestandteil nach § 95 geworden. Dann fragt sich weiter, ob sie wesentlicher Bestandteil im Sinne des § 93 ist, denn nur an den wesentlichen Bestandteilen kann der Grundstücksbesitzer durch Verbindung im Sinne des § 946 Eigentümer werden. Nach § 94 könnte man die Frage bejahen. Ist die Feldbahn wesentlicher Bestandteil im Sinne der §§ 93 ff., dann konnte A. zweifellos durch Verbindung der Feldbahn mit seinem Grundstück Eigentum erlangen, obgleich er als Mieter bloßer Besitzer ist. Ist sie nicht wesentlicher Bestandteil (§ 95), so hat A. durch die Verbindung mit dem Grundstück kein Eigentum erlangt und kann es daher auch nicht auf B. übertragen.

b) Sie ist Zubehör im Sinne der §§ 97 ff. Dann braucht sie durch die Verbindung mit dem Grundstück nicht Eigentum des Grundstückseigentümers zu werden (arg. § 1120 BGB., § 55 Abs. 2 ZwVG.). Wichtig ist hier nicht nur § 314 (der übrigens auch das dem Veräußerer nicht gehörige Zubehör mit umfaßt), sondern ganz besonders § 926. Nach diesem hat B. das dem A. gehörige Zubehör in dem Zeitpunkte der Auflassung, das dem A. nicht gehörige Zubehör in dem Zeitpunkte der Besitzerlangung (guten Glauben vorausgesetzt) zu Eigentum erworben (§ 926 Abs. 2).

Der Wille der Parteien C. und A. ging nun beim Abschluß des Mietvertrags offenbar nicht dahin, daß A. Eigentum an der Feldbahn erwerben soll, denn sonst hätten sie keine Mietzinszahlung vereinbart. Wenn er es daher nach §§ 946, 93 ff. trotzdem erlangt, so kann C. nach § 951 von A. außer dem Mietzins Vergütung in Geld nach den Vorschriften über die Herausgabe einer ungerechtfertigten Bereicherung verlangen, ev. auch nach § 816 gegen ihn vorgehen. Von B., als dem Käufer des Grundstücks, wird er aber keinen Mietzins verlangen können, denn mit B. hat er keinen Mietvertrag abgeschlossen, und man wird auch nicht behaupten können, daß B. in den Mietvertrag an Stelle des A. eingetreten ist. Ist B. Eigentümer der Feldbahn durch Auflassung des A. geworden, so ist ein Anspruch des C. gegen ihn um so weniger begründet, da er gutgläubig war.

Das Petitum „Anerkennung des Eigentums“ in der Widerklage ist eine altertümliche Formel des Klagbegehrens in Feststellungsklagen. Jetzt faßt man den Antrag „das Eigentum . . . festzustellen“.

Fall 34. (Schücks Zivilrechtspraktikum Seite 5.)

Es soll zunächst die Frage erörtert werden: Kann sich der Konditor an den Lehrer halten? Das ist erstens auf Grund eines Vertrags denkbar, es fragt sich also, ob der von den Knaben mit dem Konditor abgeschlossene Kaufvertrag dem Lehrer gegenüber wirksam ist und ihn demgemäß zur Gegenleistung verpflichtet. Es heißt im Text, daß die Knaben „für ihren Lehrer in dessen Namen“ den Kuchen bestellen. Sie haben sich also als dessen Stellvertreter ausgegeben. Nach § 105 ist die Willenserklärung des A. ohne weiteres nichtig. Für B. gilt § 165. Stellvertreter können danach beschränkt Geschäftsfähige, also auch Minderjährige zwischen 7 und 21 Jahren sein, denn die Beschränkung bezieht sich nur auf eigene Angelegenheiten des Minderjährigen. (Vgl. Kom. von Rosenthal, Anm. 4 zu § 165.) Der B. ist also zur Stellvertretung befähigt und seine Erklärung ist gültig. B. schließt nun namens des Lehrers einen Vertrag. Da er aber gar keine Vollmacht hat, so ist er als Vertreter ohne Vertretungsmacht im Sinne des § 177 zu betrachten. Die Wirksamkeit des von ihm mit dem Konditor abgeschlossenen Vertrags ist daher von der Genehmigung des Lehrers abhängig. Diese ist aber nicht erteilt, denn der Lehrer weigert sich, den Kuchen zu bezahlen, und wenn er ihn verzehrt, so geschieht dies offenbar nur in der Meinung, daß er ihm wirklich geschenkt sei. Es ist somit erwiesen, daß durch die Willenserklärungen des B. und die Lieferung des Konditors ein gegenüber dem Lehrer wirksamer Vertrag nicht zustande kommt. Mithin kann sich der Konditor auf Grund eines Vertrags nicht an den Lehrer halten. Dieses Resultat entspricht auch der Billigkeit. Denn es ist Sache desjenigen, welcher mit einem sich als Vertreter Ausgebenden Geschäfte abschließt, dessen Vertretungsmacht zu prüfen. Tut er dies nicht, so trifft ihn selbst die Gefahr dafür, daß der Vertretene den Vertrag nicht genehmigt. (Vgl. Kom. von Rosenthal, Anm. 2 zu § 164 am Schluß.)

Es soll nun weiter erörtert werden, ob der Lehrer, da er aus Vertrag nicht haftet, auf Grund einer ungerechtfertigten Bereicherung belangt werden kann. Der Lehrer hat den Kuchen verzehrt, ohne ihn zu bezahlen, er hat ihn aber in der Annahme verzehrt, daß er ihm geschenkt worden sei, daß er ihn also nicht zu bezahlen braucht, und das durfte er annehmen. Diese Gutgläubigkeit schützt ihn aber nur gegen eine Schadensersatzklage (Sachbeschädigung) auf Grund des § 823. Ueber die Frage aber, ob § 812 gegen den Lehrer anwendbar ist, kann man sehr zweifelhaft sein. Ich möchte sie bejahen. Allerdings wird man zugeben müssen, daß der Lehrer den Kuchen nur gegessen hat, weil er ihn für ein Geschenk hielt, aber nicht weil er ihn brauchte. Hätte er die Herkunft des Kuchens gekannt, so hätte er ihn sicherlich nicht verzehrt. Auch ist zuzugeben, daß der Lehrer bzw. seine Familie dadurch, daß sie den Kuchen verzehren, schwerlich eine größere Ersparnis haben, da Kuchen nicht zu den alltäglichen Lebensmitteln gehört. Trotzdem ist aber nicht abzuleugnen, daß der Lehrer infolge des Verzehrens des Kuchens eine gewisse, wenn auch geringe Ersparnis hat, denn auch der Kuchen hat einen gewissen Nährwert. Eine Bereicherung ist also vorhanden. Wie groß freilich diese ist, das hängt von den näheren Umständen ab.

Die weitere Frage ist nunmehr die, ob sich der Konditor an einen der beiden Knaben halten kann. In Betracht kommt besonders § 823. Die Knaben handeln in der Absicht, ihren Lehrer zur Erfüllung eines Vertrags zu verpflichten, obgleich sie wissen, daß dies vermutlich gegen dessen Willen geschieht. Dadurch täuschen sie den Konditor, denn dieser nimmt an, daß die Knaben beauftragt sind und liefert infolgedessen den Kuchen (§ 179 Abs. 3 liegt im Zweifel nicht vor). Ferner erleidet der Konditor infolge dieser Täuschung eine Vermögensschädigung, denn der Vertrag bleibt infolge der Nichtgenehmigung durch den Lehrer nach § 177 unwirksam. Die Knaben handeln somit auch widerrechtlich, denn sie begehen einen Betrug (§ 123). Die Knaben haben also vorsätzlich das Eigentum des Konditors widerrechtlich verletzt. Wären sie Erwachsene, so würden sie beide nach §§ 823, 848 auf Schadensersatz haften (vgl. Rosenthal, Anm. 14 zu § 179). Nach § 829 Abs. 1 haftet aber der A. überhaupt nicht (unter Umständen könnte er nach § 829 haften), dagegen ist B. vermutlich auf Grund von § 828 Abs. 2 e contrario zu belangen. Denn höchstwahrscheinlich hat er die zur Erkenntnis der Verantwortlichkeit seiner Handlung erforderliche Einsicht gehabt. B. muß also nach § 823 dem Konditor für den Kuchen Schadensersatz leisten. Dieser richtet sich nach Art und Umfang nach §§ 249 ff. Demnach hat B., da er den früheren Zustand nicht wiederherstellen kann, Geldersatz zu leisten. Zu ersetzen ist nicht nur der reine Schaden, sondern auch der entgangene Gewinn. Der Schadensersatz würde hier in dem für den Kuchen vom Käufer zu zahlenden Kaufpreis bestehn. B. haftet auf die ganze Schadensersatzsumme nach §§ 830, 840 allein.

Anm. 1. § 179 Abs. 3 Satz 2 kommt in Betracht. Denn wenn B. auch danach nicht haftet, so haftet er hier doch nach § 823. Bezüglich der Befriedigung des Gläubigers gegenüber dem B. gilt § 1659.

Anm. 2. Kann sich der Konditor an die Väter der beiden Knaben halten? Die Haftung der Väter könnte sich nach § 832 darauf begründen, daß sie ihre Erziehungspflicht nach § 1631 verletzt haben. Das wird von den Umständen abhängen.

Anm. 3. Im obigen ist von Betrug im Sinne des § 123 die Rede. Dieser braucht nicht unbedingt auch Betrug im Sinne des Strafrechts zu sein. Nach der herrschenden Meinung (z. B. der Bindings und des Reichsgerichts) müssen im Strafrecht Getäuschter und Geschädigter identisch sein, im Zivilrechte ist dies nicht erforderlich. Im Strafrecht muß ferner die Absicht vorliegen, sich oder einem andern einen Vermögensvorteil zu verschaffen. Auch dies ist im Zivilrecht nicht nötig. Hier genügt zum Betrugsbegriff bloße Täuschung, also Erregung eines Irrtums, verbunden mit Vermögensschädigung. Im vorliegenden Fall würde kein Betrug im strafrechtlichen Sinne in Frage kommen, da die Absicht einen Vermögensvorteil zu erlangen, nicht vorhanden ist. Auch wäre dieser hier nicht strafbar, da die in § 47 StrGB. vorausgesetzte Strafmündigkeit bei keinem der beiden Knaben vorhanden ist.

Fall 35. (Schücks Zivilrechtspraktikum Seite 5.)

Nach § 108 genügt es für die Wirksamkeit des Vertrags, wenn der gesetzliche Vertreter seine Genehmigung zu dessen Abschluß dem Minderjährigen erklärt hat. Fordert aber der Gegner, um sich Gewißheit zu verschaffen, den Vertreter noch besonders zur Erklärung der Genehmigung auf, so hat das nach § 108 Abs. 2, die eigentümliche Wirkung, daß der Vertrag im Falle der Nichtgenehmigung unwirksam ist. (Vgl. Rosenthal, Anm. 12 zu § 108.) Wenn also X. hier die Genehmigung verweigert, so wird dadurch die vorher dem A. gegenüber gegebene Genehmigung unwirksam. Ebenso wird die Übergabe unwirksam. Das Eigentum am Pferde fällt an B. zurück und dieser trägt den Zufall (casum sentit dominus). A. braucht daher den Kaufpreis nicht zu bezahlen.

Erklärt sich X. bis zum 21. April nicht, so gilt die Genehmigung nach § 108 Abs. 2 Satz 2 als verweigert. Das Resultat bleibt also dasselbe.

Wie steht es usw. Wie schon angedeutet, müßte A. in diesem Falle den Kaufpreis bezahlen.

Fall 37. (Schücks Zivilrechtspraktikum Seite 5.)

Der Vater A. hat seinem Sohne B. gegenüber eine Willenserklärung doppelten Inhalts abgegeben. Erstens soll derselbe Schulbücher kaufen und zweitens soll er sie von dem ihm zu diesem Zwecke übergebenen Gelde bezahlen. Der Kaufvertrag ist also gültig nach den §§ 107 ff., denn er ist mit Einwilligung des Vaters abgeschlossen. B. hat aber nicht, wie ihm aufgetragen worden war, sofort bar bezahlt, sondern erst später von dem Gelde, welches er zum Ankauf von Schulbüchern erhalten hatte. Es fragt sich daher, ob das in dieser Zahlung liegende Rechtsgeschäft gültig ist. Ich möchte die Frage bejahen. § 110 liegt allerdings nicht vor, denn der B. hat die Leistung gerade mit Mitteln bewirkt, die ihm zu einem anderen Zwecke zur Verfügung gestellt sind. Man wird also die vorherige oder nachträgliche Zustimmung (Einwilligung — Genehmigung) des A. zur Bezahlung mit dem später gegebenen Gelde für erforderlich halten müssen. Von der Entscheidung der Frage, ob man diese Zustimmung als gegeben zu betrachten hat, hängt die Entscheidung des Ganzen ab. Ich bejahe die Frage. Wenn A. einmal seine Einwilligung zum Kauf gibt, so weiß er, daß der Kaufpreis unter allen Umständen bezahlt werden muß (§ 433). Er muß und will daher auch dafür einstehn, daß sein Sohn auch wirklich bezahlt. Andernfalls konnte er ja das Geschäft selbst erledigen. Daß die Zahlung mit dem speziell zu diesem Zwecke dem B. überlassenen Gelde und sofort geschieht, ist zwar der Wunsch des A., dies ist ihm vielleicht sogar im Interesse seines Rufs von Wichtigkeit, dasselbe Interesse erfordert aber andrerseits, daß die Zahlung, wenn sie nicht sofort geschehn ist, wenigstens nachträglich erfolgt. In diesem Sinne fasse ich die Willenserklärung des A. auf (§§ 133, 157). A. muß es also auf sich nehmen, daß aus dem Barkauf wider seinen Willen ein Kreditkauf geworden ist.

Die gegenteilige Meinung — also die, daß der Vater weder seine Einwilligung, noch seine Genehmigung zur späteren Zahlung gegeben hat, ist durchaus anzuerkennen. Aus den näheren Umständen, die hier nicht bezeichnet sind, würde sich vielleicht ergeben, daß sie empfehlenswert ist. Die Ansicht würde sich nach dem Gesagten eben vor allem darauf stützen, daß A. nur einen Barkauf zulassen will, nicht aber einen Kreditkauf.

Die Klage des A. ist die Bereicherungsklage nach den §§ 812 ff. Selbst wenn man ihm aber eine solche zuerkennen wollte, so wäre doch der Buchhändler nicht um 10 M. bereichert, sondern da ja A. zu einer Rückgabe der Bücher nicht bereit zu sein scheint (wenigstens sagt der Text nichts davon), nur um die Differenz des Einkaufs- und Verkaufspreises. Die Bereicherungsklage könnte also höchstens auf diese Differenz gehn. Gibt A. die Bücher heraus, so geht sie natürlich auf den vollen Kaufpreis von 10 M.

Anm. Es sei noch darauf hingewiesen, daß nach dem Texte der Vater selbst zurückfordert, während man doch primo loco seinen Sohn vertreten durch seinen Vater als Kläger betrachten müßte. Es kann sein, daß der Text dies voraussetzt und, da die Frage hier nebensächlich sein soll, sich nur einer kurzen Ausdrucksweise bedient. Vielleicht klagt aber A. wirklich in eigenem Namen. Das wäre auch gar nicht unkorrekt. Denn das Geld, welches B. vom Vater erhält, bleibt meines Erachtens Eigentum des Vaters, und dieser ist daher auch zur Rückforderung berechtigt.

Fall 38. (Schücks Zivilrechtspraktikum Seite 6.)

Das Taschengeld ist nach § 110 ein Beitrag zur Unterhaltung, den der gesetzliche Vertreter dem Minderjährigen zu freier Verfügung übergibt.

Der Sohn des A. hat nun vom Taschengeld das gekaufte Buch bezahlt. Wenn aus diesem Vertrage Rechte geltend gemacht werden sollen, so ist es das Normale, daß der Sohn des A. selbst — im Prozesse vertreten durch seinen Vater — dies tut. A. will aber nach dem Texte den Vertrag selbst rückgängig machen. Ein solches Recht wird sich nicht begründen lassen. Zunächst könnte A. vielleicht behaupten, er wolle die erteilte Genehmigung widerrufen. Nach § 108 sei daher das Geschäft zwischen dem Verkäufer und seinem Sohne mangels seiner Genehmigung nichtig, und er könne wie jeder interessierte Dritte diese Nichtigkeit geltend machen. Dagegen wird man sagen müssen, daß ein Interesse an der Nichtigkeit für den

A. nicht vorliegt und daß, weil das Taschengeld dem Sohne zu freier Verfügung übergeben ist, der Vater auf irgendwelchen Einspruch gegen die Art seiner Verwendung verzichtet hat.

A. könnte seine Aktivlegitimation ferner mit der Behauptung begründen, daß er dem Sohne das Eigentum an dem Taschengeld von vornherein nur insoweit übertragen habe, als er damit nützliche Sachen anschaffe, woraus folge, daß andernfalls zu den Anschaffungen seine Genehmigung nötig sei, die er nun verweigere. Auch dies widerspricht dem Sinne des § 110, wonach das Taschengeld zu freier Verfügung überlassen ist. Wer seinem Sohne nicht insoweit vertrauen kann, daß er das Taschengeld nützlich verwendet, mag ihm keines geben, der Verkehr darf dadurch nicht geschädigt werden.

Endlich könnte A. die Klage so zu begründen suchen: In dem fraglichen Buch wird ein freisinniger Standpunkt vertreten. Dadurch werden die sittlichen Anschauungen des Minderjährigen ungünstig beeinflußt. Das Geschäft ist daher nach § 138 nichtig. A. als Vater hat nach §§ 1627 ff. die Pflicht, diese Nichtigkeit geltend zu machen. Aber auch dieser Standpunkt läßt sich nicht halten. Denn die Verschiedenheit der religiösen oder politischen Richtung hat im allgemeinen nicht eine Verschiedenheit der sittlichen Anschauung zur Folge. Die wahre Sittlichkeit erkennen diese Richtungen vielmehr trotz mancher Irrtümer alle an. Deshalb ist an § 138 hier nicht zu denken.

Somit ist A. mit seiner Klage abzuweisen.

Fall 39.

Da das Taschengeld den Minderjährigen nach § 110 zu freier Verfügung übergeben wird, so ist es für die Gültigkeit des Rechtsgeschäfts ohne Bedeutung, ob der Vater des A. seine Zustimmung zu dessen Abschluß gegeben hat. Das Geschäft bleibt gültig, auch wenn der Vater die Genehmigung verweigert. Auch im Falle der Ungültigkeit wäre aber zu erwägen, ob der Vater in eigenem Namen oder in dem seines Sohnes zu klagen hätte.

Im zweiten Fall wird die Lösung anders. Denn hier ist das Geld dem A. nicht zu freier Verfügung überlassen, sondern fällt in das dem väterlichen Verwaltungs- und Nutznießungsrecht unterliegende Kindervermögen (§ 1627). Zahlt A. mit diesem, so kann der Vater jederzeit seine Genehmigung versagen. Die Fragen, ob A. an den Schulbüchern das Eigentumsrecht hat oder ob er an dem dafür gezahlten Gelde Eigentum erlangt, können also dahingestellt bleiben.

Da die Torte schon verzehrt ist und somit nicht mehr gegen Zahlung des Preises zurückgegeben werden kann, so entsteht die Frage, ob seitens des A. bzw. dessen Vaters die ganze Summe von 10 M. vom Konditor zurückgefordert werden kann oder nur die Differenz zwischen Einkaufs- und Verkaufspreis. Man könnte annehmen, daß A. insofern, als er die Torte umsonst erhalten hat und jetzt außerdem den Preis derselben erhält, bereichert sein würde. Diese Ansicht läßt sich jedoch nicht halten. Denn abgesehen davon, daß die Torte gar nicht in das Eigentum des A. übergegangen zu sein braucht, sondern unmittelbar in das der H. und daß A. die Torte ja nicht behält, hat der Konditor die Folgen der Nichtgenehmigung voll und ganz zu tragen und der für ihn ungünstige Umstand, daß die Torte verzehrt ist, ändert nichts an seiner Verpflichtung zur Herausgabe des Geldes. Er trägt eben die Gefahr dafür, daß er einem Minderjährigen verkauft hat.

Bereichert könnte hier nur die S. sein. Vgl. hierüber Fall 14.

Fall 40.

Richtig ist es, wenn B. behauptet, daß die Beschaffung des Lebensunterhalts mit dem Geschäftsbetrieb nichts zu tun habe. Auf Grund des § 112 kann also B. nicht belangt werden. Nach § 52 ZPO. wäre also B. betreffs der Beköstigung nicht prozeßfähig, denn er kann sich durch den Beköstigungsvertrag nicht selbständig verpflichten.

Es ist aber quantio facti, ob nicht anzunehmen ist, daß der B. auf Grund der §§ 107 ff. belangt werden kann. Die Annahme ist gerechtfertigt, daß der Vormund im voraus eingewilligt habe, daß der Mündel sich seinen Verhältnissen entsprechend beköstige. Die bisherige Rechtsprechung hat z. B. angenommen, daß ein Vater (Vormund) der seinen Sohn (Mündel) in eine entfernte Stadt in Stellung gehen ließ, stillschweigend zu den dort im natürlichen Verlauf der Dinge von jenem geschlossenen Geschäften seine Einwilligung erteilt habe. Danach sind die Speisekäufe vollgültig. Doch prozeßfähig ist der Mündel gegenüber der Klage des Wirts nicht. Letzterer mußte vielmehr die Klage zwar gegen den Mündel B. richten, sie aber dem Vormund, der darin als gesetzlicher Vertreter zu bezeichnen ist, zustellen lassen. Zur Klagebegründung ist auf §§ 107 ff. Bezug zu nehmen.

Selbst wenn man eine stillschweigende Einwilligung des Vormunds nach §§ 107 ff. nicht annehmen wollte, so könnte B. doch nicht die Bezahlung der Speisen verweigern. Denn B. hat die Speisen schon verzehrt. C. kann also damals noch den normalen Wert der Speisen gegen B. als Bereicherung einklagen. Dagegen darf er nicht den durch den Verkauf gemachten Gewinn einklagen.

Fall 41. (Schücks Zivilrechtspraktikum Seite 6.)

Der Vertrag zwischen dem Intendanten und der Schauspielerin A. ist ein Dienstvertrag im Sinne der §§ 611 ff. Angenommen, der Vormund hätte der A. ausdrücklich die Erlaubnis erteilt, diesen Dienstvertrag einzugehn, so wäre diese Erlaubnis nicht genügend, denn nach § 1822 Ziff. 7 bedarf schon der Vormund selbst zum Abschluß des Vertrags der Genehmigung des Vormundschaftsgerichts. Dieser bedarf er nämlich zu einem auf die Eingehung eines Dienst- oder Arbeitsverhältnisses gerichteten Vertrages, wenn der Mündel zu persönlichen Leistungen für längere Zeit als ein Jahr verpflichtet wird. Letzteres ist nun hier der Fall, denn der Vertrag zwischen dem Intendanten und der A. ist auf drei Jahre abgeschlossen worden. Nach § 1829 wäre also der Vertrag mangels der Genehmigung des Vormundschaftsgerichts schon dann unwirksam, wenn ihn der Vormund selbst abgeschlossen hätte. Um so mehr ist er unwirksam, wenn ihn das Mündel abschließt. Die hier sehr naheliegende Frage, ob die vom Vormunde der A. erteilte Erlaubnis, sich dem Schauspielerberufe zu widmen, die Ermächtigung zum Abschluß des Dienstvertrags mit dem Intendanten mitumfaßt, also die Frage, ob § 113 anwendbar ist, kam somit nach den genannten Gesetzesstellen in Verbindung mit § 113 Abs. 1 Satz 2 zunächst nicht in Betracht, da diese Erlaubnis des Vormundes eben wegen der Vereinbarung dreijähriger Dauer des Vertrags bedeutungslos ist. Diese Frage wird aber doch von Wichtigkeit, weil zu erörtern ist, ob dem Intendanten der § 139 zustatten kommt. Nimmt man nämlich an, daß die A. schon vor Ablauf des ersten Vertragsjahres den Vertrag bricht, so liegt zugunsten des Intendanten der Schluß nahe, daß der Vertrag nach den genannten Gesetzesstellen verbunden mit § 139 doch wenigstens auf ein Jahr Gültigkeit hat, wenn er auch auf die die Dauer eines Jahres übersteigende Zeit nichtig ist, und daß daher die A. in diesem Falle die Konventionalstrafe zahlen müßte. Die Erörterung dieser Frage wird aber überflüssig, wenn man zu dem Resultat gelangt, daß § 113 Abs. 1 Satz 1 nicht anwendbar ist, denn dann würde doch auch zu dem einjährigen Vertrag eine ausdrückliche Ermächtigung des Vormunds nötig sein. Ich bin der Ansicht, daß die Erlaubnis, sich dem Schauspielerberufe zu widmen, durchaus noch nicht die Ermächtigung umfaßt, in Dienst zu treten. Wer sich dem Schauspielerberufe widmet, muß, bevor er öffentlich auftritt, lernen. Für die hierzu nötigen Verträge mag die A. unbeschränkt geschäftsfähig sein, soweit nicht wiederum § 113 Abs. 1 Satz 2 eingreift. Dagegen enthält ein Engagementsvertrag eine so weitgehende und von den bisherigen so sehr abweichende Verpflichtung, daß ich die ausdrückliche Ermächtigung des Vormunds hierfür unbedingt für notwendig halte. Das mußte auch der Intendant von selbst wissen. Zu bedenken ist dabei auch die ratio legis. Diese geht im § 113 auf Vereinfachung des Verkehrs und Entlastung des gesetzlichen Vertreters, z. B. bei dem häufigen Stellenwechsel der Dienstboten usw. Dieses Bedürfnis liegt hier nicht vor. Somit ist von der Anwendung des § 113 abzusehn. Ist aber § 113 Abs. 2 Satz 1 nicht anwendbar, so ist es auch § 139 nicht, und der Engagementsvertrag ist vollständig unwirksam.

Übrigens würde ich selbst in der Annahme, daß § 113 einschlägt, nicht der Meinung sein, daß dem Intendanten § 139 zustatten kommt.

Die Behauptungen des Klägers sind daher teils unrichtig, teils bedeutungslos, und er ist hiernach mit der Klage auf Zahlung der Konventionalstrafe abzuweisen.

Fall 43. (Schücks Zivilrechtspraktikum Seite 7.)

1. Die Worte des B. „Prächtiges Pferd, aber mir lassen Sie es für 500 M." bedeuten gegenüber dem A. eine Offerte zum Abschluß eines Kaufvertrags. Dem Ausdrucke nach könnte man annehmen, daß schon diese Offerte des B. nicht ernstlich gemeint ist. Aus den Umständen ergibt sich

aber, daß B. dieselbe sehr wohl ernstlich gemeint hat, denn sonst würde er nicht klagen.

A. dagegen meint seine Annahmeerklärung offenbar nicht ernstlich, da er in seinem Innern denkt, er werde sich hüten, dem B. das zehnmal soviel werte Pferd für 500 M. zu verkaufen. Also gibt A. die Erklärung der Annahme in der Erwartung ab, der Mangel der Ernstlichkeit werde von B. nicht verkannt werden. Der zwischen A. und B. abgeschlossene Kaufvertrag ist daher auf Grund des § 118 als nichtig anzusehn. B. kann also den A. nicht auf Übergabe des Pferdes belangen. Es fragt sich weiter, ob A. infolge der Nichtigkeit des Vertrags dem B. nach § 122 schadensersatzpflichtig wird. Dies ist er nach § 122 Abs. 2 nicht, wenn B. den Mangel der Ernstlichkeit kannte oder infolge von Fahrlässigkeit nicht kannte, ihn also kennen mußte. B. ist Sportsmann, er kennt also zweifellos den wahren Wert des Pferdes. Mindestens ist es daher fahrlässig, wenn er den Vertrag ohne weiteres für ernst hält. Unter diesen Umständen mußte er sich, wenn er überhaupt im Zweifel war, darüber vergewissern, wie A. zu dem außergewöhnlich billigen Angebote kam. B. kann also von A., falls er dadurch, daß er auf die Gültigkeit des Vertrags vertraute, einen Schaden erlitten haben sollte (was sehr unwahrscheinlich ist), keinen Schadensersatz verlangen.

2. Hier liegt die Sache anders. Die Offerte des Käufers ist auch hier ernst gemeint. A. gibt aber seine Erklärung nicht in der Erwartung ab, der Mangel der Ernstlichkeit werde nicht verkannt werden, denn D. ist vermutlich nicht, wie es von B. ausdrücklich hervorgehoben wird, ein Sportsmann. Daher brauchte D. den Scherz, falls ein solcher vorliegt, auch nicht zu erkennen. Die Erklärung des A. ist also hier keine im Sinne des § 118, sondern sie stellt sich als ein geheimer Vorbehalt (reservatio mentalis) im Sinne des § 116 dar. Die Willenserklärung wäre also gültig, wenn nicht § 116 Satz 2 vorläge. Denn D. kennt den Vorbehalt, da er ihm von C. mitgeteilt worden ist, wenigstens muß D. annehmen, daß A. gegen ihn in derselben Weise vorgehen wird wie gegen B. Die Annahmeerklärung des A. und somit der Kaufvertrag sind daher auch hier nichtig, aber nicht auf Grund von § 118, sondern auf Grund von § 116. Eine Schadensersatzpflicht tritt hier nach § 122 (e contrario) nicht ein.

Anm. Im Text befindet sich ein Druckfehler. Auf der 7. Zeile muß es B. anstatt A. heißen (denn B. ist der Käufer).

Fall 46. (Schücks Zivilrechtspraktikum Seite 7.)

Es liegt nahe, die vorliegenden Willenserklärungen wegen Scheins (§ 117) als nichtig zu bezeichnen. Die Sachlage spricht aber dafür, daß die Parteien wirklich einen gültigen Vertrag abschließen wollen und demgemäß auch A. das Eigentum an den Möbeln auf B. übertragen will. Diese Übertragung kommt auch durch formlose Vereinbarung im Sinne des § 930 gültig zustande. Wenn daher C., ein Gläubiger des A., die Möbel pfändet und B. die Interventionsklage des § 771 ZPO. anstellt, so kann sich C. dieser gegenüber nicht auf § 117 und überhaupt schwerlich auf BGB. be=

rufen. Trotzdem schlägt die Klage aus § 771 ZPO. nicht durch. Denn der Vertrag ist nach § 3 Ziffer 1 des Anfechtungsgesetzes vom 21. 7. 1879 anfechtbar (§ 288 StrGB.). Diese Paulianische Anfechtung kann auch der Klage aus § 771 ZPO. gegenüber geltend gemacht werden (§ 7 AnfGes.). Die Vorschützung der Einrede führt hier mit Sicherheit zur Klagabweisung. Das Einverständnis des B. ist wichtig, weil § 3 Ziffer 1 des Anfechtungsgesetzes „die dem anderen Teile bekannte" Benachteiligungsabsicht verlangt.

Nimmt man an, daß die zwischen A. und B. abgeschlossenen Rechtsgeschäfte Scheingeschäfte im Sinne des § 117 und deshalb als nichtig anzusehen sind, so fragt sich dann weiter, ob auch bei der auf Grund des Kaufs erfolgten Eigentumsübertragung ein Scheingeschäft vorliegt. Bejaht man dies, so entsteht die Schwierigkeit, daß man diese nicht ohne weiteres als nichtig bezeichnen kann, weil § 117 nur von Willenserklärungen spricht, diese Übertragung aber keine solche, sondern eine Handlung ist. Die Übertragung des Eigentums hat aber zwei Bestandteile, nämlich die Einigung der Parteien darüber, daß Eigentum übergehen soll und die Besitzübergabe. (Hier handelt es sich nur um den mittelbaren Besitz.) Diese Einigung enthält Willenserklärungen, die nach der herrschenden Meinung zu einem Vertrag führen. Diese können aber nach § 117 nichtig sein, und so ist es auch hier der Fall. Man wird also, wenn man genau gehen will, nicht sagen dürfen, daß die Eigentumsübertragung nichtig sei, sondern die in derselben enthaltene Einigung. (Vgl. Fall 28.)

Fall 47. (Schücks Zivilrechtspraktikum Seite 7.)

Zwischen A. und B. liegt ein rechtsgültiger Kauf vor, denn die Parteien sind einig über Ware und Preis. Sie sind nämlich einig darüber, daß der Kaufpreis 200 M. betragen soll. Soweit mehr verabredet wird, geschieht dies nur zum Schein. Insoweit sind also die Erklärungen der Parteien nach § 117 Abs. 1 nichtig. Wenn daher A. die Kaufpreisforderung an C. abtritt, so ist diese Abtretung gegenstandslos, soweit die abgetretene Forderung die Summe von 200 M. übersteigt, also in Höhe von 300 M., denn insoweit wird nichts abgetreten. C. würde danach, obwohl er glaubt, eine Forderung von 500 M. zu erwerben, nur eine solche von 200 M. erlangen. C. ist nun aber ein gutgläubiger Dritter, der geschützt werden muß. Es geschieht dies nach den allgemeinen Vorschriften zugunsten redlicher Dritter, die im Vertrauen auf die Gültigkeit eines Rechtsgeschäfts ein Recht eingeräumt erhalten haben (vgl. Rosenthal, Anm. 4 zu § 117, drittletzter Satz). Demnach wäre der Erwerb des C. nach Analogie der Vorschriften der §§ 932 ff. zu beurteilen. C. hat von einem Nichtberechtigten, dem A., eine Forderung von 500 M. erworben und kann sie daher auch gegen B. einklagen. B. kann nicht einwenden, daß er nur 200 M. schulde. Diese Entscheidung ist naheliegend, aber falsch. Denn bezüglich der Abtretung gelten, obwohl sie ebenfalls eine Veräußerung ist, besondere Grundsätze (vgl. Rosenthal, Anm. 4 zu § 117 am Schluß). Aus § 405 folgt nämlich, daß der Einwand des

Scheins gegenüber dem gutgläubigen Zessionar nur dann ausgeschlossen ist, wenn über die Forderung eine Urkunde ausgestellt worden ist und die Forderung unter Vorlegung derselben abgetreten worden ist. Ob dies hier der Fall ist, sagt der Text nicht. Wenn es der Fall ist, so dringt C. allerdings mit seiner Klage gegen B. auf Zahlung der 500 M. durch, denn B. kann dann bezüglich der 300 M. nicht den Einwand des Scheins erheben. Dagegen wird C. mit der Klage, soweit mehr als 200 M. gefordert werden, abgewiesen, falls der Vertrag zwischen A. und B. nur mündlich geschlossen war.

Fall 48.

Der Fall behandelt den simulierten Prozeß. § 117 ist auf Prozeßhandlungen nicht anzuwenden. Er betrifft zunächst nur Privatrechtsgeschäfte. (S. hierzu Sintenis, Der simulierte Prozeß in Buschs Zeitschrift für deutschen Zivilprozeß, Band 30, S. 358 ff.) Schück will hier zeigen, wo § 117 versagt. Der von C. geltend gemachte Einwand des Scheins schlägt also auch hier nicht durch.

Nach der Rechtsprechung des Reichsgerichts können aber auch solche **Rechtshandlungen** angefochten werden, die nicht **Rechtsgeschäfte** sind, aber nicht auf Grund des § 117 BGB., sondern nach § 3 Ziffer 1 des Anfechtungsgesetzes von 1879 verb. mit § 6 u. 7 (vgl. auch § 35 KO., § 288 StrGB.). Nach § 6 Anf.Ges. wird die Anfechtung dadurch nicht ausgeschlossen, daß für die anzufechtende Rechtshandlung ein vollstreckbarer Schuldtitel erlangt oder daß dieselbe durch Zwangsvollstreckung oder durch Vollziehung eines Arrests erwirkt worden ist. Die anfechtbare Handlung liegt im vorliegenden Falle in der Übereinkunft, daß ein Darlehnsgeschäft fingiert werden soll. Die Voraussetzungen des Anf.Ges. sind im übrigen vorhanden. Ein vollstreckbarer Titel liegt vor, die Vermögensverhältnisse des Schuldners sind offenbar ungünstig, und die Rechtshandlung wird in der dem anderen Teile bekannten Absicht, die Gläubiger zu benachteiligen, vorgenommen. Endlich hat auch A. einen vollstreckbaren Schuldtitel, nämlich ein Versäumnisurteil, erlangt. Die Absicht des Gesetzgebers geht aber dahin, daß der Gläubiger das ihm aus einem solchen Schuldtitel zustehende Recht infolge der Anfechtung des dem Schuldtitel zugrunde liegenden Rechtsgeschäfts verlieren soll, daß also die Geltendmachung wirkungslos sein soll. Aus demselben Grunde wird dann auch das in der Zwangsversteigerung enthaltene Kaufgeschäft nichtig und ebenso die nach § 930 erfolgende Einigung der Parteien über die Eigentumsübertragung.

Fall 49. (Schücks Zivilrechtspraktikum Seite 7.)

Der zwischen A. und B. über das Pferd des A. abgeschlossene Kaufvertrag ist nach § 118 nichtig. Denn A. hat seinen Antrag nicht ernstlich gemeint, sondern ihn nur zum Scherz gestellt, und zwar in der Erwartung, der Mangel der Ernstlichkeit werde nicht verkannt werden.

Zwischen B. und C. ist noch vor Übergabe des Pferdes seitens des A. an B. ein weiterer Kaufvertrag über das Pferd des A. abgeschlossen worden. Dieser ist gültig, denn man kann eine fremde Sache verkaufen.

Die zu unterscheidenden Fälle sind nun folgende:

1. C. klagt gegen B. oder A. auf Übergabe des Pferdes. Die Klage des C. gegen A. ist erfolglos, denn A. steht mit C. in keinem Rechtsverhältnis. C. ist also nicht aktiv legitimiert. A. kann daher gegenüber C. die Übergabe des Pferdes verweigern.

Die Klage des C. gegen B. ist ebenfalls erfolglos. Zwar ist der Kaufvertrag zwischen B. und C., wie gesagt, gültig und der Käufer gemäß § 433 berechtigt, die Übergabe zu fordern, der Kaufvertrag zwischen A. und B. ist aber nichtig und dem B. ist daher die Leistung an C. unmöglich. C. kann somit von B. höchstens Schadensersatz verlangen. (§ 325, s. u.)

2. B. klagt gegen A. auf Übergabe des Pferdes. Das dies erfolglos ist, ist schon aus dem Obigen ersichtlich, denn wenn der Vertrag zwischen A. und B. nichtig ist, so entsteht keine Leistungspflicht des A. Ebensowenig wie an sich selbst kann natürlich B. die Übergabe an C. verlangen.

Ist A. schadensersatzpflichtig?

1. Ist A. dem B. schadensersatzpflichtig? Nach § 122 Abs. 2 ist dies zu bejahen. Denn da B. kein Sportsmann ist, so braucht er nicht den wahren Wert des Pferdes zu kennen. Natürlich tritt die Schadensersatzpflicht des A. nur ein, wenn dem B. ein Schaden entstanden ist.

2. Ist A. dem C. schadensersatzpflichtig? Dies ist zu verneinen, denn A. steht mit C., wie schon gesagt, in keiner Verbindung. (S. auch § 122 Abs. 1.)

Die Frage, ob dem B. wirklich ein Schaden entstanden ist, wird von der weiteren Frage abhängen, ob dem C. ein solcher entstanden ist und ob C. diesen Schadensersatzanspruch gegen B. geltend macht, wofür dann B. gegen A. Regreß nehmen könnte. Dem B. ist, wie erwähnt, die Leistung an C. unmöglich. Die Theorie unterscheidet auf Grund des BGB. objektive und subjektive, und unter diesen wieder ursprüngliche und nachträgliche Unmöglichkeit der Leistung. Die objektive nachträgliche Unmöglichkeit behandeln die §§ 275 Abs. 1, 323, 324, die subjektive nachträgliche die §§ 275 Abs. 2, 279, 325, die objektive ursprüngliche die §§ 306, 307, 308. Dabei ist zu bemerken, daß das BGB. nur die objektive Unmöglichkeit mit dem Ausdruck „Unmöglichkeit“ bezeichnet, die subjektive nennt es Unvermögen des Schuldners zur Leistung. Meines Erachtens liegt hier ein Fall der nachträglich eingetretenen subjektiven Unmöglichkeit vor. B. hat daher nach § 325 dem C. Schadensersatz zu leisten. (Siehe hierzu die hierher gehörigen Fälle im II. Teil.) Die theoretische Einteilung ist übrigens in späteren Fällen nicht weiter berücksichtigt worden.

Fall 52. (Schücks Zivilrechtspraktikum Seite 8.)

Der Fall behandelt die Irrtumsgrundsätze. Der zwischen A. und B. abgeschlossene Kaufvertrag ist vollendet, denn die Parteien haben sich über Ware und Preis geeinigt. (§ 433). Dagegen irrt sich A., indem er das Pferd auf Grund des Vertrags dem B. übergeben will und übergibt es dem C. C. erwirbt zwar an dem Pferde Eigentum, denn die wesentlichen

Erfordernisse der Eigentumsübertragung, nämlich der Wille zur Übertragung und zur Annahme verbunden mit Besitzübergabe liegen vor. Indessen hätte A. bei Kenntnis der Sachlage die Übertragung nicht vorgenommen. A. kann also die Eigentumsübertragung wegen Irrtums im Sinne des § 119 anfechten. Hierbei entsteht aber das Bedenken, daß es sich in § 119 nur um die Anfechtung von Willenserklärungen handelt, die Übertragung des Eigentums aber keine Willenserklärung ist. Demgegenüber kommt hier das in Fall 46 Gesagte zur Anwendung. Man wird also richtiger sagen, daß A. die in der Übertragung enthaltene Einigung anfechten kann. Dadurch fällt das Eigentum an dem Pferde nach § 142 wieder an A. zurück, und er kann es sodann nach Wiedererlangung des Besitzes dem B. als dem wirklich Berechtigten übergeben. Falls C. das Pferd auf Grund der Anfechtung nicht herausgibt, so gewinnt also die Klage des A. den Charakter der Eigentumsklage.

Außerdem ist C., wie ohne weiteres einleuchtet, durch die irrtümliche Übergabe des Pferdes bereichert. A. kann daher gegen ihn auf Grund des § 812 vorgehen.

Die Anfechtung der in der Eigentumsübertragung enthaltenen Einigung ist der bloßen condictio in mancher Hinsicht vorzuziehen. Der Konditionsgläubiger ist im Konkurse Konkursgläubiger (KO. § 61 Z. 6), ist also nur berechtigt auf dividendenmäßige Berechtigung (§ 26 KO.). Hat A. dagegen angefochten — es muß dies allerdings vor der Konkurseröffnung geschehen sein —, so ist A. als Eigentümer des Pferdes aussonderungsberechtigt (§ 43 KO.), erhält also sein Pferd, nicht nur einen vielleicht geringen Teil des Wertes desselben.

Fall 54.

Reisende sind nach § 55 Abs. 1 HGB. Handlungsbevollmächtigte. Nach dem ergänzend eingreifenden § 164 BGB. wirkt daher die Erklärung des Reisenden B. unmittelbar für seinen Vollmachtgeber Y. Die Rechtslage ist also genau dieselbe, wie wenn Y. den Vertrag persönlich abgeschlossen hätte.

Die Hauptfrage ist nun die, ob dadurch, daß A. bei B. in der Meinung, er sei der Vertreter des X., den Wein bestellt und dieser die Bestellung annimmt, überhaupt ein gültiger Vertrag zustande kommt. Hier kommt der Unterschied zwischen Willens- und Erklärungstheorie in Betracht. A. will den Vertrag mit X. schließen, nicht mit Y. Nach der Willenstheorie ist daher kein gültiger Vertrag zustande gekommen. Das BGB. steht aber in diesem Falle mehr auf der Seite der Erklärungstheorie. Danach würde man zu dem Resultat kommen, daß der Vertrag zwar gültig ist (also Y. nicht von Amts wegen infolge von Nichtigkeit desselben abzuweisen ist), wohl aber bei A. ein Irrtum über den Inhalt seiner Erklärung vorliegt (vgl. Matthiaß, Band I, S. 183 ff.). Es würde sich nun weiter fragen, ob dieser Irrtum ein wesentlicher im Sinne des § 119 ist. Dies ist zu vermuten. Es ist in Ermangelung weiterer Angaben anzunehmen, daß A. ein Interesse daran hat, gerade bei X. zu bestellen, denn gerade bei der Bestellung von Wein wird ein besonderes Vertrauen in die Person des Verkäufers gesetzt. Natürlich ist auch die Möglichkeit nicht ausgeschlossen, daß dem A. die Person seines

Kontrahenten gleichgültig war. Das muß aber vom Gegner bewiesen werden. (Ich nehme jetzt an, daß A. anficht und den Wein zur Verfügung stellt, worauf Y. klagt.) Im Zweifel irrt also A. über den Inhalt seiner Willenserklärung oder man kann sagen, er wollte eine Erklärung dieses Inhalts überhaupt nicht abgeben. Sein Irrtum ist daher ein wesentlicher im Sinne des § 119. Nach § 142 kann er somit das Geschäft anfechten. Das kann er entweder vor dem Prozeß, indem er die Klage des Y. auf Kaufpreiszahlung abwartet, oder im Prozeß. Dadurch erreicht er nach § 142, daß Y. mit der Klage abgewiesen und zur Abnahme des Weines verurteilt wird.

Wie, wenn B. usw.? Hier ist es ohne weiteres klar, daß A. den Vertrag anfechten kann. Denn hier ist der Wille des A., mit B. als Vertreter des X. zu kontrahieren, noch viel ausgeprägter, als im ersten Falle, wo A. durch irgendwelche anderen Umstände zu seiner falschen Ansicht gelangt ist. Ein Unterschied besteht aber zwischen den beiden Fällen möglicherweise bezüglich der Folgen des Irrtums, nach denen allerdings nicht gefragt ist, denn im letzten Falle entsteht die Frage, ob nicht B. den Irrtum des A. erkennen mußte und deshalb § 122 anwendbar ist. B. mußte dem A. von dem erfolgten Wechsel in seiner Stellung Kenntnis geben, denn er konnte sich denken, daß A. gerade im Hinblick darauf bestellte, daß er ihn als Vertreter des X. kannte. Man kann also sagen, daß B. den Grund der Anfechtbarkeit kannte oder infolge von Fahrlässigkeit nicht kannte. Das wirkt aber nach § 166 auch gegen Y. Nach § 122 hat daher A., falls Y. dadurch, daß er auf die Gültigkeit der Erklärung des A. vertraute, einen Schaden erlitten haben sollte, dem Y. den Schaden nicht zu ersetzen, während er dies im ersten Falle zu tun hätte.

Fragen:

1. Wie verhält sich der vorliegende Irrtum zum sog. Irrtum im Motiv?

2. Wie stände es in dem Fall, daß B. durch sein Benehmen absichtlich die Annahme bei A. erregt hätte, er reise für X. und A. später von Y. die Rechnung erhielte? Wie, wenn er es getan hätte, um sich Provision zu verschaffen oder seiner Firma einen Käufer?

3. Wie stände es, wenn der Reisende den Anschein erweckt hätte, als ob er in eignem Namen handle und X. dann die Rechnung schickte? Könnte A. einwenden, daß er nur an B. zu zahlen habe?

Für beide Fälle kommen die später zu erörternden Grundsätze über die Stellvertretung zur Anwendung.

Fall 55. (Schücks Zivilrechtspraktikum Seite 8.)

Der vorliegende Kaufvertrag ist ohne Zweifel perfekt, denn die Parteien sind über Ware und Preis einig. Die Frage ist, ob § 119 anwendbar ist. Ohne Zweifel sind die Parteien über eine wesentliche Eigenschaft des verkauften Loses im Irrtum, und zwar beide, sowohl der A. wie der B. Denn die Haupteigenschaft des zu verkaufenden Loses ist ja gerade die, daß es nur eine *Hoffnung* auf Gewinn gewährt, nicht aber diesen *selbst*.

§ 119 liegt also vor. Wenn nun B. von A. den auf das Los entfallenen Gewinn verlangt und das Rechtsgeschäft anficht, was nach § 121 ausdrücklich geschehen muß, so erreicht er nach § 142, daß es als von Anfang an nichtig zu betrachten ist. Das Eigentum an dem Lose fällt daher an den B. zurück, und B. ist als Eigentümer desselben von Anfang an anzusehen und somit auch als Gewinner. A. hat nun bereits den Gewinn von 1000 M. für sich eingezogen. Er muß ihn daher dem B. unter Abzug des von ihm für das Los gezahlten Preises von 5 M., also in Höhe von 995 M., herausgeben.

Fall 56.

Es handelt sich um die Frage, ob bei dem vorliegenden Kaufvertrag ein wesentlicher Irrtum im Sinne des § 119 vorliegt, der den A. berechtigt, den Vertrag anzufechten. Das ist sehr zweifelhaft, da der Text über die Verhandlungen der Parteien nichts Näheres angibt. Es wird darauf ankommen, ob für den A. die Höhe der Straßenanlagekosten bereits zur Zeit des Vertragsschlusses eine wesentliche Eigenschaft des Grundstücks war, ob er z. B. damals schon die Absicht der Bebauung hatte, oder ob er diesen Plan erst später gefaßt und das Grundstück zunächst nur zu anderen Zwecken, z. B. zu Spekulationszwecken, gekauft hat. Ist letzteres der Fall, so war die Festsetzung der Straßenanlagekosten beim Vertragsschlusse nur nebensächlich. Es ist nicht gesagt, daß A. bei Kenntnis der Sachlage den Vertrag keinesfalls geschlossen hätte. Wenn er dann seinen Plan ändert und dabei mehr zahlen muß, als er angenommen hatte, hat er das zu tragen. Hatte er aber von vornherein die Absicht der Bebauung, so ist die Bebaubarkeit für ihn eine wesentliche Eigenschaft der Sache, über die er im Irrtum ist. Allerdings hätte er das dem B. gegenüber zum Ausdruck bringen sollen, worüber der Text nichs sagt. Ein Verschulden ist aber bei der Anfechtung wegen Irrtums unwesentlich (bei der Schadensersatzfrage dagegen wesentlich) und letzteres daher hier ohne Bedeutung. Es werden also die Vertragsverhandlungen zu erörtern sein, und von ihnen wird es abhängen, ob der Vertrag wegen Irrtums seitens des A. anfechtbar ist oder nicht. Liegt keine so wesentliche Eigenschaft vor, dann könnte man es vielleicht als eine nach dem Vertrag vorausgesetzte Eigenschaft des Grundstücks ansehen, daß die Straßenanlagekosten eben 530 M. betragen. Die §§ 433 ff. kommen zur Anwendung. Danach hat der Verkäufer dem Käufer das Grundstück frei von Rechten Dritter zu verschaffen. Insoweit nun hier die Rechte Dritter größer sind als vorausgesetzt wurde, hat der Verkäufer mangelhaft geleistet. Es kommen daher nach § 440 die §§ 320 ff. zur Anwendung. Auch hier käme man vielleicht zu einem Resultat.

Schließlich ist hervorzuheben, daß § 436 eine Anfechtung wegen Irrtums nicht ausschließen würde. Denn die dort erwähnten Lasten und Abgaben sind solche, die jeder Besitzer zu zahlen hat; sie sind wiederkehrende, nicht einmalige Leistungen, z. B. Grundsteuer, Landrenten, Landeskulturrenten, Wegebaulast i. S. der Unterhaltung bestehender Wege, Quartierlaſt. Die hier in Frage ſtehenden 3680 M. ſind zur erſten Anlage der Straße zu zahlen, die nach den Baugeſetzen in der Regel den Anliegern obliegt. Im Gegenſatz zu der in der Vereinbarung erwähnten iſt die geforderte Summe zur Straßenherſtellung ſehr hoch, ebenſo im Verhältnis zum Preis des Bauplatzes.

Die Belaſtung mit ſo hohen Straßenherſtellungskoſten kann man ſchon als weſentliche Eigenſchaft der Sache bezeichnen. Daher dürfte Anfechtung zuläſſig ſein. Sie geſchieht nach § 143.

Fall 57. (Schücks Zivilrechtspraktikum Seite 8.)

Der Fall behandelt den ſog. unechten Irrtum des § 155.

Zunächſt iſt feſtzuſtellen, daß das telephoniſche Geſpräch ohne Zweifel für den A. die Grundlage ſeiner Beſtellung bildet, auch wenn er nicht nochmals auf dasſelbe hinweiſt oder einen Preis angibt. Wenn daher A. bei dem telephoniſchen Geſpräch ſtatt 200 M. 100 M. verſteht, ſo hat das dieſelbe Bedeutung, wie wenn dies beim nachfolgenden Vertragsſchluß der Fall geweſen wäre. (Ich nehme ohne weiteres an, daß das telephoniſche Geſpräch nur eine Erkundigung, nicht aber einen Vertragsſchluß im Sinne der §§ 145 ff. enthält.) Es liegt nun bei dem am 25. Juni erfolgenden Vertragsſchluſſe ein Mißverſtändnis der Parteien bezüglich des Preiſes vor. B. glaubt, er habe 200 M. geſagt und verabredet, A. glaubt 100 M. gehört und verabredet zu haben. Welche Partei bewieſen hat, wird nicht geſagt. Es fragt ſich, welche rechtlichen Grundſätze bezüglich der Gültigkeit dieſes Vertrags Anwendung finden. Es liegt ſehr nahe, hier die Irrtumsgrundſätze anzuwenden. Es liegt aber hier der Fall vor, daß Wille und Erklärung auf ſeiten eines jeden der Vertragſchließenden übereinſtimmen, die beiderſeitigen Willenserklärungen aber ſich infolge eines Mißverſtändniſſes nicht decken, ohne daß die Vertragſchließenden ſich deſſen bewußt werden. (Savigny ſprach in dieſem Falle von einem unechten Irrtum. Dieſer iſt in Wahrheit Diſſens. Vgl. Kuhlenbeck, Anm. zu § 155.) Die Parteien haben ſich alſo über einen Punkt des Vertrags — über den Preis — nur zu einigen geſucht, ſich aber in Wahrheit nicht geeinigt. Hierauf findet § 155 Anwendung. Danach gilt in dieſem Falle das Vereinbarte, ſofern anzunehmen iſt, daß der Vertrag auch ohne eine Beſtimmung über den fraglichen Punkt geſchloſſen ſein würde. Das iſt hier anzunehmen. Die Parteien beweiſen dieſe Abſicht, indem ſie jetzt nicht Auflöſung des Vertrags, ſondern Erfüllung herbeiführen wollen. Daher gilt hier insbeſondere das über Umfang und Beſchaffenheit der Ware Vereinbarte. Die weitere Frage iſt aber, wieviel dem Verkäufer als Kaufpreis zuzuerkennen iſt, ob der Preis von 100 M., 200 M., oder das Angemeſſene. Man hat hier den für Verträge insbeſondere geltenden § 316 anzuwenden. Die Parteien haben zwar verſucht, den Umfang der für Lieferung der Schieferplatten verſprochenen Gegenleiſtung zu beſtimmen, es iſt aber keine Einigung erfolgt, und es iſt daher dieſer Umfang in Wahrheit unbeſtimmt. (§ 316 geht wohl in erster Linie auf den Fall, daß diese Bestimmung durch Vertrag dem Verpflichteten überlassen wird, ohne daß ein Mißverständnis in Frage kommt.) Es steht somit die Bestimmung im Zweifel dem zu, der die Gegenleistung zu fordern hat, also dem B. B. hat bei dieser Bestimmung den angemessenen Preis festzusetzen. Tut er dies nicht, so hat der Richter denselben festzusetzen (§ 315). Was hier angemessen ist, würde natürlich der Richter schwerlich aus eigner Wissenschaft feststellen können, sondern nur auf Grund von Sachverständigengutachten. A. wird sich sonach nicht darauf stützen können, daß er 100 M. verstanden habe, sondern nur darauf, daß 100 M. angemessen sind. B. wird andrerseits den Preis von 200 M. nur dann fordern können, falls er beweist, daß derselbe angemessen ist. Der Beweis, daß er 200 M. angegeben habe, dürfte also dem B. nichts nützen, denn ein Mißverständnis bleibt bestehen.

Fall 58. (Schücks Zivilrechtspraktikum Seite 9.)

Wenn der Wirt in seinem Restaurant eine Speisekarte auslegt, auf welcher die Preise der einzelnen Speisen angegeben sind, so ist das gegenüber dem Gaste noch kein Antrag zum Abschluß eines Vertrags im Sinne der §§ 145 ff., sondern nur eine Aufforderung zur Stellung eines solchen, d. h., wenn der Gast nunmehr nach der Karte bestellt, so ist der Vertrag noch nicht abgeschlossen, sondern erst dadurch, daß sich der Wirt — bzw. der Kellner als Bevollmächtigter des Wirts — bereit erklären, das Bestellte zu liefern.

Hier hat nun der Gast bestellt, und der Kellner hat sich in Stellvertretung des Wirts für diesen zur Lieferung des Schnitzels bereit erklärt und dasselbe auch geliefert. Darüber sind die Parteien also einig, daß ein Schnitzel geliefert werden soll. Dagegen glaubt der Wirt, daß er bezüglich des Preises 1 M. 75 Pf. festgesetzt hat, während es in Wahrheit, wie er zugibt, nur 1 M. 25 Pf. sind. Der Gast andrerseits glaubt, der Wirt wolle wirklich mit ihm den Preis von 1 M. 25 Pf. vereinbaren, da es ja auf der Speisekarte steht, und bestellt in dieser Meinung. Es fragt sich, welche rechtlichen Grundsätze in diesem Falle zur Geltung kommen. Es liegt hier nahe, die Irrtumsgrundsätze anzuwenden und zu sagen, daß die Parteien über den Inhalt ihrer Erklärungen im Irrtum sind und der Vertrag daher nach § 119 anfechtbar ist. Dies ist aber nicht richtig. Es liegt nicht Irrtum, sondern Dissens vor. (Eine Anfechtung wegen Irrtums hätte schon deshalb keinen Zweck, weil dadurch der Vertrag rückgängig gemacht wird, was hier, nachdem das Schnitzel bereits gegessen und bezahlt ist, für die Parteien kein Interesse hätte.) Man hat vielmehr den Fall unter § 155 zu bringen. Die Parteien haben sich bei einem Vertrag, den sie als geschlossen ansehen, über einen Punkt, über den nach der Vereinbarung derselben eine Verabredung getroffen werden sollte — nämlich über den Preis — in Wahrheit nicht geeinigt. Der Wille der Parteien geht aber dahin, daß der Vertrag auch ohne eine Bestimmung über diesen Punkt geschlossen sein soll. Dieser Wille geht deutlich daraus hervor, daß der

Gast den Teil des Preises, den er für vereinbart hält, freiwillig zahlt und der Wirt diese Zahlung annimmt. Demnach ist der Vertrag perfekt, und es besteht nur Dissens über den Preis. Es fragt sich nun, ob der Wirt zu seiner Mehrforderung von 50 Pf. berechtigt ist. Hier ist § 316 anwendbar. Der Umfang der für das Schnitzel versprochenen Gegenleistung ist nicht bestimmt. Die Bestimmung steht daher nach § 316 im Zweifel dem zu, der die Gegenleistung zu fordern hat, also dem Wirt. Dieser hat den Preis, da er nicht vereinbart ist, nach billigem Ermessen festzusetzen. In einem mittleren Restaurant Deutschlands, welches hier vorauszusetzen ist, ist aber der Preis von 1 M. 25 Pf. für ein Schnitzel bereits ein angemessener, vielleicht sogar schon über das Durchschnittsmaß hinausgehender (75 Pf., 1 M.); demgemäß ist der Wirt nicht berechtigt, in Ermangelung einer Vereinbarung 1 M. 75 Pf. für das Schnitzel zu fordern, sondern höchstens die schon gezahlten 1 M. 25 Pf. Natürlich ist bezüglich der Größe, Zutaten usw. des Schnitzels auch wieder das Normale anzunehmen, und müßte sich die Entscheidung andernfalls ändern. Der Wirt ist also mit seiner Klage auf die 50 Pf. kostenpflichtig abzuweisen. (Vgl. Fall 275 und einen ähnlichen Fall in Iherings Zivilrechtsfällen, Fall 76 am Schluß.)

Fall 60. (Schücks Zivilrechtspraktikum Seite 9.)

Wenn B. dem A. für 5000 Stück Zigarren 500 M. bietet, so ist das ein Angebot zum Abschluß eines Kaufvertrags. A. liest versehentlich 3000 Stück statt 5000 Stück und erklärt kurzweg die Annahme (ohne also die Zahl 3000 besonders hervorzuheben, wodurch sich das Versehn herausgestellt hätte). A. befindet sich dabei offenbar im Irrtum über den Inhalt seiner Willenserklärung, denn das Angebot des B. lautet auf 5000 Stück, A. dagegen nimmt versehentlich an, daß es auf 3000 Stück laute. Es herrscht also Einverständnis über Ware und Preis, es liegt aber bei A. ein Irrtum vor, nämlich ein Irrtum über die Menge der Zigarren. A. befindet sich nun zwar über den Inhalt seiner Erklärung im Irrtum, es ist aber anzunehmen, daß er bei Kenntnis der Sachlage und bei verständiger Würdigung des Falls die Erklärung der Annahme auch dann abgegeben haben würde, wenn er richtig 5000 Stück gelesen hätte, denn, wie der Text sagt, will A. die 5000 Stück Zigarren um jeden Preis verkaufen, also hätte er ein Angebot über 5000 Stück sogar viel lieber als ein solches über 3000 Stück angenommen. Ob er jetzt noch diesen Willen hat, ist gleichgültig. Die Erklärung des A. ist daher nach § 119 nicht anfechtbar.

Anm. 1. Eck entscheidet anders. Er erklärt den Kaufvertrag bezüglich der 2000 Stück für anfechtbar. (Vgl. die im Text zitierten Stellen.)

Anm. 2. Rosenthal gibt in seinem Kommentar, Anmerkung 7 H zu § 119 unter c das gleiche Beispiel. Die Bemerkung daselbst: „obgleich eine verständige Würdigung des Falles dazu hätte führen müssen, die 2000 Stück Zigarren nicht für 200 M. zu verschleudern", ist meines Erachtens bei der Begründung überflüssig und auch nicht richtig. Denn eine verständige Würdigung des Falls liegt bei A. gerade vor. Er weiß, daß der Preis, den er für die Zigarren verlangt, zu gering ist. Demnach genügt der Hinweis auf den Wortlaut des § 119.

Fall 61. (Schücks Zivilrechtspraktikum Seite 9.)

Die Anfechtung des A. ist aus folgenden Gründen vollständig unberechtigt.

Wenn A. den Umtausch des Loses anficht, so kann dies nur auf Grund eines Irrtums geschehen. Ein wesentlicher Irrtum im Sinne des § 119 liegt aber auf keiner Seite vor, denn die Voraussetzung beim Kauf bzw. Umtausch eines Loses ist gerade die, daß die Parteien darüber, ob das Los gewinnen wird oder schon gewonnen hat, keine Kenntnis haben. Wenn daher A. nicht weiß, daß Nr. 11 noch mehr gewinnen wird als Nr. 12, so darf er dies auch nicht wissen. Man kann deshalb keinesfalls sagen, daß A. den Umtausch bei Kenntnis der Sachlage nicht vorgenommen hätte. Somit kommt Irrtum nicht in Frage. B. war andrerseits berechtigt, den Umtausch anzufechten, denn ihm fehlte die Kenntnis davon, daß das Los Nr. 12 schon mit Gewinn gezogen war. Der Mangel dieser Kenntnis stellt zweifellos einen wesentlichen Irrtum im Sinne des § 119 dar. B. selbst scheint allerdings, indem er von Benutzung seiner Unkenntnis spricht, mehr an die Möglichkeit einer Anfechtung wegen Betrugs nach §§ 123, 823 zu denken, die ebenfalls nicht ausgeschlossen war, denn A. täuscht den B. und schädigt ihn, indem er ihn dazu bestimmt, daß er einen Gewinn gegen die bloße Gewinnchance hingibt. Natürlich nimmt B. diese Anfechtung jetzt nicht mehr vor, da er durch die egoistische Handlungsweise des A. zufällig einen großen Vorteil erlangt hat, indem das ihm von A. beim Umtausch zurückgegebene Los Nr. 11 20000 M. gewinnt, also das Doppelte des dem A. zurückgegebenen Loses Nr. 12.

Wenn A. einwendet, daß er keine Verpflichtung gehabt habe, den Grund, aus dem er den Tausch begehrte, anzugeben, so richtet sich das anscheinend gegen eine Anfechtung wegen Betrugs seitens des B., hat aber keine Bedeutung für die Begründung einer Rückgängigmachung des Vertrags. Da dolus nicht vermutet wird, so brauchte auch der B. nicht danach zu fragen, ob das Los schon gezogen sei. Ganz haltlos ist endlich die Bemerkung des A., daß B. mit dem Lose Nr. 11 die Chance auf einige noch nicht gezogene Gewinne von größerem Betrage als 10 000 M. erhalten habe. Denn die Gewinnchance auf so hohe Summen ist so gering, daß man normalerweise den wirklich gemachten Gewinn einer solchen Gewinnchance bedeutend vorziehen muß.

Somit ist A. mit seiner Klage abzuweisen.

Anm. Auch hier ist zwischen Betrug im Sinne des Zivilrechts und des Strafrechts zu unterscheiden. Wie bereits ausgeführt, genügt zum ersteren bloße Täuschung im Sinne des § 123 verbunden mit Vermögensschädigung. Dadurch sind die Voraussetzungen der Schadensersatzpflicht nach § 823 gegeben. Hier, wie meistens, liegt aber auch ein Betrug im Sinne des Strafrechts vor, denn A. nimmt den Tausch in der Absicht vor, sich einen Vermögensvorteil zu verschaffen.

Fall 62. (Schücks Zivilrechtspraktikum Seite 10.)

Die Drohung im Sinne des § 123, die hier in Frage kommt, hat verschiedene Voraussetzungen. Wichtig ist vor allem das Mittel, mit dem gedroht wird. § 123 sagt nichts darüber, mit welchem Mittel die Drohung erfolgen muß, damit sie eine Anfechtbarkeit erzeugt, darüber hat daher die Wissenschaft bzw. Rechtsprechung zu entscheiden. Hiernach ist stets dann eine Drohung im Sinne des § 123 anzunehmen, wenn mit einem Übel im Rechtssinne gedroht wird. (Binding.)

Nach obigem fragt sich also: Droht A. dem B. mit einem Übel im Rechtssinne? Das ist zweifellos der Fall. Für einen Kaufmann ist die Bekanntmachung seiner schlechten Vermögenslage sogar eines der größten Übel im Rechtssinne, die es geben kann, denn es wird dadurch sein Kredit gefährdet, und er wird so unter Umständen gänzlich erwerbsunfähig.

Weitere Voraussetzungen der Drohung des § 123 bestehen darin, daß dieselbe ernst gemeint und ernst aufzufassen ist, sowie daß der Drohende zu ihrer Ausführung imstande ist. Das ist hier zweifellos der Fall.

Durch die Drohung wird ferner der B. wie ohne weiteres klar ist, zur Abgabe einer Willenserklärung bestimmt, nämlich zu der, ein Zahlungsversprechen im Sinne des § 780 abzugeben, wonach er dem A. 1000 M. zu zahlen verspricht.

Somit ist die Drohung des A. eine Drohung im Sinne des § 123. Wenn also A. einige Monate später die 1000 M. einklagt und B. nach § 123 das bezeichnete Rechtsgeschäft anficht, so wird die Klage abgewiesen, weil es nach § 142 als von Anfang an nichtig zu betrachten ist.

Wenn A. die 1000 M. erst einige Monate später einklagt, so fragt sich, ob das noch rechtzeitig ist. Nach § 124 ist dies zu bejahen. Denn die Ausschlußfrist für das Recht des B., die Einrede des Zwangs geltend zu machen, beträgt ein Jahr. (Man hüte sich, hier von Verjährung zu sprechen.)

Somit können sowohl die Klage als auch die Einrede auf Grund erfolgter Anfechtung auch jetzt noch geltend gemacht werden.

Daß bezüglich des vorliegenden Schuldversprechens die Formvorschriften der §§ 780, 781 vorliegen, ist hier in Ermangelung besonderer Bestimmungen des Textes einfach angenommen worden, da es offenbar nicht der Zweck der Aufgabe sein soll, diese Frage zu erörtern. Übrigens würde § 350 HGB. im Falle eines Formmangels außer Betracht bleiben.

Fall 63. (Schücks Zivilrechtspraktikum Seite 11.)

Unbedenklich ist anzunehmen, daß eine Drohung im Sinne des § 123 vorliegt. Es ist anzunehmen, daß der Handlung des A. eine ernsthafte Absicht des Zwangs zugrunde liegt, daß ferner A. in der Lage ist, das Angedrohte auszuführen, daß es sich um ein Übel im Rechtssinne für den B. handelt und daß B. durch die Drohung zur Unterschrift bestimmt wird. (Vgl. Binding, Grundriß II. S. 35 unter b.) A. klagt aus dem Wechsel. Nach § 82 WO. (e contrario) könnte nun B., falls er gemäß § 124 binnen Jahresfrist seine Annahmeerklärung angefochten hätte, den Einwand des Zwangs erheben und würde damit erreichen, daß das anfechtbare Rechtsgeschäft — nämlich die durch Annahme des Wechsels eingegangene Verpflichtung — als nichtig anzusehen ist. Davon, daß B. diese Anfechtung vorgenommen hat, ist aber nichts gesagt. Vielmehr will B. die Anfechtung erst zwei Jahre nach Beginn der Zwangslage im Prozesse geltend machen. Nun beginnt zwar die einjährige Ausschlußfrist nach § 124 im Falle der Drohung mit dem Zeitpunkte, in welchem die Zwangslage aufhört. Es ist aber praktisch kaum denkbar, daß A. die Zwangslage des B. ein Jahr lang aufrecht erhalten kann. Es ist vielmehr anzunehmen, daß diese bald nach der ersten Zwangshandlung aufhört. Somit wird die Anfechtung des B. vermutlich verspätet sein.

Im Text ist nur von dem Einwande des Zwangs die Rede. Eine andere hier aber nicht gestellte Frage ist die, ob nicht B. aus einem anderen Grunde die Zahlung verweigern kann. Die Handlung des A. ist zweifellos eine unerlaubte, sogar eine strafbare (Erpressung, § 253 StGB.). Ebenso wie daher B. eine Deliktsklage im Sinne des § 823 gegen A. hat, hat er auch eine Deliktseinrede. Diese verjährt aber nach § 852 erst in drei Jahren, also frühestens drei Jahre nach Hingabe des Akzepts. Sie kann also hier noch geltend gemacht werden und Kläger ist daraufhin abzuweisen.

Anm. Nach dem Satze: „jura novit curia" kann übrigens das Gericht in dem Einwand des Zwangs die Vorschützung der Einrede des § 823 oder vielleicht auch des § 821 erblicken und ohne Rücksicht auf die mangelhafte Verteidigung des Beklagten die Klage abweisen.

Über das Wesen der Wechselverpflichtung — insbesondere des Akzepts —, welches hier für das Verständnis nicht ohne Bedeutung ist, vgl. die vorzügliche Abhandlung in Staubs Kom. z. WO., 4. Aufl. S. 3 ff.

Fall 64.

Der Einwand des Zwangs ist unwirksam aus folgenden Gründen:

Wenn B. dem A. damit droht, er werde ihn wegen Beiseiteschaffung eines gepfändeten Klaviers in das Zuchthaus bringen, wenn er nicht die Bürgschaft seiner Frau für die Rückzahlung des Darlehns beschaffe, so ist das für den A. zweifellos eine Drohung im Rechtssinne. Denn B. meint die Drohung ernst, er ist auch, wie zu vermuten ist, imstande, das Angedrohte zu verwirklichen, auch handelt es sich für den A. um ein Übel im Rechtssinne, da eine Strafanzeige in Aussicht gestellt wird. Aber alles dies ist nur dem A. gegenüber geschehn, nicht seiner Frau gegenüber, wenigstens entnehme ich das dem Texte. Wenn deshalb die Frau des A. auch wirklich — sei es aus eignem Entschluß, sei es auf die Aufforderung ihres Ehemanns, des A. hin — die Bürgschaft übernimmt, so tut sie dies zwar unter dem Eindrucke der Drohung, wird aber nicht unmittelbar durch diese bestimmt. Es liegt daher für sie zwar eine Drohung im Rechtssinne, nicht aber eine solche im Sinne des § 123 vor, da der Kausalzusammenhang fehlt. Die Frau des A. ist in keiner wirklichen Zwangslage. Sie muß daher ihren Verpflichtungen aus der Bürgschaft nachkommen.

Aber selbst wenn man die Anfechtbarkeit des Bürgschaftsvertrags verneint, ist die Frage noch nicht endgültig gelöst. Dann fragt sich, in welchem Güterrechtssystem die Ehegatten leben. Leben sie in dem gesetzlichen — also der sog. Verwaltungsgemeinschaft —, so ist zur Verpflichtung der Ehefrau nach § 1412 die Zustimmung des Ehemannes notwendig. Diese ist nun zwar hier gegeben, sie kann aber ebenfalls wegen Zwangs angefochten werden, und zwar von jedem interessierten Dritten, also auch von der Ehefrau. Diese muß also die stillschweigende Zustimmung des Mannes zur Bürgschaftleistung anfechten. Das Endresultat wird hiernach vermutlich doch dahin gehn, daß die Frau des A. die Zahlung verweigern kann.

Zu beachten sind die Zeitangaben in der Aufgabe. Das Jahr des § 124 wäre im Falle der Anfechtbarkeit noch nicht vorüber.

Fall 65. (Schücks Zivilrechtspraktikum Seite 11.)

Die Drohung mit Schlägen ist hier, wie ohne weiteres klar ist, eine Drohung mit einem Übel im Rechtssinne. Auch hat A., wenn der ihm feindlich gesinnte B. ihm schon längst eine Gewalttätigkeit angekündigt hatte, in dem Augenblick, in welchem B. mit erhobenem Stocke und drohender Gebärde auf ihn zukommt, allen Grund zu glauben, daß A. diese Drohung verwirklichen wolle und auch verwirklichen könne. Es fragt sich daher nur noch, ob A. durch die Drohung des B. zur Abgabe einer Willenserklärung bestimmt worden ist. Indem A. den C. herbeiruft, ihn bittet, ihn von B. zu befreien und ihm dafür 100 M. verspricht, macht er dem C. das Angebot zum Abschluß eines Werkvertrags. Indem C. den B. daraufhin wirklich fortjagt, nimmt er durch konkludente Handlung das Angebot an.

Das Vertragsangebot des A. ist nun aber freiwillig gemacht worden. Es geschieht zwar aus Anlaß der Drohung des B., man kann aber nicht sagen, daß A. zur Abgabe seiner Willenserklärung unmittelbar durch die Drohung des B. bestimmt worden ist, sondern sie ist, wie er ganz richtig, aber zu seinen Ungunsten anführt, nur unter dem Eindrucke der Drohung des B. geschehn. Demgemäß liegt diese Voraussetzung des § 123 nicht vor. Der zwischen A. und C. abgeschlossene Werkvertrag kann demnach von A. auf die Klage des C. hin nicht angefochten werden. A. ist also zur Zahlung der 100 M. zu verurteilen.

Der Umstand, daß hier nicht der eine der Vertragschließenden, sondern ein Dritter, der B., die Drohung ausspricht, ist für die Wirksamkeit derselben gleichgültig, da für die Drohung nicht die Beschränkung des § 123 Abs. 2 gilt.

Fall 66.

B. kann die 100 M. nicht zurückfordern, und zwar aus folgenden Gründen:

Die öffentliche Bekanntmachung, daß A. jeden anborge und seine Schulden nicht bezahle, ist für den A., trotzdem sie auf Wahrheit beruht, ein Übel im Rechtssinne (ebenso wie eine Strafanzeige, auch wenn sie begründet ist). Für dessen Onkel B. hat sie aber m. E. nicht viel zu bedeuten, denn dessen guter Name wird durch die Handlungsweise eines leichtlebigen jungen Mannes, des A., der noch dazu Student ist, nicht berührt, selbst wenn er sein Verwandter ist. Nun will C. der Kritik des A. noch die Bemerkung hinzufügen, daß sein Onkel B., auf den er sich beim Anborgen stets berufe, nicht viel mehr wert sei. Das ist m. E. für den Onkel ebensowenig ein Übel im Rechtssinne. Denn diese Bemerkung ist so wenig bestimmt gehalten, daß B. daraufhin schwerlich in der Achtung dritter Personen sinken wird. B. ist also m. E. zur nochmaligen Berichtigung der Schuld des A. nicht unmittelbar durch die Drohung des C. bestimmt worden, sondern er handelt nur unter dem Eindruck der Drohung. Er kann also die 100 M. nicht zurückfordern.

Fall 67. (Schücks Zivilrechtspraktikum Seite 11.)

Indem A. dem C. vorspiegelt, das Pferd des B. Cäsar habe verschiedene Rennen gewonnen, täuscht er den C. Indem er den C. bestimmt, dem B. sein Pferd zu einem unverhältnismäßig hohen Preise abzukaufen, schädigt er das Vermögen des C., er handelt somit widerrechtlich. A. begeht also dem C. gegenüber eine Täuschung im Sinne des § 123. Die Frage ist: Welche Ansprüche hat C.? Es handelt sich dabei um Ansprüche gegen A. und gegen B.

Welche Ansprüche hat C. zunächst gegen A.? A. hat eine unerlaubte Handlung im Sinne des § 823 begangen. Er haftet daher dem C. auf Grund des § 823 auf Schadensersatz. Dieser regelt sich nach Art und Umfang der §§ 249 ff. Er besteht in der offenbar sehr großen Differenz zwischen dem wahren Werte des Pferdes und dem von C. gezahlten Kaufpreis.

Eine Anfechtung gegen A. auf Grund des § 123 Abs. 2 Satz 2 ist nicht möglich, weil A. aus der Erklärung des C. nicht unmittelbar ein Recht erlangt hat.

Welche Ansprüche hat C. gegen B.? Hierfür kommt § 123 Abs. 2 in Betracht. Der Tatbestand des ersten Teils von § 123 Abs. 2 ist zwar erfüllt, denn es hat ein Dritter — der A. — die Täuschung verübt, und die Erklärung war einem andern, dem B. gegenüber, abzugeben. B. hat aber vermutlich die Täuschung nicht gekannt, er hat sie auch nicht kennen müssen, denn den Umstand, daß ihm ein unverhältnismäßig hoher Preis von C. geboten wurde, braucht B. noch nicht in dem Sinne auszulegen, daß C. getäuscht worden sei. Es war für B. z. B. auch leicht denkbar, daß C. als Gutsbesitzer ein Pferdeliebhaber sei und als solcher für sein Pferd ein besonderes Interesse habe, das ihn veranlasse, einen den wahren Wert des Pferdes weit übersteigenden Preis für dasselbe zu zahlen. Gegenüber B. wird also der C. mit seiner Anfechtung keinen Erfolg haben.

Welche Ansprüche hat C., wenn A. usw.? Zunächst steht fest, daß die vorliegende Drohung eine Drohung mit einem Übel im Rechtssinne ist, daß sie ernstlich aufgefaßt werden mußte, daß A. die Drohung zu verwirklichen imstande ist und daß C. durch dieselbe zum Abschluß des Kaufvertrags unmittelbar bestimmt wird, daß sie somit eine Drohung im Sinne des § 123 ist. (Vgl. Fälle 38, 41.) C. kauft infolge der Drohung das Pferd des B., erhält es, wie zu ergänzen ist, übergeben, nimmt es an und zahlt den Kaufpreis dafür. Durch diese Übergabe wird C. Eigentümer des Pferdes, denn die Erfordernisse des § 929 verb. mit § 433 liegen vor. Ebenso wird B. durch Übergabe Eigentümer des Kaufpreises. Diese Erklärung, mit welcher er den Kaufvertrag abschließt, die in der Übertragung enthaltene Einigung und die Zahlung des Kaufpreises kann aber C. nach § 123 Abs. 1 anfechten, trotzdem ein Dritter, beim Vertragsschlusse Unbeteiligter — nämlich der A. — die Drohung ausgesprochen hat. Denn bei der Drohung gelten nicht die Beschränkungen, die nach § 123 Abs. 2 bei der Täuschung für den Fall gelten, daß ein Dritter die Täuschung verübt hat. Nach § 142 erreicht C. mit dieser Anfechtung, daß der Kaufvertrag und die Übergabe als von Anfang an nichtig anzusehen sind. B. muß daher gegen Rückgabe des Pferdes den von C. dafür gezahlten Kaufpreis an C. zurückzahlen.

Fall 68. (Schücks Zivilrechtspraktikum Seite 12.)

1. Die Drohung des A. ist offenbar eine Drohung im Rechtssinne. Sie ist auch eine solche im Sinne des § 123, denn sie führt zu einer Willenserklärung des B., nämlich zu einem Schuldanerkenntnis. (Vgl. hierzu das bereits früher über Drohung Gesagte.) Die Forderung hieraus tritt A. an C. ab. C. klagt nun gegen B. aus dem Schuldanerkenntnis, indem er sich zugleich auf die Abtretung stützt. Kann B. das Rechtsgeschäft wegen Zwangs nach § 123 Abs. 1 gegenüber C. anfechten? Daß er das gegenüber dem A. tun kann, ist ohne weiteres klar, er kann es aber auch gegenüber C. Denn schon aus dem Wesen der Abtretung, insbesondere aus § 404 ergibt sich, daß der Schuldner B. dem neuen Gläubiger C. dieselben Einwendungen entgegensetzen kann, die zur Zeit der Abtretung der Forderung gegen den bisherigen Gläubiger A. begründet waren. Eine derselben ist aber hier die des § 123. Dasselbe ergibt sich aus § 142, der nichts darüber sagt, gegen wen angefochten wird. Also kann B. auch gegenüber C. auf dessen Klage aus dem Schuldanerkenntnis die Einrede des Zwangs nach § 123 geltend machen. Es treten nunmehr die Folgen des § 142 ein, d. h. der zwischen A. und B. abgeschlossene Vertrag ist als von Anfang an nichtig anzusehen. Da somit das Schuldanerkenntnis nichtig wird, so ist C. mit der Klage gegen B. abzuweisen.

2. Kann B. im zweiten Falle das Pferd von C. wegen des von A. verübten Zwangs herausverlangen? A. wird durch die Verkaufsübergabe Eigentümer des Pferdes des B., da beide Teile über den Eigentumsübergang einig sind. B. verlangt es von C. auf Grund der Anfechtung der zur Übergabe führenden Einigung gemäß § 123 heraus. (Vgl. hierzu frühere Fälle.) Hat er damit Erfolg? Nach § 142 wird durch die Anfechtung seitens des B. der frühere Rechtszustand wiederhergestellt. Die Folgen der Übergabe des Pferdes durch B. an den A. werden daher aufgehoben, ebenso der Eigentumserwerb des A. Der Eigentumserwerb des C. wird aber durch die Anfechtung nicht aufgehoben, denn die Anfechtung wirkt zwar auch gegen Dritte, aber die Vorschriften zugunsten derjenigen gutgläubigen Dritten,

die Rechte von einem Nichtberechtigten herleiten, können durch die Anfechtung nicht berührt werden. Ein solcher Dritter ist aber C. zweifellos, denn er erlangt das Eigentum an dem Pferde gutgläubig. Obgleich nun C. infolge der Anfechtung als ein Erwerber vom Nichteigentümer anzusehen ist, so kann doch nach § 932 sein Eigentumsrecht nicht beeinträchtigt werden. Die Ausnahme des § 935 liegt auch nicht vor, da die Sache keine „sonst abhanden gekommene“ ist. C. behält also das Eigentum an dem Pferde, und B. kann in diesem Falle nichts gegen ihn erreichen (vgl. Komm. von Rosenthal, Anm. 60 zu § 142). Dagegen würde C., wenn er bösgläubig wäre, das Pferd an B. herausgeben müssen.

Dem B. bleibt also im zweiten Falle nur die Möglichkeit, sich gegen A. zu wenden und gegen diesen die Schadensersatzklage nach § 823 anzustellen. A. hat durch Drohung — also widerrechtlich — das Eigentum des B. geschädigt, er hat also den dadurch verursachten Schaden zu ersetzen. Die Art und Höhe desselben regelt sich wieder nach §§ 249 ff. Man muß dabei im Zweifel annehmen, daß der Kaufpreis von 500 M., den A. von C. für das Pferd erhalten hat, dem Werte des Pferdes entspricht. Demnach würde der Schadensersatz 500 M. betragen. Ist dagegen der Wert des Pferdes, objektiv betrachtet, ein höherer, so hat A. auch diesen als entgangenen Gewinn zu ersetzen.

Übrigens hat B., wie ohne weiteres klar ist, gegen A. auch die Bereicherungsklage, denn A. ist durch eine Leistung seitens des B. bereichert. Diese ist aber, wenn sie mit der Schadensersatzklage konkurriert, nicht zu empfehlen, da mit ihr möglicherweise weniger erlangt wird.

Fall 70.

Die Bestrafung des Sohnes ist für den Vater ein Übel im Rechtssinne, die Drohung ist auch ernst gemeint und wohl ausführbar. Die Bürgschaft des Vaters ist also anfechtbar. Der Einwand des Zwangs scheint begründet. Durch die Anfechtung wird die Bürgschaft hinfällig (§§ 123, 142).

Für die zweite Drohung gelten dieselben Gesichtspunkte.

Anm. Strafrechtlich käme außerdem Erpressung § 253 StrGB.) in Frage. Das Reichsgericht (Olshausen Bem. 5 zu § 253 StrGB.) straft bei Drohung mit Strafanzeige, wenn sie in der Absicht geschieht, sich einen rechtswidrigen Vermögensvorteil zu verschaffen, wegen Erpressung. Fraglich kann hier nur die Rechtswidrigkeit des Vermögensvorteils sein. Gegenüber dem B. hatte A. nur dann ein Recht auf Schadensersatz, wenn die Voraussetzungen des § 828 Abs. 2 vorliegen, was wohl anzunehmen ist. Gegenüber dem Vater ist eine Klage zulässig, wenn dieser als aufsichtspflichtiger Dritter in Frage kommt, was wohl nicht der Fall ist, da es sich um einen Lehrling handelt (§§ 832, 829). Danach wäre objektiv vielleicht eine Erpressung festzustellen, schwerlich aber subjektiv, da man dem Kaufmann A. eine genauere Kenntnis dieser rechtlichen Fragen bei Beachtung des Satzes: „Im Zweifel für den Angeklagten“ wohl nicht zumuten wird.

Fall 71. (Schücks Zivilrechtspraktikum Seite 12.)

Wenn die Parteien A. und B. nach langen Verhandlungen übereinkommen, den Kaufvertrag über das Gemälde schriftlich aufzusetzen, so bekunden sie damit die Absicht, daß das bisher mündlich Verhandelte durch die schriftlichen Erklärungen ersetzt werden soll, daß also, soweit zwischen dem bisher mündlich Verhandelten und dem nunmehr schriftlich Erklärten Differenzen bestehen, nur das schriftlich Erklärte gelten soll. Dadurch wird aber nicht die Möglichkeit ausgeschlossen, den schriftlichen Vertrag durch spätere mündliche Bestimmungen abzuändern oder zu ergänzen, falls die Parteien dies übereinstimmend beabsichtigen. Denn nach § 125 Satz 2 ist ein solcher Zusatz nur im Zweifel nichtig. Wenn daher A. und B. wie hier verabreden, daß die Vereinbarung wegen der Ablieferung, die sie versehentlich nicht in den schriftlichen Vertrag aufgenommen haben, gerade so gut gelten solle, wie wenn sie niedergeschrieben wäre, so ergänzen sie insofern den früheren Vertrag, und diese Vereinbarung ist zweifellos gültig. (Vgl. Rosenthal, Anm. 25 zu § 125.)

B. stützt sich anscheinend in seiner Verteidigung auf § 154. Nach § 154 ist ein Vertrag im Zweifel noch nicht geschlossen, solange nicht die Parteien sich über alle Punkte geeinigt haben, über die nach der Erklärung auch nur einer Partei eine Vereinbarung getroffen werden sollte. Diese Vorschrift kommt hier nicht in Frage, weil ja hier gerade über alle Punkte eine Einigung vorliegt, sobald man annimmt, daß die mündliche Vereinbarung gültig ist. A. hat das Bedenken, daß ev. die mündliche Verabredung als nichtig anzusehen und daher § 139 anwendbar sein könnte, wonach, wenn ein Teil eines Rechtsgeschäfts nichtig ist, das ganze Rechtsgeschäft nichtig ist, wenn nicht anzunehmen ist, daß es auch ohne den nichtigen Teil vorgenommen worden wäre. Dieses Bedenken ist aber nach dem Obigen unbegründet, denn der fragliche Teil des Rechtsgeschäfts — nämlich die Ablieferungsvereinbarung — ist gültig, weshalb die Voraussetzung des § 139 verbunden mit § 154 gar nicht vorliegt.

B. ist somit nicht nur zur Übergabe, sondern auch zur Ablieferung des Gemäldes an A. zu verurteilen.

Anm. In dem Mietvertragsformular der Hausbesitzer steht, daß nur schriftliche Nebenabreden gelten, mündliche dagegen ungültig sein sollen. Sogar in diesem Falle steht die Praxis meist auf dem Standpunkte, daß jene Schriftklausel durch mündliche Vereinbarung aufgehoben werden kann.

Fall 72.

Wenn A. dem B. den Mietvertrag zur Unterschrift vorlegt, so ist das eine Vertragsofferte. Indem B. unterschreibt, nimmt er die Offerte an. B. genehmigt damit den Vertragsinhalt. Wenn er den Vertrag nicht durchliest und sich übersetzen läßt, so erklärt er sich mit dem Vertrage trotzdem einverstanden, selbst für den Fall, daß er anderes bestimmen sollte als er annimmt. Er unterwirft sich also der fünfjährigen Vertragsdauer und kann später nicht mehr zum Schluß des ersten Jahres kündigen.

Dagegen ist B. nicht wie ein Analphabet zu behandeln — ein besonderes Recht für diese gibt es überhaupt nicht — denn er war in der Lage, sich den Vertrag übersetzen zu lassen und ihn dann durchzulesen. Indem er dies nicht tat, handelte er unvorsichtig. Die Haftung dafür kann keinesfalls dem A. aufgebürdet werden.

Dem B. bleibt unbenommen, den Vertrag nach § 119 anzufechten. Das muß er aber zum Ausdruck bringen. Sein Vorbringen enthält m. E. noch keine Anfechtung. Dasselbe ist mindestens unklar. Nach § 139 ZPO. hat daher der Vorsitzende das Fragerecht auszuüben. Das Vorliegen des Irrtums muß B. natürlich beweisen. Tut er es, so ergeben sich die Folgen der §§ 119, 142, 122 Abs. 1. Der Vertrag wird also zwar rückgängig, aber B. hat dem A. Schadensersatz zu leisten.

Fall 74.

Der Fall ist nach § 133 verb. mit § 157 zu entscheiden. Es ist die Absicht der Parteien, daß B. für die besonders schwierige Aufgabe, ihm 100 000 M. zu verschaffen, auch eine besonders hohe Gegenleistung erhalten soll. Wenn A. dem B. als Gegenleistung ein Fünfmarkstück gibt, indem er sich auf die Verabredung beruft, daß „ein Stück Goldes“ versprochen war, so beruft er sich damit auf den buchstäblichen Sinn des Ausdrucks, nicht aber auf den wirklichen Willen der Parteien. Wenn also B. die ortsübliche und angemessene Provision von $^1/_2$ % einklagt (§§ 316, 315), so ist er damit noch sehr bescheiden. Er könnte eine viel höhere Summe fordern, die, falls er es beantragt, auch vom Gericht festzusetzen wäre. Das hat er aber nicht getan. Da ultra petita nicht zu erkennen ist, so ist A. zur Zahlung von 495 M. zu verurteilen.

Fall 75.

Der Fall dürfte analog Fall 76 zu behandeln sein, deshalb wird nur auf diesen Bezug genommen. Hiernach kommt § 134 nicht zur Anwendung. Der Vertrag zwischen A. und B. ist gültig. A. hat dem B. die Hälfte des Gewinns herauszugeben. A. und B. sind dabei als Gesellschafter (§§ 705 ff.) anzusehen.

§ 762 kommt nicht in Betracht, weil es sich um eine staatlich konzessionierte Lotterie handelt.

Fall 76. (Schücks Zivilrechtspraktikum Seite 13)

Der Satz: A. kauft unter Verstoß usw. bedarf der Berichtigung. A. kann nicht gegen das fragliche Gesetz verstoßen, denn dasselbe verbietet den Geschäftsbetrieb den Inhabern der Läden, d. h. sie dürfen zu den vom Gesetz bestimmten Zeiten keine Waren feilbieten. Es kann also nur B. gegen das Gesetz verstoßen. (Diese Undeutlichkeit des Ausdrucks erklärt sich aus dem Bestreben möglichster Kürze bei Angabe des Tatbestandes.)

Der zwischen A. und B. abgeschlossene Kaufvertrag verstößt nun, wie feststeht, gegen ein im Gesetz über die Sonntagsruhe enthaltenes Verbot, also gegen ein gesetzliches Verbot. Nach § 134 muß daher der Kaufvertrag nichtig sein, wenn nicht aus dem Gesetz ein anderes hervorgeht. Das letztere ist aber hier der Fall. Denn die Motive des fraglichen Gesetzes und dessen

Charakter im allgemeinen ergeben, daß seine Verbote nur polizeilicher Natur sein sollen, daß daher auch ein Zuwiderhandeln gegen dasselbe die Nichtigkeit eines abgeschlossenen Kaufgeschäfts nicht herbeiführen soll. Der über die Kiste Zigarren abgeschlossene Kaufvertrag ist daher gültig. Wenn also B. auf seine Vorleistung hin auf Grund von § 433 gegen A. die Kaufklage anstellt, so wird A. daraufhin zur Zahlung des Kaufpreises verurteilt.

Anm. Diese Grundsätze gelten bei allen Gesetzen, deren Vorschriften polizeilicher Natur sind.

Fall 77.

Entmündigungsgründe sind nach § 6 lediglich Geisteskrankheit, Geistesschwäche, Verschwendung, Trunksucht. Andere Entmündigungsgründe gibt es nicht. Auch kann die Entmündigung nach den §§ 645—680 ZPO. lediglich durch Gerichtsbeschluß erfolgen. Daraus folgt, daß es eine vertragsmäßige Entmündigung nicht gibt. Der vorliegende Vertrag zwischen A. und seiner Ehefrau ist daher nichtig. Daran ändert auch der Umstand nichts, daß derselbe gerichtlich beurkundet ist. (Das würde in der Praxis auch schwerlich möglich sein, denn nach den Landesgesetzen, z. B. nach dem § 49 Abs. 3 des sächs. Ges. vom 15. 6. 1900, kann es zu einer solchen Beurkundung überhaupt wohl nicht kommen.)

Der Vertrag ist aber hier möglicherweise noch aus einem anderen Grunde nichtig, nämlich deshalb, weil er eine unzulässige Freiheitsbeschränkung enthält (§ 138).

Unter allen Umständen ist also der Vertrag der Eheleute nichtig, daher ist der Dahrlehnsvertrag gültig und A. auf die Dahrlehnsklage hin zu verurteilen.

Fall 78.

Es handelt sich um die Anwendbarkeit des § 134.

Nach dem Reichsgesetz vom 15. 6. 97 soll die Margarine in viereckigen Stücken mit der Aufschrift „Margarine" in den Handel gebracht werden oder in Fässern mit einer entsprechenden großen Aufschrift. In Ermangelung einer Bestimmung hierüber nehme ich an, daß die Lieferung des B. an A. diesen Voraussetzungen entspricht. A. kauft nun bei B. nur deshalb, weil er dessen Margarine als Kunstbutter weiter veräußern kann. Das Motiv hat aber auf die Gültigkeit eines Vertrags — also privatrechtlich — im allgemeinen keinen Einfluß. Man kann nicht behaupten, daß der vorliegende Vertrag „gegen ein gesetzliches Verbot verstößt". Ich würde also den § 134 nicht anwenden, sondern den Vertrag für gültig halten.

Zu einem anderen Resultat kommt man ev. vom Gesichtspunkte des Strafrechts. Danach macht sich A. zwar nicht dadurch, daß er die Margarine kauft, wohl aber dadurch, daß er sie als Naturbutter verkauft, einer Verletzung des Reichsgesetzes und zugleich eines Betrugs schuldig. B. kannte die Absicht des A. Der Verkauf des B. an A. könnte daher als vorbereitende Handlung oder Beihilfe hierzu in Frage kommen und B. als Teilnehmer zu belangen sein. Bejaht man dies, so verstößt der Vertrag gegen das gesetzliche Verbot, verneint man es, so bleibt der Vertrag gültig, und die bloße Absicht des A. bleibt außer Betracht.

Fall 79. (Schücks Zivilrechtspraktikum Seite 14.)

Einleitung. Der Fall enthält den sog. Anatomievertrag. Der Mensch kann zu seinen Lebzeiten, trotzdem sein Körper und dessen Glieder noch nicht Sachen im Rechtssinne sind, bereits bis zu einem gewissen Grade darüber verfügen, er kann sich z. B. verletzen oder von anderen verletzen lassen, und so kann er auch seinen Körper bereits zu seinen Lebzeiten veräußern. (Es ist das ein sog. Individualrecht des Menschen. Derartige Rechte hebt BGB. abgesehn vom Namenrecht des § 12, welches in Fall 3 besprochen wurde, nicht weiter hervor, wogegen die Wissenschaft diese Rechte näher bestimmt, vgl. Fall 3.) Der Anatomievertrag ist nun ein Kaufvertrag über eine res futura, bei dem die Kaufsache der Körper eines noch lebenden Menschen ist. Dieser Vertrag wird unter der Voraussetzung abgeschlossen, daß der Mensch gestorben ist und daher sein Körper zur Sache im Rechtssinne (§ 90) geworden ist. (Vgl. Lehrb. von Matthiaß, Band I, S. 237 unter B und Anm. 2.)

Es fragt sich nun, bis zu welcher Grenze die bezeichnete Verfügungsgewalt des Menschen geht. Wie bei allen Rechten geht sie bis zur Grenze der guten Sitten (§ 138). Gegen diese verstößt aber nicht ein Vertrag, durch den jemand seinen Körper nach seinem Tode der Wissenschaft überläßt, das kann man im Gegenteil als etwas Lobenswertes ansehn. Die Anatomieverträge sind daher im allgemeinen gültig. Der Kaufvertrag über den Körper ist — wie jeder andere Kaufvertrag — mit der Willenseinigung abgeschlossen.

α) Geht man auf Fall 79 ein, so ergibt sich aus dem Gesagten, daß der Vertrag zwischen A. und dem Arzte B. über den Leichnam des A. — richtiger über seinen Körper — gültig ist. Der B. erwirbt also die Forderung auf Übergabe des Körpers des A. bei dessen Tode. Die Erben des A. müssen daher den Körper des A. nach dessen Tode an den Arzt B. herausgeben.

β) Dieser Vertrag verstößt allerdings gegen die guten Sitten und ist daher nach § 138 nichtig. Jeder Mensch hat, wie oben ausgeführt, das Recht, über seinen Körper für den Fall seines Todes zu verfügen, dagegen hat niemand das Recht, über den Körper eines anderen für den Fall des Todes desselben zu verfügen, wenigstens nicht ohne dessen Wissen und ohne oder gegen seinen Willen. Vermutlich ist aber der Vater des A. mit der Verfügung seines Sohnes über seinen Körper nicht einverstanden, sondern hat die Absicht, beerdigt zu werden. Somit ist der Kaufvertrag des A. mit dem Arzte B. über den Körper seines Vaters nach § 138 nichtig. Kann B. Erstattung des Kaufpreises verlangen? Ja, denn A. ist durch die Vorausleistung des Arztes B. nach § 812 ohne Grund bereichert. B. kann daher gegen A. die Bereicherungsklage auf Herauszahlung des Kaufpreises anstellen.

γ) Dieser Vertrag verstößt vermutlich ebenfalls gegen die guten Sitten. Nach den Vorschriften des Familienrechts (§§ 1627 ff.) hat der Vater die Pflicht, für die Person und das Vermögen des Kindes zu sorgen. Die

Frage ist also hier die, ob der Vater diese Pflicht verletzt, indem er den Körper seines unmündigen Kindes dem Arzte B. verkauft. Daß der Vater diese Pflicht verletzt, ist zu vermuten, da A. sich den Kaufpreis im voraus zahlen läßt. Als Grund des Verkaufs ist also, wenn auch immer nur bis zum Beweise des Gegenteils, nicht das Interesse des Kindes anzusehn, sondern das des Vaters, indem dieser durch die Vorauszahlung des Kaufpreises Geld für sich zu bekommen sucht. Sollte sich also nicht herausstellen, daß der Vater aus irgendeinem Grunde erwerbsunfähig geworden ist und daher die Vorschriften über die Unterhaltspflicht von Verwandten in gerader Linie der §§ 1601—1615 eingreifen, oder daß der Vater die Absicht hat, das Geld für das Kind zu verwenden und Ähnliches, so muß man den Kaufvertrag über den Körper des Kindes nach § 138 als nichtig betrachten, und der Arzt kann daher nicht auf Grund von § 433 auf Übergabe des Leichnams gegen A. klagen. Auch hier hat aber der A. auf Kosten des Arztes durch dessen Leistung den Kaufpreis ohne rechtlichen Grund erhalten. Er hat also denselben auf Grund von § 812 dem B. herauszugeben.

Fall 80. (Schücks Zivilrechtspraktikum Seite 14.)

Es liegen wieder Kaufverträge über res futurae, und zwar zum Teil wieder sog. Anatomieverträge vor. Im Unterschied von Fall 79 wird hier das Kaufobjekt nicht durch den Körper als Ganzes, sondern durch dessen Teile gebildet. Ferner wird hier der Körperteil nicht der Wissenschaft, sondern einem beliebigen Dritten überlassen. Auch kommt die in Fall 53 angeführte Voraussetzung, daß der Mensch gestorben ist, nicht jedesmal in Betracht, obgleich auch hier für gewöhnlich diese Voraussetzung vorliegen wird. Auch derartige Verträge sind im allgemeinen gültig, soweit nicht § 138 einschlägt. Vor der Trennung sind die Körperteile noch keine Sachen im Rechtssinne (§ 90), sondern Bestandteile (§§ 93 ff.). Im übrigen gilt das im Fall 53 Gesagte.

a) Der Kaufvertrag über einen Zopf verstößt in keiner Weise gegen die guten Sitten. Es ist sogar vielfach üblich, daß Zöpfe von den Inhaberinnen abgeschnitten und verkauft werden. Der Vertrag des Mädchens mit dem A. über seinen Zopf ist daher gültig und klagbar. Ein Vertrag über die linke Hand widerspricht dagegen — wenn ohne weiteren Zusatz abgeschlossen — den guten Sitten, und zwar aus folgenden Gründen: Der Kaufvertrag ist abgeschlossen mit der Willenseinigung. Mit dieser erhält nach § 433 mangels einer besonderen Bestimmung der Käufer das Recht, die Leistung zu verlangen, und zwar ist diese mangels einer Vertragsbestimmung sofort fällig. Dadurch wird die eine Partei — das ist hier der B. —, falls sie den Kaufpreis bezahlt, berechtigt, den Kaufpreis — also die linke Hand des Mädchens — zu einer Zeit von diesem zu verlangen, zu welcher dasselbe noch lebt und die Hand unbedingt für sich selbst braucht. Durch ihre Trennung würde sich ihre Arbeitskraft vermindern. Solche weitgehende Verpflichtungen sollen durch § 138 vermieden werden, und es ist demnach ein solcher Vertrag nichtig. Hier tritt nun der Fall wirklich ein, daß B. Erfüllung verlangt, während die Hand noch Bestandteil des Körpers ist. Nach dem eben Ausgeführten hat das Mädchen keine Verpflichtung, sich die linke Hand vom Körper zu trennen und dem B. zu übergeben, sondern kann die Nichtigkeit des Vertrags vorschützen, soweit sie nicht schon von Amts wegen berücksichtigt wird. Ebenso bleibt die Lösung, wenn A. klagt, während Zopf und Hand nicht mehr Bestandteile des Körpers sind, weil nämlich die Verkäuferin sich den Zopf abgeschnitten hat und den linken Arm sich zufolge einer Blutvergiftung hat abnehmen lassen müssen. Bezüglich des Zopfes ist das selbstverständlich. Bezüglich der linken Hand ist zu beachten, daß ein Vertrag, der nichtig war, nicht gültig wird, weil der Grund der Nichtigkeit später wegfällt. Das ergibt sich daraus, daß § 138 ein zwingendes Gesetz ist (sog. lex absoluta). Es nützt also dem B. nichts, daß die Hand des Mädchens infolge der Blutvergiftung, also durch einen Zufall, der allerdings mit dem Vertrage in keiner Verbindung steht, vom Körper getrennt worden ist, sondern der Vertrag bleibt nichtig.

b) Wenn der Verkauf für den Fall geschieht, daß Zopf und Hand nicht mehr Bestandteile des Körpers sind, ändert sich die Sache. Nach den unter a entwickelten Grundsätzen ist dieser Vertrag auch bezüglich der Hand gültig, da er nicht gegen die guten Sitten verstößt, weil die Hand nach der Trennung für den früheren Träger derselben unbrauchbar wird. Der Inhalt der Worte: „für den Fall, daß Zopf und Hand nicht mehr Bestandteile des Körpers sind", muß allerdings bezüglich der Hand dahin ausgelegt werden, daß der Fall gemeint ist, daß sie durch irgendeinen Zufall, nicht aber infolge Verwirklichung der Verkaufsabsicht, nicht mehr Bestandteil des Körpers ist. Dies ist die Absicht der Parteien bei dem Vertragsschlusse. Dieser Vertrag kann also auch schon zu Lebzeiten des Mädchens erfüllt werden, wenn d u r c h e i n e n Z u f a l l die Trennung der Hand erfolgt. Er ist auch für diesen Fall gültig und klagbar. Wenn nun A. auf Erfüllung klagt, nachdem dem Mädchen sein eifersüchtiger Bräutigam den Zopf abgeschnitten hat, so ist sie zur Herausgabe des Zopfes nach § 433 ohne weiteres verpflichtet. Wenn ferner das Mädchen sich die linke Hand abgehauen hat und man voraussetzt, daß dies aus Verdruß über das vorherige Abschneiden des Zopfes durch den Bräutigam oder wenigstens aus Anlaß desselben geschehen ist, so kann nach dem soeben Entwickelten der B. auf Grund des gültigen Kaufvertrags nach § 433 von dem Mädchen die Herausgabe der Hand verlangen.

Fall 81.

Der Fall behandelt die Frage nach der Bedeutung des Beweggrundes (Matthiaß S. 194 ff.).

Der vorliegende Hauskauf ist zweifellos gültig. Wenn es auch den guten Sitten zuwider sein mag, daß A. mit dem Gelde auswandern und seine ihm verhaßte Frau mittellos zurücklassen will, so hat doch diese Absicht des A. auf den Vertrag keinen Einfluß. Auch daß A. dem B. seinen Zweck vorher mitteilt, ist bedeutungslos. Dann wäre auch der Kauf einer Pistole nichtig, wenn sich später herausstellt, daß er mit Wissen des Verkäufers zum

Zwecke der Verübung einer Gewalttätigkeit geschehen ist. § 134 ist also in diesen Fällen nicht anwendbar, solange das Motiv nicht auf Begehung einer strafbaren Handlung gerichtet ist und der andere Teil hieran beteiligt ist. Das Haus bleibt sonach dem B. und der Kaufpreis dem A. (Vgl. hierzu Fall 78.)

Fall 82.

Es handelt sich um die Bedeutung des Beweggrundes (Matthiaß Band I S. 194 ff.). Das Darlehnsgeschäft verstößt nicht gegen die guten Sitten. Denn dem B. ist bei der Hingabe nicht wesentlich, daß A. das Geld wirklich zum Schmuggel verwendet. Er gibt dem A. nur ein Darlehen, weil A. ihn darum gebeten hat oder weil er 4% Zinsen dafür erhält. Dagegen wäre gegen die guten Sitten die Vereinbarung: „Wenn du mit mir gemeinsam Schmuggel treibst, leihe ich dir 1000 M.", oder: „Wenn du zum Katholizismus übertrittst, schenke ich dir 1000 M." Das sind die Fälle, die hier getroffen werden sollen. Dagegen will A. dem § 138 eine zu weitgehende Anwendbarkeit verleihen. Diese ist mit dem Interesse des Verkehrs nicht vereinbar. Ich würde also Verstoß gegen die guten Sitten im Sinne des § 138 nicht annehmen. A. hat somit die 1000 M. nebst Zinsen zurückzuzahlen. Selbst wenn er dazu nicht auf Grund des Vertrages verpflichtet wäre, so wäre er es doch auf Grund ungerechtfertigter Bereicherung im Sinne des § 812.

Auch strafrechtlich ist B. demgemäß nicht zu belangen. In Betracht käme er als Teilnehmer, und zwar liegt dann in der Hingabe des Darlehens entweder eine Beihilfe oder eine vorbereitende Handlung. Hierzu ist aber der Vorsatz unbedingt erforderlich, den Vertragsgegner zu unterstützen und dessen Plan mit zu verwirklichen. Eine solche Absicht hat B. nicht. Es ist ihm Nebensache, wozu A. das Geld verwendet; sein Hauptmotiv besteht vermutlich in der Zusicherung, daß er 4% Zinsen erhält (vgl. Fälle 81, 78).

Fall 83. (Schlicks Zivilrechtspraktikum Seite 15.)

Der zwischen A. und B. abgeschlossene Vertrag ist ein Dienstvertrag nach §§ 611 ff. Die zu leistenden Dienste bestehen darin, daß B. dem A. an jeden Ort folgen muß, wo A. es für gut findet, seinen Wohnsitz zu nehmen. Als Vergütung ist das Jahrgeld von 6000 M. verabredet. Die Frage ist nun die, ob der Vertrag gültig ist. Ein Vertrag, durch den man sich verpflichtet, einen anderen zu begleiten, kann gültig sein, wenn nicht die näheren Vertragsbestimmungen den guten Sitten widersprechen. Das letztere ist hier der Fall, denn B. hat sich seinem Bruder A. gegenüber verpflichtet, demselben an jeden Ort zu folgen, wo A. es für gut halten sollte, seinen Wohnsitz zu nehmen. Wenn A. dann einen Ort aufsuchte, an welchem der Aufenthalt in irgendwelcher Weise lebensgefährlich ist, so müßte ihm B. nach dem Vertrage auch dahin folgen. B. wäre also der Willkür des A. völlig preisgegeben, seine persönliche und sittliche Freiheit wäre völlig aufgehoben. So weitgehende Verpflichtungen will aber das Gesetz durch § 138 mit Recht unmöglich machen, indem es derartige Verträge als gegen die guten Sitten verstoßend für nichtig erklärt. So ist auch der hier vorliegende Vertrag, weil er dem A. zu weitgehende Rechte gewährt, nichtig. Alexandrien ist bereits ein Ort, der vermutlich nicht für jeden normalen Europäer gesund ist, denn das Klima und demgemäß die Lebensbedingungen sind dort bereits ganz anderer Art als in den Städten Europas. B. weigert sich daher unter Hinweis auf die Nichtigkeit des Vertrags mit Recht, dem A. auch nach Alexandrien zu folgen. A. klagt, und zwar nicht, wie es auch denkbar wäre, auf Erfüllung des Werkvertrags, sondern auf Zahlung der Konventionalstrafe von 10000 M. wegen Nichterfüllung des Vertrags und Rückzahlung der letzten im voraus entrichteten Jahresrente von 6000 M. Die Konventionalstrafe kann A. nach dem Gesagten wegen Nichtigkeit des Vertrags nicht fordern. Dagegen kann A. Rückzahlung der Rente verlangen, und zwar der ganzen Rente von 6000 M., falls B., was der Text nicht ergibt, für das letzte Jahr noch nichts geleistet hat, falls dieses also erst begonnen hat. Soweit B. bereits teilweise geleistet hat, muß sich A. von den 6000 M. einen entsprechenden Abzug gefallen lassen.

Die Klage des A. auf Rückzahlung der Rente oder eines Teils derselben ist die Bereicherungsklage des § 812, denn B. hat infolge seiner Nichtleistung oder nur teilweisen Leistung ohne rechtlichen Grund auf Kosten des A. durch dessen Zahlung etwas verlangt.

Nicht ganz zu demselben Resultat gelangt man auf Grund des § 157. Man könnte die Meinung verteidigen, daß der Vertrag den guten Sitten nicht widerspricht, daß er also ein gültiger ist, daß man ihn aber gemäß § 157 so auszulegen hat, wie Treu und Glauben mit Rücksicht auf die Verkehrssitte es erfordern. Wenn daher verabredet wird, wie im vorliegenden Falle, so ist es gegen Treu und Glauben, wenn A. so weitgehende Rechte aus dem Vertrage herleitet. Daher braucht B. nicht zu erfüllen, dagegen muß er es, solange A. sein Recht maßvoll ausübt, tun. Ich halte es doch für schärfer, wenn man auf Grund des § 138 entscheidet, denn der Wortlaut des Vertrags hebt bereits die zu weitgehende Verpflichtung deutlich hervor. Das Recht, welches A. ausüben will, steht ihm nach dem Vertrage wirklich zu. Dagegen hilft keine Auslegung. § 157 spricht aber nur von der Auslegung. Solche Verträge sollen also nach Absicht des Gesetzgebers vollständig nichtig sein.

Fall 84.

Da eine Verpflichtung zur Anzeige strafbarer Handlungen — abgesehen von den wenigen im StrGB. genannten Fällen — nicht besteht, so ist es auch kein den guten Sitten widersprechendes Geschäft, wenn C. die Anzeige dadurch verhindert, daß er dem Geschädigten — dem B. — für Ersatz eines Teils des Unterschlagenen Bürgschaft leistet. § 138 liegt also nicht vor. B. dringt daher mit der Klage gegen C. auf Grund der Bürgschaftsleistung durch, vorausgesetzt natürlich, daß die sonstigen Erfordernisse der §§ 765 ff. vorliegen (insbes. § 771).

Anm. Die Gerichte haben sogar schon öfter Verträge auf Unterlassung von Strafanzeigen für klagbar erklärt. Auch der Vertrag, durch den sich jemand zur Rücknahme einer Privatklage verpflichtet, ist nach Ansicht des Reichsgerichts zivilrechtlich klagbar. M. E. ist hiergegen nichts einzuwenden.

Fall 85.

Wenn es heißt, A. hat sich für sein Schweigen einen von B. akzeptierten Wechsel von 100 M. geben lassen, so muß aus dieser Ausdrucksweise der Sinn entnommen werden, daß die Veranlassung zum Akzeptieren des Wechsels vom Akzeptanten B. selbst ausgeht, denn sonst läge Drohung im Sinne des § 123 vor. A. hat also freiwillig einen Wechsel gegeben. Da eine Verpflichtung zur Anzeige strafbarer Handlungen, abgesehen von den im StrGB. bezeichneten Fällen, für den Privatmann nicht besteht, so handelt andrerseits A. nicht unrecht, wenn er schweigt und das ihm dafür von B. durch Wechselakzept Angebotene annimmt. A. dringt also mit seiner Klage aus dem Wechsel durch (vgl. Fall 84).

Fall 87.

Das Stift stützt sich mit der Klage auf § 140. Es gibt zu, daß der Vertrag nach § 124 verb. mit § 2276 nichtig ist, behauptet aber, daß das von der A. vorgenommene Rechtsgeschäft den Erfordernissen eines anderen entspricht, nämlich denen der Errichtung eines Testaments. Das ist zweifellos richtig (§ 2231). Ferner ist anzunehmen, daß die Parteien die Geltung der Erbeinsetzung bei Kenntnis der Nichtigkeit gewollt haben würden, denn der Zweck der Erbeinsetzung ist hier die Entschädigung des Stifts für die Verpflegung der A. Somit liegt der normale Fall des § 140 (sog. Konversion) vor. Der Vertrag ist als Testament aufrecht zu erhalten. Das Stift wird Erbe der A., und die Nichte derselben ist mit der Klage abzuweisen.

Fall 88.

Der Vertrag kommt nach §§ 145 ff. zustande durch zwei Willenserklärungen, durch Antrag und Annahme. Bei Verträgen unter Abwesenden, zu denen der vorliegende gehört, ist nach § 130 ein weiteres Erfordernis, daß der Antrag und die Annahme dem Gegner zugegangen sind. Der Antrag ist nun hier erfolgt und der Feuerversicherungsgesellschaft B. in Y. zugegangen, denn diese hat das von A. unterschriebene Formular erhalten. (In der Zusendung bzw. der Übergabe dieses Formulars an A. liegt nur eine Aufforderung zur Stellung eines Antrags, sie ist aber nicht selbst Antrag, sog. Offerte zur Offerte.) Auch die Annahme seitens der B. ist erfolgt, aber nach der Empfangstheorie (§ 130) gilt sie als noch nicht erfolgt, denn sie ist dem A. noch nicht zugegangen. (Der Ausnahmefall des § 151, daß der Vertrag ohne ausdrückliche Annahmeerklärung zustande kommt, liegt nicht vor.) Nach § 130 ist der Vertrag zwischen A. und der B. also erst am 12. April zustande gekommen, nicht schon am 10. April. A. kann daher am 11. April noch keine Rechte aus dem Vertrage herleiten und somit keine Entschädigung fordern.

Anm. In der Regel enthält der Versicherungsvertrag vorsorglich die Klausel, daß Schäden, die zwischen der Vertragsannahme und dem Zugehen derselben entstehen, von der Gesellschaft nicht zu ersetzen sind. Denkbar ist aber auch andererseits eine Policeklausel, die den Zeitpunkt des Versicherungsbeginnes auf den Zeitpunkt der Antragsannahme oder gar auf den der Antragstellung zurückdatiert.

Fall 99.

Nach § 151 kommt der Vertrag durch die Annahme des Auftrages zustande, ohne daß die Annahme dem Antragenden gegenüber erklärt zu werden braucht, wenn eine solche Annahme nach der Verkehrssitte nicht zu erwarten ist. Letzteres ist hier m. E. der Fall. Wenn ein Nichtkaufmann bei einem Kaufmann bestellt, so ist es nach der Verkehrsanschauung zum Zustandekommen des Vertrags nicht notwendig, daß der Kaufmann die Annahme des Antrags ausdrücklich bestätigt, wenn es auch im Verkehr geschehen mag. Vielmehr pflegt der Kaufmann die Ware ohne weiteres zu senden. Eine Antwort ist also seitens des A. nach der Verkehrssitte nicht zu erwarten. Stillschweigen gilt daher als Annahme. Der Kauf ist perfekt und B. zur Bezahlung des Adreßbuches verpflichtet.

Fall 104.

Nach § 766 ZPO. hat der Ersteher des Pferdes m. E. die Befugnis, das Vollstreckungsgericht anzugehen, daß es den Gerichtsvollzieher anweise ihm das Pferd auszuliefern. Sollte aber das Vollstreckungsgericht — was sehr unwahrscheinlich ist — eine solche Anweisung unbegründeterweise nicht ergehen lassen, so fragt sich weiter, ob und gegen wen A. eine Klage hat. Aus § 156 BGB. verb. mit § 817 ZPO. ergibt sich, daß in dem Zuschlag die Annahme eines Vertrags liegt, bei welchem das Bieten die Offerte bildet. Der Ersteher erlangt mit der Übergabe das Eigentum an dem Gekauften. Wer ist aber der Verkäufer? Beim Pfandverkauf nach den §§ 1233 ff. BGB. ist es der Gläubiger. Ich möchte auch hier eine solche Konstruktion nicht von der Hand weisen. Nun wird dem Käufer die gekaufte Ware dadurch, daß sie der Gerichtsvollzieher behält, evinziert. Die Evictionshaftung (§ 440) wird durch § 935 Abs. 2 (vgl. § 1244) erheblich eingeschränkt (ebenso wie die Mängelhaftung durch § 806 ZPO. vgl. § 461 BGB.). Da der Gläubiger als Verkäufer anzusehen ist, kann sich eine Klage wegen Entwährung nur gegen diesen richten. Ich möchte also eine solche Klage für möglich halten. Was aber macht der Gläubiger, nachdem er verurteilt ist, wenn der Gerichtsvollzieher das Pferd trotzdem nicht herausgibt? Er beschwert sich zur Herbeiführung der Herausgabe ebenfalls nach § 766 ZPO. Da er die Sache nicht besitzt, kann das Urteil nach § 883 ZPO. nicht vollstreckt werden (vgl. § 897 ZPO.). Das Urteil ist daher zu vollstrecken wie ein solches, welches auf Verurteilung zu einer nicht vertretbaren Handlung geht (§ 888 ZPO.).

Eine Klage gegen den Gerichtsvollzieher begegnet m. E. manchen Bedenken. Aus dem durch die Versteigerung erworbenen Rechte kann ihn der Ersteher nicht belangen, weil dies nur ein obligatorischer Anspruch ist. Es könnte sich fragen, ob der Gläubiger nicht nach § 931 BGB. das Eigentum verschaffen könne. Doch dem steht entgegen, daß der Gläubiger hier gegen den Gerichtsvollzieher keinen Herausgabeanspruch hat, wenn auch der Gerichtsvollzieher sein Beauftragter ist.

Anm. Die Aufgabe ist übrigens mehr instruktiv als praktisch. In der Praxis wird das Vollstreckungsgericht auf Grund des § 766 ZPO. die Sache endgültig entscheiden, ohne daß es zu einer Klageanstellung kommt.

Fall 105.

Über den Auszug trifft das BGB. keine Bestimmungen. Hierüber entscheiden nach Art. 96 EG. die Landesgesetze (für Sachsen § 31 sächs. Ausführungsgesetz zum BGB. vom 18. 6. 1898). Es dürfte wesentlich sein, ob B. nur dinglich oder auch persönlich verpflichtet ist.

B. ist Schuldner, A. Gläubiger. Der Brand ist, wenn der Auszug ein persönliches Recht ist, ein nicht zu vertretender Umstand. Somit ist m. E. § 275 anwendbar. Daher wird der Schuldner B. von der Verpflichtung zur Leistung frei. § 280 ist somit nicht anwendbar. Ist der Auszug ein dringliches Recht, so greift m. E. § 280 ein, weil dann B. die Giebelstuben auch in dem neu aufgebauten Hause hätte einrichten müssen.

Der Fall gehört m. E. in das zweite Buch, da er die sog. objektive nachträgliche Unmöglichkeit der Leistung behandelt.

Fall 106.

Bei einer Gegenseitigkeitsgesellschaft ist mit der Zahlung der Prämie der Versicherungspflicht noch nicht genügt. Der Nachschuß mußte also gezahlt werden, es fragt sich nur von wem. B. war hierzu auf Grund des zwischen ihm und A. abgeschlossenen Vertrags nicht verpflichtet, sondern A. Denn danach hat sich A. verpflichtet, das Rad auf ein Jahr gegen Diebstahl und Feuersgefahr zu versichern. Indem B. die Erstellung des Geldes von A. verlangt, gibt er diesem zu erkennen, daß er sich auf den Vertrag berufen will. Damit deutet er an, daß er mit der Zahlung nur eine Verpflichtung des A. habe erfüllen, nicht aber diesem die Verpflichtung habe erlassen wollen. Er hat also als Geschäftsführer des A. ohne Auftrag gehandelt. Auf Grund dessen kann er aber von A. die 15 M. nicht ersetzt verlangen, denn dieser hat die Geschäftsführung nicht genehmigt. Wohl aber kann B. gegen A. auf Grund des Vertrags vorgehn, denn dieser hat den Vertrag nicht erfüllt. Daß er also die 15 M. von A. herausverlangen kann, erscheint zweifellos, es fragt sich nur als was. Mir scheint die Annahme unbedenklich, daß sich A. in Verzug befindet. Demgemäß ist die Forderung eine solche auf Schadensersatz wegen Verzugs (§ 286). Aber auch eine Bereicherungsklage wäre denkbar. Sie stützt sich darauf, daß B. dem A. eine Leistung, zu der er durch Vertrag verpflichtet war, erspart hat, so daß A. einen rechtlichen Vorteil erlangt hat. (§ 812, in sonstiger Weise auf dessen Kosten.)

Fall 107.

A. behauptet, indem er die Kaufklage gegen B. anstellt, offenbar, daß ein Kauf über die Maschine zwischen ihm und B. bereits zustande gekommen sei, daß die **Vorleistung** seinerseits erfolgt sei und er nun nach § 433 die Gegenleistung, also den Kaufpreis, beanspruchen könne.

α) B. entgegnet, daß ein Kaufvertrag zwischen ihm und A. noch gar nicht zustande gekommen sei. Die Absicht des B. ergibt sich m. E. aus dem Wortlaut und aus der ganzen Formulierung des Textes, wonach B. einwendet, es sei vereinbart, daß er nach einjähriger noch nicht abgelaufener

Probezeit soll erklären dürfen, ob er die Maschine „**kaufen wolle**“ oder nicht. Ist der Vertrag mit dieser Bestimmung abgeschlossen, so ist vom Standpunkt des B. aus allerdings m. E. nicht — was naheliegt — ein Kauf auf Probe im Sinne des § 495 anzunehmen. Das wird durch die hervorgehobenen Worte: „kaufen wolle“ ausgeschlossen. Denn danach soll das in demselben Satze vorkommende Wort „Probezeit“ hier nicht im technischen Sinne gebraucht sein, sondern es ist die Absicht des B., den Vertrag von seinem Widerruf innerhalb einer bestimmten Frist abhängig zu machen. Er behauptet damit, daß kein vollendeter Kauf vorliege. Somit muß Kläger, also A., beweisen. Daher kommt B. zum Eid.

Da die Entscheidung allein von der Frage abhängt, ob die Behauptung des B. über die Vereinbarung richtig ist, weitere Beweismittel als der Eid aber nicht vorhanden sind, so ist die Sache zur Endentscheidung reif, und es liegt der normale Fall des § 460 ZPO. vor. Demgemäß ist auf die Leistung des Eides durch bedingtes Endurteil zu erkennen. Dieses hat im Tenor die Normierung des Eides zu enthalten und sowohl für den Fall der Leistung wie für den der Nichtleistung die Entscheidung zu treffen. Dieses bedingte Endurteil hat hier etwa zu lauten: B. hat folgenden Eid zu leisten: „Ich schwöre bei Gott, dem Allmächtigen und Allwissenden: Es ist wahr, daß zwischen mir und dem A. verabredet worden ist, daß ich nach einjähriger, noch nicht abgelaufener Probezeit solle erklären dürfen, ob ich die Maschine kaufen wolle oder nicht, so wahr mir Gott helfe!“ Leistet B. diesen Eid (in Gemäßheit des § 460 Abs. 2 ZPO. nach Rechtskraft des bedingten Endurteils), so wird A. mit der Klage (durch Endurteil) abgewiesen, leistet er ihn nicht, so wird er (durch Endurteil) zur Zahlung des Kaufpreises für die Maschine verurteilt.

β) Das Vorgehn des A. ist hier dasselbe wie unter α. Hier gibt aber B. zu, daß ein vollendeter Kaufvertrag vorliegt. Er wendet nur m. E. ein, daß mit dem Kaufvertrag ein Reuvertrag nach § 346 verbunden gewesen sei, d. h. ein Vertrag, durch den dem B. ein vertragsmäßiges Rücktrittsrecht von dem schon vollendeten Vertrage für den Fall gewährt wird, daß die Maschine seine Billigung nicht finden sollte. Damit gibt B. zu, daß die allgemeinen Voraussetzungen eines Kaufvertrags, wie er vom Kläger behauptet wird, vorliegen. Die Behauptung, daß ein Reuvertrag vorliege, ist somit als Einrede, nicht als Leugnen des Klaggrunds zu betrachten. B. hat daher die Beweislast. Nach § 447 ZPO. ist also hier die Eideszuschiebung des B. an A. wirksam, dagegen diejenige des A. an B. unwirksam. Wie ist zu erkennen? Die unter α bestehenden Voraussetzungen der ZPO. sind auch hier vorhanden. Nach § 460 ZPO. hat daher wiederum ein bedingtes Endurteil zu ergehn. Dieses ist natürlich entsprechend abzuändern. Das Nähere wird sich der Leser selbst konstruieren können.

Fall 109. (Schücks Zivilrechtspraktikum Seite 17.)

Zwischen A. und B. ist ein Kaufvertrag unter einer Suspensivbedingung (§ 158 Abs. 1) abgeschlossen worden. Diese ist hier zugleich eine sog. gemischte Bedingung. Der Begriff derselben wird im BGB. nicht festgestellt, wohl aber in der Wissenschaft. Nach dieser ist sie eine solche, bei der die Erfüllung abhängig ist von dem Willensentschluß des einen Vertragschließenden und zugleich von einem davon unabhängigen Umstand, der hier in dem Willensentschluß eines Dritten, nämlich der C., besteht. (Vgl. Lehrbuch von Matthiaß, Band I S. 231, II A unter 2.) Der Willensentschluß des A. ist nun erfolgt, der der C. — die Annahme — ist nicht erfolgt, denn die C. gibt dem A., wie es im Text heißt, einen Korb und verheiratet sich bald darauf mit dem D. B. tröstet sich schnell und heiratet noch vor Ablauf der einjährigen Frist die E. Die Frage ist, ob die Bedingung als eingetreten zu gelten hat und ob die B. infolgedessen von A. die Erfüllung des Kaufvertrags, also die Auflassung des Grundstücks, verlangen kann. Nach den von der Wissenschaft aufgestellten Grundsätzen genügt es zum Zustandekommen des durch die gemischte Bedingung bedingten Vertrags, daß der Verpflichtete seinerseits alles getan hat, um diese zu erfüllen. Sein Anspruch bleibt also bestehn, wenn der Eintritt der Bedingung durch das Verhalten des Dritten — also hier der C. — verhindert wird. Hätte also B. nicht vor Ablauf der Frist die E. geheiratet, so hätte er ohne Zweifel gegen B. den Anspruch auf Erfüllung des Kaufvertrags erlangt. Schwierig wird der Fall erst dadurch, daß B., anstatt den Ablauf der Frist abzuwarten, vor Ablauf der Frist die E. heiratet. Es fragt sich, ob er dadurch den Anspruch auf Übergabe der Villa verloren hat. Eine Verehelichung des A. mit der C. wäre in der Frist zwischen der Verehelichung des A. mit der E. und dem Ablauf der einjährigen Frist vermutlich noch möglich gewesen, denn die C. konnte sich scheiden lassen, sich sodann von der Vorschrift des § 1313 Abs. 1 nach § 1313 Abs. 2 dispensieren lassen und schleunigst den A. noch innerhalb der Frist heiraten, wenn es auch sehr unwahrscheinlich ist, daß sie es getan hätte. A. mußte also die Frist abwarten. Die gemischte Bedingung ist danach nicht eingetreten, denn man kann nicht sagen, daß B. alles getan habe, um sie zu erfüllen. Somit ist B. mit seiner Klage gegen A. auf Erfüllung des Kaufvertrags abzuweisen.

Fall 110. (Schücks Zivilrechtspraktikum Seite 17.)

Wenn A. dem B. unter der bezeichneten Bedingung 1000 M. verspricht, um ihn zu verhöhnen, so fragt sich, was für ein Rechtsgeschäft hierin zu erblicken ist. Schenkung kann wegen des Hinzufügens der Bedingung nicht vorliegen, da dieser nach § 516 wesentlich ist, daß die Zuwendung unentgeltlich geschieht, während A. als Gegenleistung die Erfüllung der Bedingung fordert. Auch ist die Schenkung eine ganz freiwillige Zuwendung, während die hier vorliegende Zuwendung nur aus der Verhöhnungsabsicht hervorgeht. Auch Scherz im Sinne des § 118 kann nicht vorliegen, denn dazu gehört bei dem Erklärenden die Erwartung, der Mangel der Ernstlichkeit werde nicht verkannt werden. Es liegt vielmehr ein gewöhnliches Zahlungsversprechen nach § 780 vor. Dieses muß schriftlich abgegeben werden. Das Vorliegen dieses Formerfordernisses soll aber auch hier, wie in den früheren Fällen, als vorhanden angesehen werden, da sonst das

Rechtsgeschäft ohne weiteres nichtig wäre. Dieses Zahlungsversprechen ist nun mit einer Bedingung verknüpft. Die Bedingung besteht darin, daß B. eine Handlung vornehmen soll, durch die er sich lächerlich macht. Es fragt sich, welche Wirkung das Hinzufügen dieser Bedingung hat. Im BGB. ist die lächerliche Bedingung (wie die gemischte Bedingung, vgl. Fall 67), nicht erwähnt, wohl aber kennt diese die Wissenschaft. Nach dieser wird die lächerliche Bedingung wie eine unsittliche behandelt. Diese aber wird nach den Vorschriften über unsittliche Rechtsgeschäfte überhaupt beurteilt, demnach macht sie das Rechtsgeschäft, dem sie hinzugefügt ist, wenn es ein Rechtsgeschäft unter Lebenden ist, entweder nach § 138 gänzlich nichtig oder nach § 139 teilweise nichtig, bei Geschäften von Todes wegen wird sie gestrichen. (Vgl. Lehrbuch von Matthiaß, Band I S. 238 unter B.)

Das vorliegende Rechtsgeschäft ist nach dem Gesagten nichtig. (§ 139 kommt, wie ohne weitres klar ist, nicht in Betracht, denn die Erfüllung der Bedingung ist dem A. wesentlich.) Welche Rechtsfolgen treten ein, je nachdem B. die Bedingung erfüllt oder nicht? Diese Folgen ergeben sich aus dem oben Gesagten von selbst. Erfüllt B. die lächerliche Bedingung, tut er also den fraglichen Gang, so entsteht dadurch für A. nicht die Verpflichtung, die versprochenen 1000 M. zu zahlen, da ein nichtiges Rechtsgeschäft keine Verpflichtungen erzeugen kann. Erfüllt B. die lächerliche Bedingung nicht, so braucht A. die versprochenen 1000 M. vielleicht ebensowenig zu zahlen, aber nicht wegen Nichterfüllung der Bedingung, sondern wegen Nichtigkeit des Rechtsgeschäfts.

Wie stände es um ein unter der angegebenen Bedingung hinterlassenes Vermächtnis? Die Motive zum BGB. deuten an, daß die Frage, wie die unsittliche Bedingung bei Geschäften von Todes wegen zu behandeln sei, der Wissenschaft überlassen bleiben soll. Diese steht aber jetzt ebenso, wie früher, auf dem Standpunkte, daß die unsittliche Bedingung bei Geschäften von Todes wegen, wie schon angegeben, einfach zu streichen, das heißt also, als nicht vorhanden zu betrachten ist. Die Folge ist im vorliegenden Fall eine sehr unerwartete, der Billigkeit, wenn auch nicht dem Willen des Erblassers entsprechende. B. kann nämlich die Zahlung der 1000 M. von den Erben des A. unter allen Umständen verlangen, gleichgültig, ob er dessen Bedingung erfüllt oder nicht.

Fall 111.

Der Kaufvertrag zwischen A. und B. ist unter der Bedingung abgeschlossen, daß B. binnen Jahresfrist das Assessorexamen besteht. Zugleich ist die Übergabe des Hundes unter dieser Bedingung erfolgt. Der Text läßt nun m. E. nicht genügend erkennen, ob der Kauf unter aufschiebender oder auflösender Bedingung gemeint sein soll (§ 158 Abs. 1 u. 2). Im ersteren Fall wäre auch die Eigentumsübertragung aufschiebend bedingt, im zweiten Falle auflösend. Hiervon wird abhängen, ob C. Eigentümer des Hundes wird.

Die weitere Lösung überlasse ich einstweilen dem Leser.

Fall 112.

Hauptfrage ist die: Wenn der Vertrag zwischen B. und A. die Bestimmung enthält, daß die Räumlichkeiten „zum Restaurationsbetrieb" gemietet werden, ist dann diese Zweckbestimmung Vertragsinhalt oder bloßes Motiv? Meines Erachtens ist sie das erstere. Der Mietvertrag zwischen B. und A. ist also unter der Bedingung richtiger Voraussetzung abgeschlossen, daß A. die polizeiliche Konzession für den Restaurationsbetrieb erlangt. Die Voraussetzung (condicio tacita) ist keine echte Bedingung (Matthiaß Band I S. 237 B.), denn sie erzeugt für gewöhnlich keinen Schwebezustand. Es ist aber unbedenklich, die hier vorliegende Voraussetzung den Vorschriften über Bedingungen analog zu behandeln. Wenn nun A. die Erteilung der Konzession hintertreibt, so ist gegen ihn auf Grund des § 162 vorzugehen. Da A. eine andere Gelegenheit zu einer sicheren Lebensstellung findet, so ist jetzt der Eintritt der Voraussetzung für ihn ein Nachteil. Die Voraussetzung der Erteilung der Konzession hat daher als eingetreten zu gelten. A. ist somit an den Mietvertrag gebunden.

Übrigens hindert nichts daran, den Fall aus dem Gesichtspunkte der Haftung für Mängel der Mietsache (§§ 537 ff.) zu betrachten. Die beiden Gesichtspunkte treffen zusammen. Die Brauchbarkeit des Geschäftslokals für den Restaurationsbetrieb ist eine von den Parteien vorausgesetzte Eigenschaft desselben. Ist diese nicht vorhanden, so ist die Mietsache zur Zeit der Überlassung — also am 1. Januar 1901 — mit einem Fehler behaftet, der ihren vertragsmäßigen Gebrauch aufhebt. Indessen hat A., der Mieter, diesen Fehler selbst herbeigeführt, so daß ihm natürlich der Vermieter hierfür nicht haftet.

Anm. Unter der Hintertreibung der Erlaubniserteilung läßt sich allerdings schwer etwas Bestimmtes denken. § 33 Gew.O. zählt die Versagungsgründe auf: 1. Bedenken gegen die Person des Nachsuchenden, 2. gegen die Räume, 3. Bedürfnisfrage. Da nun bei den Verwaltungsbehörden bei Erforschung des die Entscheidungsgrundlage bildenden Sachverhalts die Offizialmaxime besteht, so ist eigentlich geringer Raum für eine Tätigkeit des A. zur Vereitelung des Eintritts der Bedingung wider Treu und Glauben. Immerhin ist möglich, daß er seine Person der Wahrheit zuwider in ein schlechtes Licht stellt und schlechten Leumund über sich an den Stellen verbreitet, wo sich die Polizei zu erkundigen pflegt usw.

Fall 113.

Zwischen dem Dienstherrn und dem A. besteht ein Dienstvertrag (§§ 611 ff.). Nach § 624 kann nur der Dienstverpflichtete das auf Lebenszeit eingegangene Dienstverhältnis ohne Grund kündigen, nämlich nach Ablauf von fünf Jahren. Für den Dienstberechtigten dagegen gilt § 626. Dieser muß also einen „wichtigen Grund" zur Kündigung haben.

Wenn Schück hier von einer Klage „auf Dienstentlassung" spricht, so kann damit zweierlei gemeint sein: 1. daß die Dienstentlassung schon erfolgt ist und nunmehr infolge Bestreitens ihre Rechtmäßigkeit, d. h. das Vorliegen eines wichtigen Grundes festgestellt werden soll (dagegen spricht aber die Suspension noch während des Prozesses); 2. daß der Dienstberechtigte die Absicht hat, nach § 626 zu kündigen, vorerst aber durch Klage das Vorliegen eines wichtigen Grundes feststellen lassen will. Eine solche Klage ist durch die Rechtsprechung für zulässig erachtet worden (insbesondere in Ansehung der Handlungsgehilfen HGB. §§ 70 ff.). Doch nun zur Hauptfrage.

Wenn die Parteien vereinbaren, daß der Gehalt des A. nach zehnjähriger nützlicher Dienstzeit zum 600 M. steigen solle, so liegt darin eine aufschiebende Bedingung. Da nun A. — sei es vor, sei es nach Ablauf der zehn Jahre — suspendiert wird, so kann er natürlich keine nützlichen Dienste mehr leisten. Es fragt sich aber, ob der Dienstherr ihn mit Recht suspendiert hat. Da der Prozeß, in welchem A. auf Dienstentlassung verklagt ist, für ihn günstig ausläuft, so ist anzunehmen, daß die nachherige Entlassung grundlos erfolgte. Somit hat der Dienstherr während der Schwebezeit der Bedingung das von der Bedingung abhängige Recht des A. durch sein Verschulden vereitelt. Es liegt also der Tatbestand des § 160 vor. Vielleicht ist auch § 162 anwendbar. A. kann daher vom Dienstherrn Schadenersatz verlangen. Dieser besteht in der Zulage. Wie lange wird er die Zulage zahlen müssen? So lange, als der Gehalt des A. nicht auf andre Weise — insbesondere durch den Dienst in einer neuen Stellung — die durch die Zulage herbeigeführte Höhe erreicht. Ist er niedriger als bisher, so muß der Dienstherr auch dies ersetzen. A. ist aber nicht verpflichtet, in eine andere Stellung zu gehen. Nimmt ihn der Dienstherr nicht wieder an, so muß er dem A. den Gehalt und die Zulage zahlen, auch ohne daß dieser es versucht, diesen auf andere Weise zu erlangen.

Fall 114.

Die Aktiengesellschaft hat in ihrer Eigenschaft als juristische Person mit den Inhabern der Prioritätsaktien einen Vertrag geschlossen, der an eine Bedingung geknüpft ist. Die Inhaber der Aktien haben die Bedingung erfüllt. Es fragt sich nun, ob der Staat, der in seiner Eigenschaft als Eisenbahnfiskus Nachfolger der juristischen Person geworden ist, auch die Dividende im voraus zu zahlen hat. Wenn der Staat die Bahn (also wohl das gesamte Vermögen der Aktiengesellschaft § 304 HGB.) übernimmt, so können die Gläubiger unbeschadet der Fortdauer der Haftung des bisherigen Schuldners (die Gesellschaft kann weiterbestehen) nach § 419 von dem Abschluß des Vertrags an ihre zu dieser Zeit bestehenden Ansprüche auch gegen den Übernehmer geltend machen. Führt der Staat die bisherige Firma fort, wie es im Verkehr vielfach üblich ist (eventuell mit dem Zusatze „vormals" xx.), so gilt insbesondere § 25 HGB. Der Staat haftet also für alle im Betriebe des Geschäfts begründeten Verbindlichkeiten des früheren Inhabers. Hier handelt es sich nun um noch nicht festgestellte Dividendenansprüche. Diese sind aber keine reinen Gläubigerrechte (bestritten, s. auch Kosack, Handelsrecht, S. 642). Deshalb liegen Bedenken gegen Zulassung der Klage vor. Dazu kommt, daß die Ansicht nicht von der Hand zu weisen ist, daß der Eintritt der Bedingung der fünfjährigen Karenzzeit für die fünfprozentige Vorzugsdividende in ihrem Eintritt von den Aktionären (wenigstens von der in § 303 HGB. bezeichneten Mehrheit) vereitelt worden ist. Sie haben in der Generalversammlung der Veräußerung des Vermögens im ganzen zugestimmt und können sich nun nicht darüber beschweren. Sie hätten nicht zustimmen sollen oder hätten nach § 271 HGB. (die Voraussetzungen dazu angenommen) den Veräußerungsbeschluß anfechten müssen (binnen Jahresfrist). Somit käme § 160' in Betracht. Der Staat hat aber diese Frage bei seiner Verteidigung nicht berücksichtigt, sondern stützt sich darauf, daß die bisherige Nichtzahlung der Dividende von ihm nicht verschuldet sei. Was er damit will, ist unklar. Die Entscheidung wird also von der obigen Streitfrage abhängen.

Fall 115.

α) Wenn beim Kaufvertrage ein Ziel für Zahlung des Kaufpreises verabredet wird, so wird damit für die Wirkung des in der Zahlung liegenden Rechtsgeschäfts insofern ein Anfangstermin gesetzt. Nach § 163 finden darauf die über die aufschiebende Bedingung geltenden Vorschriften Anwendung. Die Beweislast ist also dieselbe, wie wenn eine aufschiebende Bedingung geltend gemacht würde. Die Frage, wer bei Geltendmachung einer aufschiebenden Bedingung die Beweislast trägt, ist aber sehr bestritten. Ich folge hierin der Ansicht von Staub und lege sie demjenigen auf, der die Bedingung behauptet, somit hier dem B., der die Befristung behauptet, weil er etwas vom Normalen Abweichendes behauptet (§ 271). Es ist also nur der dem A. zugeschobene Eid in Betracht zu ziehen und der Eid für diesen zu normieren (so auch Staub, Kom. z. HGB. Einl. Anm. 57 S. 23 und Anm. 54 S. 21, ebenso Fitting, dagegen für die herrschende Ansicht z. B. Kuhlenbeck, Anm. 1 zu § 158).

β) Hier ist für die Wirkung des Rechtsgeschäfts ein Endtermin bestimmt. Darauf finden nach § 163 die Vorschriften über auflösende Bedingungen Anwendung. Auch hier ist die Frage der Beweislast wie in vielen wichtigen Punkten (vgl. Fall 66) bestritten. Kuhlenbeck (Anm. 4 zu § 158), dem ich hierin folge, legt sie dem auf, der die Beifügung der Bedingung geltend macht. Danach würde hier der B. beweispflichtig sein, und der Eid wäre wieder für A. zu normieren (vorausgesetzt, daß dies nach § 445 ZPO. überhaupt angängig ist).

Die Beweislast bei der Stundungseinrede hat von einem anderen Gesichtspunkte aus Stölzel (4. Aufl. S. 138 ff.) sehr eingehend behandelt. Dieser unterscheidet den Fall der ursprünglich verabredeten Stundung von dem der nachträglich verabredeten. Im ersteren Falle legt er die Beweislast dem Kläger auf mit der Begründung, daß das Vorbringen der Stundung dann ein teilweises Bestreiten des Klagegrundes bedeute. Das gleiche wie für die Stundung gilt für den ursprünglich beigefügten dies ad quem (Fall β). Im Falle α würde, wenn die Stundung bewiesen wird, nach Stölzel eine betagte Verurteilung einzutreten haben. (Stölzel, S. 15 ff. ZPO. § 751, vgl. ZPO. §§ 257, 259.)

Fall 116.

Den ersten Teil der Bedingung hat C., der Erbe des B., erfüllt, denn er hat innerhalb einer Woche nach dem Unfall den A. benachrichtigt. Den zweiten Teil der Bedingung dagegen — prozessuale Geltendmachung des Anspruchs binnen vier Wochen im Falle des Bestreitens — hat C. nicht erfüllt. Er hat aber alles getan, um die Bedingung zu erfüllen. Es trifft ihn also kein Verschulden. Ist das für die Geltendmachung seines Rechts von Einfluß? Ich möchte es bejahen. Die Bedingung wegen der Anmeldung und wegen Versäumung der Klagefrist erscheint m. E. zunächst als resolutive Protestativbedingung. Als solche ist sie von den Parteien gewollt. Daraus, daß ein Umstand eintritt, der die Erfüllung der Bedingung nicht nur von dem Willen des Berechtigten — also des C. —, sondern zugleich von einem davon unabhängigen Umstande abhängig macht, ergibt sich, daß die Bedingung in Wahrheit eine sog. gemischte (vgl. Matthiaß, Band I, S. 231 u. 237, V A, 1) ist. Die gemischte Bedingung ist aber nach den von der Wissenschaft aufgestellten Grundsätzen dann als eingetreten zu erachten, wenn der Berechtigte alles getan hat, um sie zu erfüllen (vgl. Fall 67). Diesen Grundsatz würde ich hier für anwendbar halten. Das BGB. gibt jedenfalls keinen Anhalt dafür; insbesondere ist aus den §§ 160, 162 nichts zu entnehmen. Hiernach würde also A. zu verurteilen sein.

Fall 117. (Schücks Zivilrechtspraktikum Seite 19.)

Die A. ist Stellvertreterin, genauer Bevollmächtigte des B. im Sinne der §§ 164 ff. Ihre Erklärungen wirken daher unmittelbar für und gegen B. Die A. will auch den Kauf nur für B. abschließen. Sie hat aber die Vollmacht dem Verkäufer nicht zu erkennen gegeben, sondern im eigenen Namen gehandelt. Auch stillschweigend gibt sich ihr Vertretungswille nicht kund, etwa äußerlich durch die Kleidung, da eine Wirtschafterin keine besondere Tracht zu haben pflegt, wie es z. B. bei Dienstboten der Fall ist, weshalb der Dritte diese als Vertreter behandeln darf. Der Verkäufer kann also die A. nicht als Stellvertreterin ansehen, oder wenigstens braucht er es nicht. Das erfordert das Verkehrsinteresse. Für ihn gilt sie, obgleich, wie gesagt ihre Erklärung unmittelbar gegen B. wirkt, als Selbstkontrahentin. (§ 164 Abs. 2, vgl. hierzu Matthiaß Band I, S. 213 unter 1.) Das gilt auch bezüglich der Klage. Erhebt also B. gegen den Verkäufer eine Klage aus dem Vertrag, so wird dieser mit Recht den Einwand der mangelnden Aktivlegitimation des Klägers geltend machen. Diese muß also B. in diesem Fall erst dadurch herbeiführen, daß er sich die Ansprüche aus dem Kauf von der A. abtreten läßt.

Indessen ist die hier zu entscheidende Frage, ob bei stiller Stellvertretung der Vertretene ohne weiteres klagen kann, wie die ganze Lehre von der stillen Stellvertretung bestritten. Kuhlenbeck, Anm. 3 zu § 164 gewährt dem Vertretenen dann eine actio utilis aus dem Vertrage, wenn der Dritte kein erhebliches gegenteiliges Interesse geltend machen kann, nicht mit ihm kontrahiert zu haben. Ob das hier der Fall ist, ist unbestimmt. Im Zweifel wird ein solches Interesse nicht vorliegen, und man läßt daher in der Praxis die Klage des Vertretenen meistens zu.

Nahe liegt hier die Frage, ob die A. zur Abtretung verpflichtet ist. Das ist zu bejahen. Es ergibt sich dies aus dem inneren Verhältnis zwischen der A. und B. Zwischen beiden besteht ein Dienstvertrag im Sinne der §§ 611 ff. (auf welchen, da die A. zum Gesinde gehört, die betreffende landesgesetzliche Gesindeordnung als lex specialis anzuwenden ist). Aus den allgemeinen Grundsätzen über Dienstvertrag erklärt es sich schon, daß die Dienende, die A., alles tun muß, was zur gehörigen Erfüllung des Vertrags erforderlich ist. Dazu gehört aber auch, daß sie ihren Dienstherrn in die Lage versetzt, die Rechte aus den von ihr abgeschlossenen Verträgen selbst geltend zu machen und ihm die Ansprüche aus diesen Verträgen abzutreten. Man kann übrigens hierfür auch § 667 anwenden und sagen: Der Dienstvertrag äußert sich gerade hier in einer Geschäftsbesorgung. Nach § 675 finden daher auf denselben die dort bezeichneten Vorschriften der §§ 662 ff. über den Auftrag Anwendung. Dazu gehört auch § 667. Nach diesem hat die B. dem A. dasjenige herauszugeben, was sie aus der Geschäftsbesorgung erlangt hat. Dazu ist auch ihr Recht auf Anfechtung zu rechnen. Dieses kann aber nicht wie eine Sache herausgegeben, sondern nur abgetreten werden. B. hat also auf diese Abtretung einen Anspruch aus dem Auftrag gegen die A.

Auch die hier weniger wichtige Frage, welche Klage die A. anstellen könnte, soll nicht unbeantwortet bleiben. Die A. kauft einen „ihr als echt bezeichneten" Becher. Dieses Bezeichnen kann sowohl seitens des Verkäufers als auch seitens eines Dritten geschehen sein. Der Text läßt dies offen. Es soll hier offenbar kein Gewicht darauf gelegt werden. Liegt das Erstere vor, so stützt sich die Klage auf den Mangel einer zugesicherten Eigenschaft (§§ 459 ff.). Liegt das letztere vor, so liegt darin, daß die A. einen ihr von irgendeinem Dritten als echt bezeichneten goldenen Becher kauft, in der Meinung, er sei wirklich echt, ein Irrtum über eine Eigenschaft der Kaufsache, der im Verkehr als wesentlich gilt. Dieser regelt sich nach § 119. Die A. kann daher den Vertrag anfechten. Dadurch erreicht sie nach § 145 dessen Nichtigkeit. In der Wirkung bleibt es sich also ganz gleich, ob sie sich auf die §§ 459 ff. oder auf § 119 stützt. Im technischen Sinne ist der Ausdruck „rückgängig machen" allerdings nur in den §§ 462 ff. gebraucht. (Wandelung.)

Fall 120.

Es handelt sich um die sog. stille Stellvertretung. Wenn A. für seinen kranken Neffen eine Vereinbarung trifft, ohne dabei zu erklären, daß sie in dessen Namen erfolgt, so folgt dies letztere auch m. E. noch nicht aus den Umständen. Die Krankheit des Neffen dürfte zu dieser Folgerung keinen genügenden Anlaß geben. Bei A. ist also der Mangel des Willens, in eigenem Namen zu handeln, nicht erkennbar hervorgetreten. Hier greift § 162 Abs. 2 ein. Nach den Grundsätzen der Irrtumslehre könnte A. den Vertrag wegen Irrtums (§ 119) anfechten, da er etwas anderes erklärt hat als er wollte. Aber gerade hierfür will § 164 Abs. 2 eine Ausnahme schaffen. A. soll mit dem Einwand, daß er in fremdem Namen gehandelt habe, dann nicht gehört werden, wenn er dies nicht oder nicht deutlich zu erkennen gegeben, somit nach außen hin als stiller Stellvertreter gehandelt hat. (Vgl. Matthiaß Band I, § 56, II, B 1, S. 213 und Kuhlenbeck, Anm. 3 zu

§ 164.) Daß das letztere hier der Fall ist, kann der Kläger B. ev. auf die Verteidigung des A. hin behaupten. Der Beklagte muß dann auch dies als zu seiner Einrede gehörig beweisen. Der Beweis ist dann darüber zu erheben, daß Beklagter in fremdem Namen gehandelt und dies auch dem Kläger zu erkennen gegeben habe.

Aus dem Gesagten ergibt sich, daß der Eid in der gewählten Fassung zwecklos ist. Wenn A. durchdringen will, muß er behaupten, er habe in fremdem Namen gehandelt und habe dies dem B. auch zu erkennen gegeben. Das erste allein genügt nicht. Insoweit ist also die Eidesformel zu ergänzen, falls A. überhaupt hierfür Beweis antreten will. B. wird also, wenn er den Eid leistet, mit seiner Klage gegen A. durchdringen.

Fall 121.

Es liegt der Tatbestand des § 164 Abs. 2 vor. Der Wille, in fremdem Namen zu handeln, ist bei A. nicht erkennbar hervorgetreten. Folglich kommt der Mangel des Willens, in eigenem Namen zu handeln, nicht in Betracht. Wenn nun die Vertretene klagt, so macht B. mit Recht den Einwand der mangelnden Aktivlegitimation geltend. Trotzdem wird aber die Vertretene — also die Ehefrau — nach § 164 Abs. 1 Berechtigte, wenn auch A. selbst dem Dritten gegenüber als Berechtigter gilt. Deshalb gewähren Wissenschaft und Rechtsprechung dem Vertretenen in diesen Fällen dann eine sog. actio utilis aus dem stillschweigend für ihn geschlossenen Vertrage, wenn der Dritte kein gegenteiliges erhebliches Interesse geltend machen kann, nicht mit ihm kontrahiert zu haben. (Vgl. Kuhlenbeck. Anm. 3 zu § 164.) Da ein solches Interesse, weil nur selten vorliegend, nicht zu vermuten ist, so muß der den Einwand geltend Machende dessen Vorliegen beweisen. B. macht aber nur geltend, er habe nicht mit der Ehefrau des A. kontrahieren wollen. Das ist kein Beweis. Somit ist es das Wahrscheinliche, daß die A. mit der Klage durchdringen wird.

Insoweit entspricht der Fall ganz dem Fall 117.

Vielleicht will der Fall noch auf etwas anderes hinweisen. Falls nämlich die Frau des A. ein besonderes Geschäftslokal hat — was im Verkehr doch nicht allgemein üblich ist —, so wird die Entscheidung eine andere. Denn wer in einem Geschäfte einen Vertrag schließt, will mit dem Geschäftsinhaber kontrahieren, auch wenn er sich nicht genau über dessen Person unterrichtet. Ihm ist das wesentlich. Das ist Verkehrssitte. Der spätere Einwand, man habe nicht mit dem Inhaber, sondern mit dem Geschäftsführer kontrahieren wollen, schlägt nicht durch. Deshalb ist die A. Anspruchsberechtigte. Die utilis actio braucht man hier also nicht. Würde es sich hier um ein Zigarrengeschäft u. dgl. handeln, so wäre der Einwand des B. zweifellos zu verwerfen.

Fall 122. (Schücks Zivilrechtspraktikum Seite 20.)

A. handelt nach außen hin als Handlungsbevollmächtigter, er ist also direkter Stellvertreter des Prinzipals und seine Erklärung wirkt nach § 164 unmittelbar gegen denselben. Der vorliegende Kaufvertrag ist also zwischen Dieb und Prinzipal zustande gekommen. Es fragt sich nun, ob die Wirkung darin besteht, daß der Prinzipal durch die Übergabe der fraglichen Aktien an seinen Kommis seitens des Diebes Eigentümer an denselben wird. Dies ist nach § 935 Abs. 2 zu bejahen. Denn die Aktien sind zwar dem Eigentümer gestohlen, der Dieb ist nur Besitzer derselben geworden, sie könnten somit nach § 935 Abs. 1 nicht in das Eigentum des gutgläubigen Erwerbers übergehen. Die Aktien sind aber Inhaberpapiere (wenigstens ist das aus dem Verbot des Prinzipals zu schließen), und für diese gilt nach § 935 Abs. 2 im Interesse des Verkehrs die Ausnahmebestimmung, daß sie, auch wenn sie gestohlen sind, in das Eigentum des Käufers übergehen. Natürlich ist auch hierfür Gutgläubigkeit des Erwerbers vorausgesetzt, die zunächst bei dem Kommis angenommen werden soll. Der Prinzipal wird also unmittelbar mit der Übergabe der Aktien an seinen Kommis Eigentümer derselben. Wenn ihn daher der Eigentümer auf Herausgabe der Aktien verklagt, so ist die Klage abzuweisen, denn dem Kläger fehlt die Aktivlegitimation (§ 985). (Ich nehme zunächst an, der Eigentümer sei zugleich der Bestohlene. Denkbar wäre ja auch, daß die Aktien bei dem bloßen Besitzer gestohlen wurden. Dann würde die Klage des Bestohlenen natürlich nicht die aus § 985 sein. Im übrigen ändert sich aber nichts.)

Der Text deutet nun an, daß der Kommis möglicherweise geahnt hat, daß die von ihm gekauften Aktien nicht auf rechtmäßige Weise in den Besitz des Verkäufers gelangt waren, daß er also nicht gutgläubiger Erwerber war. Es fragt sich also, ob A. dies annehmen konnte oder mußte. Dies wird vorwiegend Tatfrage sein. Auf Grund des Textes wird man noch nicht zur Bejahung der Frage kommen dürfen, besonders da die Menschenkenntnis eines Kommis noch keine derartige ist, um auf Grund gewisser äußerer Anzeichen ohne weiteres Verdacht schöpfen zu können, selbst wenn ihm das Benehmen des Fremden auffällig ist. Bejaht man die Frage, so liegt der Fall des § 166 Abs. 1 vor. Es kommt sodann nur die Person des Vertreters in Betracht, und der Prinzipal erwirbt kein Eigentum an den Aktien.

Der Prinzipal verteidigt sich nun auf die Eigentumsklage des Bestohlenen mit dem Vorbringen, er habe seinen Angestellten verboten, größere Posten von Inhaberpapieren von unbekannten Personen zu kaufen. Er will damit zwar ganz richtig behaupten, daß er Eigentum daran erworben habe, bestreitet also die Aktivlegitimation des Klägers, begründet aber diesen Eigentumserwerb falsch, nämlich mit dem genannten Verbot. Das schadet ihm aber hier nichts nach dem Satze jura novit curia. Es genügt danach, wenn er die richtige Einwendung geltend macht; zu entscheiden, ob sie richtig begründet ist, ist Sache des Gerichts. Der Prinzipal dringt somit mit dem Einwand der mangelnden Aktivlegitimation durch, und die Klage des Bestohlenen ist abzuweisen.

Es soll aber nicht unbeachtet bleiben, worauf sich der Prinzipal mit der Begründung seines Einwands eigentlich stützen will. Wahrscheinlich beruft sich der Prinzipal damit, wenn er sich überhaupt etwas dabei gedacht hat, auf den Grundsatz, daß der Vollmachtgeber für das Überschreiten der Vollmacht durch den Bevollmächtigten nicht haftet, der Dritte vielmehr die Pflicht hat, sich nach dem Maße der Vollmacht zu erkundigen, falls diese nicht aus den Umständen hervorgeht (vgl. Rosenthal, Anm. 2 zu § 164 a. E.), und ihm, wenn er infolge einer Verletzung dieser Pflicht einen Schaden erleidet, nicht der Vollmachtgeber, sondern nur der Bevollmächtigte selbst haftet (§ 179). Dieser Grundsatz ist hier nicht in Betracht zu ziehen. Nach § 54 HGB. erstreckt sich die Vollmacht des A. auf alle Geschäfte und Rechtshandlungen, die der Betrieb eines derartigen Handelsgewerbes, wie hier vorliegt, oder derartiger Geschäfte, wie hier vorliegen, mit sich bringt. Ein solches Geschäft ist es nun hier ohne Zweifel, wenn der Kommis die Aktien kauft. Der Dritte, der mit dem A. derartige Geschäfte abschließt, braucht also die Vollmacht des A. nicht zu prüfen, es genügt, wenn er sich als Handlungsbevollmächtigter geriert. Der Dritte darf ihn, ebenso wie z. B. einen Dienstboten, innerhalb des Kreises der ihm vermutlich zugewiesenen Geschäfte für vertretungsberechtigt halten. Wollte der Prizipal die Vollmacht bezüglich des Einkaufs größerer Posten von Inhaberpapieren beschränken, so mußte er dies, um sich der Haftung zu entziehen, dem Publikum bekannt geben. Tat er das nicht, so haftet er dafür, falls der Bevollmächtigte die Beschränkung außer acht läßt. Für die Sicherheit des Verkehrs ist diese Regelung der Frage unbedingt notwendig. Für das innere Verhältnis ist der Einwand allerdings von Bedeutung.

Wie wenn der Veräußerer usw.? Hier liegt der Fall so, daß die Aktien aus der Hand des Diebes oder eines Dritten an den Herrn gelangt sind. Hier ist zu unterscheiden, ob der Herr die Aktien bereits gutgläubig erworben und daher Eigentum daran erlangt hat, oder ob er dies infolge von Bösgläubigkeit nicht erlangt hat. Im ersten Falle kann er natürlich auch auf den Bankier Eigentum übertragen, selbst wenn dieser bösgläubig ist. Anders wird es im zweiten Fall. Wenn hier der Prinzipal bösgläubig und der Kommis gutgläubig war, so erwirbt der Prinzipal nach § 166 Abs. 2 durch seinen Vertreter kein Eigentum an den Aktien. In diesem Fall hat der Kommis nach bestimmten Weisungen des Prinzipals, also des Vollmachtgebers, gehandelt. Es kommt daher nicht darauf an, ob sein Vertreter gut- oder bösgläubig war, sondern nur darauf, daß er selbst bösgläubig war. Diese Vorschrift des § 166 Abs. 2 widerspricht auch nicht [illegible] des § 935 Abs. 2. Denn auch für die Anwendbarkeit des letzteren [illegible] nach § 932 guter Glaube unter allen Umständen erforderlich. Mithin bleibt der Bestohlene hier Eigentümer der Aktien, und der Prinzipal wird auf dessen Klage hin nach § 985 zur Herausgabe derselben verurteilt.

Ein hier naheliegender Fall soll nicht unbeachtet bleiben, nämlich der, daß der Prinzipal bösgläubig ist und von dem Ankauf durch den gutgläubigen Kommis Kenntnis hat, ohne ihm hierzu besondere Weisung erteilt zu haben. Dann muß man nach § 166 Abs. 1 annehmen, daß er trotzdem Eigentum erlangt.

Anm. 1. Nimmt man im ersten Falle, in dem also der Prinzipal nicht bösgläubig ist, an, dieser habe dem Kommis verboten, größere Posten von Namenpapieren, nicht von Inhaberpapieren, zu kaufen, dies aber wiederum dem Dritten nicht bekannt gegeben, so daß er auf die Klage des Eigentümers hin nach § 935 Abs. 1 die Aktien herausgeben müßte, so hat der Prinzipal natürlich ein Regreßrecht gegen A. Er kann gegen ihn auf Grund des Vertrags (Dienstvertrags) auf Schadensersatz wegen ungehöriger Erfüllung klagen, denn er ist um die gezahlte Summe geschädigt. Diese Schadensersatzpflicht würde sich im einzelnen nach §§ 248 ff. regeln.

Anm. 2. Vgl. übrigens zum Vorliegenden § 367 HGB.

Fall 123.

Es handelt sich um die Frage der Anwendbarkeit des § 181. Der Wechsel ist eine Zahlungsanweisung. Der Aussteller weist den Trassaten an, an ihn oder einen andern zu zahlen. Das Akzept ist nun zwar von Natur eine einseitige Willenserklärung. Wenn aber der Trassat die Anweisung gegenüber dem Aussteller akzeptiert — wenn also Trassat und Akzeptant identisch sind —, kommt ein Vertrag zustande. Der Aussteller ist nun hier der Ehemann, die Bezogene die Ehefrau. Die Annahme ist durch den Ehemann in Generalvollmacht seiner Frau geschehen. Damit hat der Ehemann ein Rechtsgeschäft im Namen der Vertretenen — nämlich seiner Ehefrau — mit sich selbst abgeschlossen. Dieses Rechtsgeschäft ist nach § 181 nichtig, soweit nicht ein anderes gestattet ist, es sei denn, daß das Rechtsgeschäft ausschließlich in der Erfüllung einer Verbindlichkeit besteht. Ob ein solcher Ausnahmefall vorliegt, ist hier die Frage. Es dürfte ein praktisches Bedürfnis vorliegen, solche Geschäfte als gültig anzusehen (vgl. Rosenthal, Anm. 19 zu § 181).

Die beiden Einwendungen der Ehefrau sind zu verwerfen. Zu 1: Der Vertreter kann sich namens seines Machtgebers in diesem Falle dem letzteren doch verbindlich machen. Zu 2: Für den Dritten ist das kollidierende Interesse gerade nicht deutlich erkennbar. Er muß sogar im Zweifel annehmen, daß der Mann wirklich mit Willen der Frau für diese akzeptiert.

Fall 124.

Zur Gültigkeit der Bürgschaft des A. ist nach § 1822 Ziffer 10 vormundschaftsgerichtliche Genehmigung erforderlich. Angenommen, dieselbe würde nachträglich noch erteilt werden, so muß doch in erster Linie der Vormund selbst genehmigen. Es gilt folgendes:

Daß der Vormund des A. die Bürgschaft desselben für die von seinem Freunde C. eingegangenen Zechschulden erst nach Ablauf des Wintersemesters genehmigt, ist nach § 184 gleichgültig. Denn dort wird bestimmt, daß die nachträgliche Zustimmung (Genehmigung) des Vertreters auf den Zeitpunkt des Rechtsgeschäfts zurückwirkt, soweit nicht ein anderes bestimmt ist, ohne daß diese Genehmigung an eine zeitliche Grenze gebunden ist. Die Genehmigung zur Bürgschaft kann also der Vormund auch noch im nächstfolgenden Semester geben. Daher ist es auch gleichgültig, ob der Vormund vor Schluß des Wintersemesters zur Erklärung wegen der Genehmigung von dem Wirt B. aufgefordert worden ist. Diese Aufforderung hat eine andere Bedeutung, die aber hier gleichgültig ist, nämlich die, daß nunmehr nach § 108 Abs. 2 die Genehmigung nur noch dem B. gegenüber erfolgen kann, und dies ist nach dem Text erfolgt. A. muß also dem B. die Zechschuld auf Grund rechtsgültiger Bürgschaft bezahlen. (Darüber, daß es Fälle gibt, in denen es für eine Rückwirkung der Genehmigung eventuell zu spät ist, vgl. Kuhlenbeck, Anm. 3 zu § 184.)

Fall 128.

Der Wechsel ist eine Zahlungsanweisung. Durch die Annahme der Anweisung, die in diesem Falle Akzept heißt, entsteht ein Vertrag, der Wechselvertrag, in welchem sich der Akzeptant dem Aussteller und allen späteren Inhabern des Wechsels gegenüber verpflichtet, die Wechselsumme zu zahlen. Wenn also Kläger Wechsel ausstellt, in denen die Gesellschaft Bezogene und er selbst Aussteller und zugleich Vertreter der Bezogenen als Akzeptantin ist, so kontrahiert er zweifellos im Namen der Vertretenen, der Gesellschaft, mit sich selbst. Nach § 181 ist daher der Wechsel ungültig, wenn nicht die Ausnahmefälle dieses Paragraphen vorliegen. Daß hier etwas anderes gestattet ist, kann man nicht behaupten. Daß das Rechtsgeschäft des Klägers ausschließlich in Erfüllung einer Verbindlichkeit bestand, ist ebensowenig anzunehmen, denn diese Ausnahmebestimmung ist streng und wörtlich zu verstehen. Kläger hat nun zwar im Interesse der Gesellschaft zu handeln, hat aber keine spezielle Verpflichtung, ihr Wechsel auszustellen, die er dann als ihr Vertreter akzeptiert. Einer der Ausnahmefälle des § 181 dürfte daher nicht vorliegen. Somit ist der Wechselvertrag, weil nur von einem der Liquidatoren abgeschlossen, unwirksam. Also kann auch Kläger mit der Wechselklage nicht durchdringen.

Fall 129. (Schücks Zivilrechtspraktikum Seite 21.)

Für die Lösung der Frage, wann die Geschäftsfähigkeit beginnt, haben wir keine bestimmte Gesetzesstelle. Aus § 104 Ziffer 1 verb. mit § 106 e contrario kann man aber schließen, daß die Geschäftsfähigkeit mit der Volljährigkeit beginnt, diese aber beginnt nach § 2 mit Vollendung des 21. Lebensjahres.

Wenn die A. am 1. Januar 1890 geboren ist, so wird sie also jedenfalls um die Wende des Jahres 1911 geschäftsfähig. Bezüglich der genauen Berechnung des Zeitpunktes kommen die Vorschriften der §§ 186—193 über Fristen und Termine zur Anwendung. Die Geburt ist nun entschieden ein in den Lauf eines Tages fallender Zeitpunkt, es läge also nahe, auf diesen § 187 Abs. 1 anzuwenden. Nach § 187 Abs. 2 wird aber die Berechnung des Lebensalters ausnahmsweise so behandelt, wie wenn der Beginn eines Tages der für den Anfang der Frist maßgebende Zeitpunkt wäre. Somit wird der Tag der Geburt bei Berechnung der Frist mitgerechnet. Also wird die A. geschäftsfähig in der Nacht vom 31. Dezember 1911 zum 1. Januar 1912, gleich nach 12 Uhr. (Vgl. ein ähnliches Beispiel Kom. von Rosenthal, Anm. 4 zu § 187.)

Die Fähigkeit, letztwillig zu verfügen, tritt nach § 2229 mit Vollendung des 16. Lebensjahres ein. Die Berechnung der Frist ist wieder die des

§ 187 Abs. 2, da es sich um das Lebensalter handelt. Die A. wird also testierfähig mit Beginn des 1. Januar 1906, oder in der Nacht vom 31. Dezember 1905 zum 1. Januar 1906, gleich nach 12 Uhr.

Die Fähigkeit, eine Ehe einzugehen (sog. Ehemündigkeit), erlangt die Frau nach § 1303 mit dem vollendeten 16. Lebensjahre. Die Frist berechnet sich wieder nach § 187 Abs. 2, da es sich um die Berechnung des Lebensalters handelt. Also wird die A. ehemündig in der Nacht vom 31. Dezember 1905 zum 1. Januar 1906, gleich nach 12 Uhr.

Die Volljährigkeitsfrage ist genau wie die der Geschäftsfähigkeit zu entscheiden. (S. am Anfang.)

Die letzte Frage: Wann müssen die Eltern usw.? ist eine sehr geschickt angebrachte Vexierfrage, die dazu verleiten soll, auf die Frage zu antworten: Wann müssen die Eltern nach § 1591 spätestens den Beischlaf vollzogen haben usw.? Das ist aber hier ganz unwesentlich, da bei dem hier in Frage kommenden Kinde vorausgesetzt sein soll, daß es von dem Manne abstammt, der die Mutter desselben nachher heiratet. Die Eltern der A. müssen also nach § 1591 die Ehe spätestens am 1. Januar 1890, unmittelbar vor 10 Uhr, abgeschlossen haben. Schließen sie dieselbe später, so ist das Kind unehelich. Dem widerspricht nicht die Vorschrift des § 1719, wonach ein uneheliches Kind durch nachfolgende Ehe der Eltern die rechtliche Stellung eines ehelichen Kindes ohne weiteres erlangt, denn im vorliegenden Fall soll eben das Kind nicht erst ehelich *werden*, sondern ehelich *sein*. Praktisch zeigt sich der Unterschied darin, daß das Kind, falls es vor dem Eheschluß geboren wird, immerhin nach dem Geburtsregister als unehelich gilt und der Vater des Kindes nicht früher die Abänderung des Geburtsregisters für dasselbe beanspruchen kann, als bis er das Kind als von sich erzeugt anerkannt hat. (Vgl. auch Fall 2.)

Fall 132.

Das römische Recht unterschied zwischen Aquisitiv- und Extinktivverjährung, es kannte auch die Verjährung von anderen Rechten als Ansprüchen. Das BGB. kennt — und darauf will der Fall hinaus — nur die Anspruchsverjährung (§ 194) und eine Reihe weiterer davon verschiedener Rechtsinstitute, wie Verschweigung, Präklusion usw. (Matthiaß Band I, S. 263.) Indem die Stadtkirchengemeinde einwendet, daß die Klage der Domkirchengemeinde durch Nichtgebrauch erloschen sei, gibt sie zu, daß dieser ein dem ihrigen vorgehender Anspruch zugestanden habe. Dies kann als feststehend betrachtet werden. Hier kommen nun die speziellen Vorschriften für Grundstücke in Betracht. Die Domkirchengemeinde scheint einen Berichtigungsanspruch im Sinne des § 894 zu haben. Dieser kann nach § 898 nicht verjähren. Der Einwand, die Klage sei durch Nichtgebrauch erloschen, ist daher hinfällig. Die Stadtgemeinde hat andrerseits auf Grund der sog. Tabularersitzung nach § 900 noch kein Eigentum erworben, da sie erst zehn Jahre eingetragen ist. Also kann die Domkirchengemeinde, wie es mir scheint, wieder in das Grundbuch kommen. Sie kann es auch ohne Klage nach § 22 GrO. in Verb. mit § 29 GrO. (§ 902 kommt nicht in Betracht.) Sie muß aber ihre Rechte beweisen. Denn nach § 892 gilt der Inhalt des Grundbuchs bis zum Beweise des Gegenteils als richtig.

Anm. Der Fall ist nicht so unpraktisch, wie er vielleicht aussieht. In Sachsen z. B. sind ähnliche Irrungen tatsächlich vorgekommen.

Fall 133.

Nach § 196 Ziffer 4 verjähren Forderungen der Gastwirte für Gewährung von Wohnung und Beköstigung, sowie für andere den Gästen zur Befriedigung ihrer Bedürfnisse gewährten Leistungen mit Einschluß der Auslagen in zwei Jahren. Damit sind also Leistungen gemeint, die normalerweise von einem Gastwirt zu erwarten sind. Wenn aber der Gastwirt dem Reisenden ein Darlehn zur Reparatur seiner Koffer gibt, so liegt eine solche Leistung nicht vor. Die Reparatur der Koffer gehört m. E. nicht unter die „Bedürfnisse“ des § 196 Ziffer 4. Die Hingabe des Darlehns steht außerdem mit der Gastwirtseigenschaft des A. in keiner Verbindung. Für die Forderung aus dem Darlehn gilt daher nicht die zweijährige Verjährungsfrist des § 196 Ziffer 4, sondern die dreißigjährige des § 195. Der Einwand der Verjährung ist also zu verwerfen.

Fall 135. (Schücks Zivilrechtspraktikum Seite 22.)

Der Fall ist auf Grund des § 196 zu entscheiden. Es fragt sich, zu welcher von den in § 196 genannten Personenklassen der Tierbändiger gehört. Da der Beklagte sich auf § 196 Ziffer 9 stützt, so betrachtet er ihn offenbar als gewerblichen Arbeiter. Das Geschäft des Menageriebesitzers ist unbedenklich als Gewerbebetrieb anzusehn. Ein Tierbändiger ist vom Menageriebesitzer dauernd angestellt zur Zähmung, Abrichtung und Vorführung von Tieren. Er steht also zu ihm in einem Dienstvertragsverhältnis im Sinne der §§ 611 ff., vielleicht könnte man auch Werkvertrag annehmen. Daher würde ich den Tierbändiger unter die gewerblichen Arbeiter im Sinne des § 196 (GewO. §§ 105 ff.) zählen.

Der Menageriebesitzer kann also mit seiner Verjährungseinrede nach § 196 Ziffer 9, wenn die sonstigen Voraussetzungen dieser Vorschrift vorliegen, gegenüber dem Tierbändiger durchdringen, und dieser muß dann mit seiner Klage auf rückständige Gage abgewiesen werden.

Abgesehen von § 196 Ziffer 9 würde sich der Menageriebesitzer auch auf § 196 Ziffer 8 stützen können, dies aber nur, wenn man sein Verhältnis zum Tierbändiger als Dienstvertrag ansieht. (Siehe darüber die Fälle des II. Teils.)

Fall 144.

Der von der Witwe und den Kindern des A. geltend gemachte Anspruch beruht auf § 844.

Nachdem durch die Beweisaufnahme festgestellt ist, daß der Beklagte vorsätzlich den Schuß abgefeuert hat, ist nur dann noch eine Abweisung der Klage zu erreichen, wenn einer der in den §§ 226—31 bezeichneten Gründe vorliegt, welche die Widerrechtlichkeit der Handlung ausschließen. Einen solchen — nämlich Notwehr — scheint der Beklagte geltend machen zu wollen. Er hat aber das Vorliegen einer Notwehrhandlung nicht bewiesen. Der rechtswidrige Angriff des § 227 ist zwar nach dem Ergebnis der Beweisaufnahme vorhanden gewesen, denn A. hat den Beklagten mißhandelt. Dagegen hat dieser Angriff offenbar bedeutend vor der Handlung des A. stattgefunden, er ist also kein gegenwärtiger. Es fehlt daher der Kausalzusammenhang. Selbst wenn aber dieser vorhanden wäre, so läge doch wahrscheinlich ein Notwehrexzeß vor. Denn vermutlich konnte sich Beklagter auch auf andere Weise schützen.

Auf Notwehr kann sich Beklagter somit nicht stützen. Wenn er behauptet, er sei über die von A. erlittenen Mißhandlungen bestürzt gewesen und habe von ihm und seinen Begleitern weitere Angriffe befürchtet, so stützt er sich vielleicht auch auf die §§ 827, 829. Nach § 827 ist derjenige, welcher im Zustande der Bewußtlosigkeit oder in einem die freie Willensbestimmung ausschließenden Zustande krankhafter Störung der Geistestätigkeit einem anderen Schaden zufügt, für den Schaden nicht verantwortlich. Der Text gibt keinen Anhalt dafür, ob die Bestürzung des Beklagten so weit gegangen ist, daß der Tatbestand des § 827 erfüllt ist, es ist aber nicht wahrscheinlich. Ist es der Fall, so kann das natürlich die Schadensersatzpflicht ausschließen (vgl. § 51 StrGB.). Auch dann ist aber unter den in § 829 bezeichneten Umständen eine Schadensersatzpflicht denkbar.

Fall 146. (Schücks Zivilrechtspraktikum Seite 22.)

Zwischen dem Reeder und dem Kapitän des Schiffes besteht ein Dienstvertragsverhältnis nach §§ 611 ff., nach außen hin hat der Kapitän vom Reeder Vertretungsmacht nach §§ 164 ff. zu allen Geschäften, die zur Führung eines Schiffes nötig sind.

Die Hauptfrage des Falls ist die, ob den Kapitän bei der Führung des Schiffes ein Verschulden trifft. Bis zu dem Morgen, an welchem er den Anker lichten will, um die Reise fortzusetzen, hat der Kapitän X. das Schiff gut geführt, insbesondere hat er zur Einfahrt in den Hafen einen Lotsen bestellt. Auch ist es anzuerkennen, daß X., als sich zeigt, daß sich um den Anker ein Drahtseil gewunden hat, dieses nicht ohne weiteres abschneidet, sondern erst versuchen läßt, ob man den Anker von dem Seile befreien könne. Wenn aber der Kapitän das Seil schließlich doch abschneiden läßt, so ist das auch noch fahrlässig. Dem Kapitän mußte schon auffallen, daß das Seil ein Drahtseil war. Schiffe haben dagegen, wie er wissen konnte, gewöhnlich nur Bastseile. Ferner spricht aber dafür, daß er die Möglichkeit, durch das Zerschneiden des Seiles eine fremde Sache zu beschädigen, voraussah oder voraussehen mußte, der Umstand, daß der Lotse vorher darauf hingewiesen hatte, daß in der Gegend, wo sich das Schiff zurzeit befand, ein Telegraphenkabel liegt. Der X. darf also nicht ohne weiteres vermuten, daß das fragliche Seil zu einem Schiffswrack gehört. (Ein Schiffswrack ist eine herrenlose Sache, darüber durfte

X. verfügen.) X. hat also die im Verkehr erforderliche Sorgfalt, indem er das Seil durchschneiden ließ, außer acht gelassen. Somit handelte er fahrlässig (§ 276).

Es fragt sich weiter, auf Grund welcher Bestimmungen für diesen Schaden der Gesellschaft zu haften ist. Das fragliche Kabel ist eine fremde Sache, und diese hat X. fahrlässigerweise beschädigt. Hierfür kann gehaftet werden auf Grund eines Vertrags oder einer unerlaubten Handlung. Ein Vertrag liegt nun offenbar nicht vor, wohl aber eine unerlaubte Handlung im Sinne des § 823. Dazu gehört noch, daß die Beschädigung widerrechtlich geschah. Ein Recht zum Abschneiden des Seils hat X. offenbar nicht. Nun wußte zwar X. nach seiner Aussage nichts hiervon, sondern hielt das Seil für eine res nullius. Er hätte aber wissen müssen, daß er das Seil nicht als solche behandeln durfte. Er handelt also widerrechtlich. Somit liegen die Voraussetzungen des § 823 vor, und der Kapitän haftet demgemäß der Gesellschaft für Schadensersatz.

Wenn X. seine Haftpflicht bestreitet, so kann er sich vor allem darauf stützen, daß er die Widerrechtlichkeit seiner Handlung in Abrede stellt. Diese wird durch das Vorliegen einer Notlage im Sinne des § 228 ausgeschlossen. X. kann behaupten, er habe das Schiff ohne das Durchschneiden des Kabels nicht fortbringen können, er habe also das Kabel selbst auf die Gefahr hin, eine fremde Sache zu beschädigen, durchschneiden müssen. Eine Notlage ist aber hier nicht vorhanden, weil die Beschädigung zur Abwendung der Gefahr nicht unbedingt notwendig war, wie es § 228 verlangt. X. konnte z. B., um sein Schiff wieder flott zu machen, sein eigenes Ankerseil durchschneiden und späterhin dafür von der Gesellschaft Ersatz fordern. Der Schaden, den X. dadurch erleidet, steht auch nicht außer Verhältnis zu der Gefahr. Fraglich dürfte auch sein, ob überhaupt darin, daß sich die Seile verwickeln, eine Gefahr im Sinne des § 228 zu erblicken ist. Somit wird man das Vorliegen des § 228 jedenfalls verneinen müssen. Infolgedessen ist die Widerrechtlichkeit der Handlung und die Anwendbarkeit des § 823 zu bejahen.

Weiter ist die, wenn auch hier weniger wichtige Stellvertretungsfrage zu erörtern. Die Klägerin wendet sich mit der Klage nicht gegen den Kapitän, sondern gegen den Reeder des Schiffes. Es ist also festzustellen, ob dieser für das Verschulden des Kapitäns zu haften hat. Der Kapitän hat, wie schon bemerkt, nach außen hin vom Reeder Vollmacht zur Führung des Schiffs erhalten. Man kann ferner sagen, daß er zu den in § 831 genannten zu einer Verrichtung Bestellten gehört. Nach § 831 Abs. 1 S. 1 haftet daher der Reeder für den Schaden, den H. bei Ausführung der Verrichtung dem Dritten widerrechtlich zufügt. Der Reeder kann sich aber auf die Klage der Gesellschaft hin mit der Einrede des § 831 Abs. 1 S. 2 verteidigen, indem er nämlich behauptet, daß er bei Auswahl des Kapitäns die im Verkehr erforderliche Sorgfalt beobachtet habe. Diese Einrede muß er aber natürlich beweisen. Gelingt ihm der Beweis nicht, so haftet er nach § 840 neben dem Kapitän der Gesellschaft als Gesamtschuldner.

Anm. 1. Kann die Schadensersatzklage der §§ 823 ff. auch gegen die Matrosen gerichtet werden? Auch sie würden nach §§ 831, 840 verb. mit § 823 als eigentliche Schadenszufüger haften müssen. Man wird nicht sagen können, daß sie einfach Werkzeuge des Kapitäns sind. Sie dürfen vielmehr Befehle, die fremde Rechte verletzen, nicht ausführen, obgleich sie im übrigen dem Kapitän zum Gehorsam verpflichtet sind. Sie würden sogar, wenn sie den Schaden nicht auf Anordnung des Kapitäns zugefügt hätten, möglicherweise ganz allein haften. Denn dann haftet der Reeder des Schiffes überhaupt nicht, und der Kapitän haftet gemäß § 831 als Geschäftsherr, kann sich aber durch den Gegenbeweis des § 831 Abs. 1 Satz 2 befreien. Läge dieser Fall vor, so wäre dies natürlich für die Gesellschaft nachteilig, denn von den Matrosen wird die Entschädignng im Zweifel nicht leicht zu erlangen sein.

Anm. 2. Angenommen, der Eigentümer des Schiffs wäre ein Reeder im Sinne des Art. 450 HGB. (alter Fassung), der auch jetzt noch gilt, so würde man nach §§ 451, 452 Ziffer 3 HGB. zu dem Resultat kommen, daß den Reeder nicht ganz dieselbe Haftung trifft wie nach BGB. Vielmehr haftet danach der Reeder für den Anspruch des Dritten nicht persönlich, sondern nur mit Schiff und Fracht, falls der Anspruch auf das Verschulden einer Person der Schiffsbesatzung gegründet wird.

Fall 147. (Schücks Zivilrechtspraktikum Seite 23.)

Der Fall bildet ein lehrreiches Beispiel für die Frage der Anwendbarkeit der §§ 226 ff. verbunden mit §§ 823 ff. Der Löwe in der Menagerie ist ein gefangenes wildes Tier im Sinne von § 960. Durch den Ausbruch wird er zu einem solchen, welches nach § 960 Abs. 2 die natürliche Freiheit wiedererlangt hat. Trotz des Ausbruchs wird aber hier der Löwe nicht herrenlos, denn die Leute des Eigentümers verfolgen ihn sofort. Die Frage ist nun zunächst: Haftet der Leutnant A., wenn er den Löwen erschießt, dem Eigentümer desselben, also dem Menageriebesitzer, auf Schadensersatz? Da ein Vertragsverhältnis, aus dem gehaftet werden könnte, ausgeschlossen ist, so handelt es sich nur darum, ob eine Schadensersatzpflicht auf Grund von § 823 in Betracht kommt. Daß eine vorsätzliche Verletzung fremden Eigentums vorliegt, ist zweifellos, diese ist aber auch widerrechtlich, weil sie wider Willen — jedenfalls wider den vermutlichen Willen — des Eigentümers erfolgt. Diese Widerrechtlichkeit würde wegfallen, wenn A. nachwiese, daß er auf Grund der Vorschriften der §§ 226—231 gehandelt habe. Hier käme insbesondere der Selbstschutz des § 228 in Betracht. Darauf kann sich A. aber nicht stützen, denn die Tötung hatte er nicht nötig, um eine drohende Gefahr von sich oder anderen abzuwenden. Für andere ist eine Gefahr deshalb nicht vorhanden, weil, wie besonders hervorgehoben wird, der Marktplatz um die fragliche Zeit völlig menschenleer ist, weil ferner der Löwe sich am Brunnen niedergelegt hat, um sich zu sonnen, sich also offenbar nicht in gereiztem Zustande befindet und endlich, weil der Löwe von den Leuten des Eigentümers, die doch vermutlich im Wiedereinfangen des Löwen nicht ungeübt sind, verfolgt wird. Für den A. selbst ist natürlich noch weniger eine Gefahr vorhanden, da er sich in seiner eine Treppe hoch gelegenen Wohnung befindet. Daß das Motiv des A. ein ganz anderes war, zeigen auch die Worte „erfreut einen Löwen schießen zu können". Es reizt ihn also nur die Jagdfreude.

α) A. hat also zunächst dem Eigentümer des Löwen nach §§ 823 ff. Schadensersatz zu leisten. Art und Umfang desselben regeln sich nach

§§ 249 ff. Danach ist hier nur noch Geldentschädigung nach §§ 249 Abs. 2, 251 möglich. Nach § 252 beträgt diese das volle Interesse, das ist, falls der Eigentümer den Körper behalten will, die Differenz zwischen dem Wert des lebendigen und toten Löwen. Bei Berechnung des Wertes des ersteren ist der Wert anzunehmen, den der Löwe für einen Menageriebesitzer hat, dabei ist auch der durch die Tötung ihm eventuell entgangene Gewinn zu berechnen. Der Wert des toten Löwen liegt hauptsächlich in seinem wertvollen Fell.

β) Gegenüber der Stadtgemeinde hat A. durch Beschädigung des Brunnens ebenfalls eine Eigentumsverletzung begangen. Diese ist aber keine vorsätzliche, sondern eine fahrlässige. Fahrlässig handelt nach § 276, wer die im Verkehr erforderliche Sorgfalt außer acht läßt. A. wußte nun, wie ausgeführt, sehr wohl, daß er auf den Löwen nicht schießen durfte, er kannte aber auch die Wirkung eines modernen Gewehrs und konnte daher voraussehen, daß eine Beschädigung des Brunnens sehr leicht eintreten konnte. Wenn er trotzdem schießt, so muß er das verantworten. Somit liegt auch hier der Tatbestand des § 823 vor. Art und Umfang des Schadensersatzes regeln sich wiederum nach §§ 249 ff. Auf Verlangen der Stadtgemeinde hat also A. nach § 249 den Brunnen wiederherzustellen, mit deren Einverständnis kann er sich nach § 249 Satz 2 durch Geldentschädigung abfinden.

Der Brunnen war der Stadt usw. Bezüglich der Schadensersatzpflicht für das Relief gilt zunächst dasselbe wie unter β. Es wäre aber hier bezüglich der Art und des Umfangs des Schadensersatzes zu erwägen, ob nicht, falls der Gläubiger — also die Stadtgemeinde — nach § 249 auf Wiederherstellung des früheren Zustandes bestehen sollte, die Anwendung des § 251 Abs. 2 am Platze wäre. Dies möchte ich bejahen. Diese Vorschrift soll die Strenge der Schadensersatzpflicht ausnahmsweise in dem Falle mildern, wenn die Herstellung des Beschädigten nur mit unverhälnismäßigen Aufwendungen möglich ist. Das Marmorrelief ist ferner der Stadt von einem reichen Mitbürger geschenkt worden. Das Interesse der Stadt an der Wiederherstellung gerade dieses Reliefs ist nicht so groß, wie wenn dasselbe von ihr selbst zu einem ganz bestimmten Zweck hergestellt worden wäre. Es mag also hier genügen, wenn A. einen Geldersatz leistet, der zur Herstellung eines einfachen, weniger kostbaren Reliefs hinreicht.

Fall 148.

1. Wenn A. dem B. das Sparkassenbuch wegnimmt, so liegt darin ein Diebstahl, also eine unerlaubte Handlung im Sinne des § 823, falls nicht die Widerrechtlichkeit der Handlung auf Grund der §§ 226 ff. ausgeschlossen wird. A. handelt offenbar in der Absicht, durch Selbsthilfe (§ 229) sich zu befriedigen. Nach § 229 ist diese nur erlaubt, wenn obrigkeitliche Hilfe nicht rechtzeitig zu erlangen ist und ohne sofortiges Eingreifen die Gefahr besteht, daß die Verwirklichung des Anspruchs vereitelt oder wesentlich erschwert werde. Das ist nun hier durchaus nicht der Fall, denn es gab für

A. noch andere Wege, auf denen er vermutlich zu seinem Gelde gekommen wäre, insbesondere den Klageweg. § 229 ist also nicht anwendbar.

2. Wenn nun B. sich auf den A. stürzt, ihm das Geld gewaltsam entreißt und diesem dabei vollständig das Beinkleid beschädigt, so fragt sich wieder, ob ihn diese Handlung zum Schadensersatz verpflichtet oder ob hierin eine erlaubte Selbsthilfe im Sinne des § 229 liegt. Auch diese Selbsthilfe ist unerlaubt, da B. auf dem Wege einer Strafanzeige oder im zivilrechtlichen Wege die Herausgabe des Buchs hätte erlangen können. Die obrigkeitliche Hilfe kam also auch hier nicht zu spät. Die Beschädigung des Beinkleides seitens des B. ist daher ebenso widerrechtlich (fahrlässige oder vorsätzliche Sachbeschädigung) und daher eine unerlaubte Handlung im Sinne des § 823, wie die Wegnahme des Sparkassenbuchs seitens des A. B. hat somit das beschädigte Beinkleid zu bezahlen.

3. A. wehrt sich gegen den Angriff des B. und begeht dabei wiederum eine im gewöhnlichen Falle zum Schadensersatz verpflichtende Handlung, denn der B. verunglückt infolge seiner Abwehr (Körperverletzung). A. beruft sich darauf, daß er hierfür nicht hafte, weil er in Notwehr (§ 227) gehandelt habe. Der Angriff des B. ist nun zwar, wie bemerkt, rechtswidrig, indessen ist die Verteidigung des A. nicht notwendig, um diesen Angriff von sich abzuhalten, da er ja das Geld herausgeben konnte und sogar dazu verpflichtet war. A. hat also dadurch, daß er sich dem Angriff des B. widersetzte und dadurch dessen Verletzung veranlaßte, eine zum Schadensersatze verpflichtende Handlung im Sinne des § 823 begangen (vgl. § 843).

Das Resultat geht also dahin, daß beide Parteien schadensersatzpflichtig sind.

Fall 149.

Auf den vorliegenden Fall ist keiner der §§ 227—229 anwendbar. Notwehr (§ 227) ist ausgeschlossen, weil ein rechtswidriger Angriff nicht vorliegt. Notstand (§ 228) ist ebenfalls ausgeschlossen, weil durch die Blumenbeete keine Gefahr droht. Erlaubte Selbsthilfe (§ 229) anzunehmen, läge schon näher, doch handelt es sich hier wohl schwerlich um die „Verwirklichung eines Anspruchs". Für diese Fälle greift ergänzend § 904 ein (sog. Notstandsrecht). Danach ist der Eigentümer einer Sache nicht berechtigt, die Einwirkung eines anderen auf die Sache zu verbieten, wenn die Einwirkung zur Abwendung einer gegenwärtigen Gefahr notwendig und der drohende Schaden gegenüber dem aus der Einwirkung dem Eigentümer entstehenden Schaden unverhältnismäßig groß ist. Die Zerstörung der seltenen Pflanzen ist nun zur Abwendung der Gefahr seitens des A. erforderlich. Wenn sich auch später herausstellen mag, daß es noch andere Wege zur Abwendung der Gefahr gab, so ist doch den Umständen nach zu vermuten, daß A. im Augenblick der Gefahr hiervon nichts wußte. (Vorsatz und Fahrlässigkeit können nicht vermutet werden.) Zweifellos ist es auch, daß der drohende Schaden — Vernichtung eines Hauses durch Feuer — mögen auch die Pflanzen noch so selten sein — nicht außer Verhältnis zur Gefahr steht. Somit hat B. korrekt gehandelt. Er war zwar nicht berechtigt, die Einwirkung des A. auf sein Pflanzenbeet zu verbieten — und er hat es auch nicht getan — wohl aber kann B. jetzt nach § 904 Satz 2 Ersatz des ihm entstandenen Schadens verlangen. (Vgl. über den hier besprochenen Unterschied Rosenthal, Anm. 6 zu § 228.)

Zweites Buch.
Recht der Schuldverhältnisse.

Fall 150. (Schücks Zivilrechtspraktikum Seite 24.)

Der zwischen dem Amtsrichter und dem Musiklehrer abgeschlossene Vertrag ist ein gewöhnlicher gegenseitiger Vertrag nach § 320. Der Inhalt des Vertrags besteht darin, daß sich der Musiklehrer verpflichtet, in den Monaten Oktober bis März nach 7 Uhr abends keinen Musikunterricht in seiner Wohnung zu erteilen, der Amtsrichter dagegen dazu, hierfür alsbald eine Entschädigung von 100 M. zu zahlen. Die Leistung des Musiklehrers besteht also in einer Unterlassung, was nach § 241 dem Gesetze nicht widerspricht. Der Amtsrichter hat nun seine Leistung durch Zahlung der 100 M. schon bewirkt, er hat also vorgeleistet und kann nach § 320 die Gegenleistung — also Unterlassen des Spiels — verlangen. Für diese ist, wie ohne weiteres klar ist, eine Zeit nach dem Kalender im Sinne des § 284 Abs. 2 bestimmt, es ist dies die Zeit vom 1. Oktober bis 31. März nach 7 Uhr abends. Wenn nun der Musiklehrer trotzdem in der fraglichen Zeit wieder spielt, so erfüllt er den Vertrag nicht. Nach § 284 Abs. 2 kommt der Schuldner — und der Musiklehrer ist hier Schuldner in bezug auf das Nichtspielen — dadurch ohne Mahnung in Verzug. Daher trifft ihn die für den Verzug geltende strenge Haftpflicht. Der Amtsrichter kann daher folgendermaßen gegen den Musiklehrer vorgehen:

1. Der Amtsrichter kann nach § 286 den durch den Verzug ihm entstandenen Schaden ersetzt verlangen. Art und Umfang des Schadensersatzes, sowohl aus Vertrag, wie aus Delikt, richten sich nach den §§ 249 ff. Bei Anstellung dieser Klage muß aber der Kläger nach § 253 einen Vermögensschaden erlitten haben, das ist bei dem Amtsrichter — vermutlich, s. u. — nicht der Fall, er erleidet vielmehr nur einen sog. Affektionsschaden. Dessen Ersatz kann nach § 253 nicht erlangt werden. Die Anstellung dieser Klage ist also dem Amtsrichter nicht zu empfehlen.

2. Nach den speziellen Bestimmungen über den Verzugsfall bei gegenseitigen Verträgen in § 326 kann der Gläubiger dem Schuldner eine angemessene Frist zur Bewirkung der Gegenleistung setzen mit der Erklärung, daß er die Annahme der Leistung nach Ablauf der Frist ablehne. Als angemessene Frist würde ich hier eine solche von drei Tagen erachten. Nach

erfolglosem Ablauf der Frist kann der Gläubiger nach § 326 Satz 2 Schadensersatz wegen Nichterfüllung verlangen oder von dem Vertrage zurücktreten, der Anspruch auf Erfüllung ist dagegen ausgeschlossen. Da aber die Forderung auf Schadensersatz wiederum nach den §§ 249 ff. zu beurteilen ist, die einen Vermögensschaden voraussetzen, der Amtsrichter aber einen solchen vermutlich nicht erleidet, so ist auch von diesem Vorgehen abzusehen. Es bleibt also nach § 326 noch das gesetzliche Rücktrittsrecht. Auf dieses finden nach § 327 die Regeln des vertragsmäßigen Rücktrittsrechts Anwendung (§§ 346—56). Danach würde der Amtsrichter die gezahlten 100 M. zurückerhalten, der Musiklehrer könnte aber, da er an einen Vertrag nicht mehr gebunden wäre, weiterspielen. Damit ist also dem Amtsrichter auch nicht zu helfen, denn seine Absicht geht ja gerade dahin, den Lehrer zum Unterlassen des Spiels zu bestimmen. § 326 Abs. 2 kommt auch nicht in Betracht, da die Leistung für den Amtsrichter gerade ein sehr großes Interesse hat.

3. Der Amtsrichter kann endlich nach § 241 die gewöhnliche Vertragsklage auf Erfüllung ohne damit verbundenen Schadensersatz gegen den Lehrer anstellen. Diese allein führt ihn zum Ziel. Daraufhin wird der Lehrer verurteilt, in der fraglichen Zeit keinen Musikunterricht mehr in seiner Wohnung zu erteilen. Das Urteil würde etwa lauten: Beklagter hat von Oktober bis März nach 7 Uhr abends den Musikunterricht zu unterlassen. Außerdem ist dem Amtsrichter zu empfehlen, nach § 890 ZPO. zu beantragen, den Musiklehrer für jeden Fall der Zuwiderhandlung zur Zahlung einer Geldstrafe zu verurteilen. Demgemäß kann das Gericht erster Instanz auf Antrag des Amtsrichters erkennen, daß der Lehrer zur Unterlassung des Spiels durch Geldstrafen oder Haft anzuhalten ist. Diese Geldstrafen können einen Gesamtbetrag bis 1500 M. erreichen, die Haft kann einen solchen von zwei Jahren erreichen. Diese Androhung kann sowohl im Urteil als auch nach Erlaß des Urteils im Zwangsvollstreckungsverfahren geschehen, der Zweck wird aber natürlich am schnellsten erreicht, wenn sie gleich in der Klageschrift beantragt wird und im Urteil erfolgt. Allerdings ist zur Verurteilung noch ein besonderer Antrag nötig.

Kann der Musiklehrer einwenden usw.? Dieser Einwand ist unerheblich nach § 242 verb. mit §§ 157, 133. Nach § 242 hat der Schuldner — also der Musiklehrer — so zu erfüllen, wie es Treu und Glauben mit Rücksicht auf die Verkehrssitte erfordern. Nach § 157 ist der Vertrag demgemäß auszulegen und nach § 133 ist bei dieser Auslegung der Willenserklärung der wirkliche Wille des Erklärenden zu erforschen und nicht an dem buchstäblichen Sinne des Ausdrucks zu haften. Der Wille des Amtsrichters wie des Musiklehrers ist aber kurz zusammengefaßt der: Es soll in der fraglichen Zeit überhaupt kein Anfängerspiel geduldet werden, da dieses einen geistig arbeitenden Mann, wie den Amtsrichter, in der Arbeit stört. Auf das im Vertrag gebrauchte Wort „unterrichten", an dessen buchstäblichen Sinn sich der Musiklehrer klammert, kommt es dagegen nicht an. Auch Künstler, die schon vollendet gut spielen, lassen sich unterrichten, und deren Spiel würde wahrscheinlich nicht als Unterricht im Sinne dieses Vertrags in Betracht kommen. Dagegen liegt bei einem Turnlehrer, der noch nicht weit vorgeschritten ist, ohne Zweifel ein solches vor, und dieses fällt unter das im Vertrag genannte Unterrichten, auch wenn der Musiklehrer den Turnlehrer nicht unterrichtet, sondern mit ihm vierhändig spielt. Der Einwand des Musiklehrers ist also unwirksam.

Anm. Nicht unbeachtet soll hier die Frage des sog. schutzwürdigen Interesses bleiben. Wie im Fall öfter erwähnt, hat der Amtsrichter an der Leistung des Lehrers vermutlich kein Vermögensinteresse. Es sind daraus bereits oben wichtige Konsequenzen gezogen worden. Zu erwägen ist aber in derartigen Fällen auch, ob überhaupt ein klagbarer Vertrag vorliegt. Aus § 241 ergibt sich, daß für die Klagbarkeit das Vorliegen eines Vermögensinteresses nicht erforderlich ist, sondern daß ein sog. „schutzwürdiges Interesse" genügt. Da ein solches hier zweifellos vorliegt, habe ich die Frage oben nicht erörtert und ohne weiteres Klagbarkeit nach § 320 angenommen. (Vgl. Matthiaß, Band I, S. 297, Stammler, Recht der Schuldverhältnisse, S. 1 bis 7.) Übrigens ist auch ein Vermögensinteresse des Amtsrichters denkbar, z. B. wenn die Belästigung Krankheiten usw. zur Folge hat.

Fall 151. (Schücks Zivilrechtspraktikum Seite 27.)

§ 267 spricht von dem Fall, daß der Schuldner nicht in Person zu leisten hat, sagt aber nicht, in welchem Falle dies zu geschehn hat. Es ist daher in jedem einzelnen Falle nach den allgemeinen Grundsätzen über die Auslegung der Verträge und Willenserklärungen (§§ 157, 133) und nach Treu und Glauben (§ 242) zu entscheiden (vgl. auch Fall 92). Das Malen einer Wanddekoration ist nun Freskomalerei, also kein einfaches mechanisches Malen, sondern ein solches, welches künstlerische Eigenschaften voraussetzt. Dem A. ist also vermutlich beim Vertrage wesentlich, daß gerade der von ihm beauftragte Maler, den er noch dazu als den berühmten Landschaftsmaler B. kennt, diese Leistung bewirkt. So erfordert es Treu und Glauben mit Rücksicht auf die Verkehrssitte. B. darf also die Arbeit nicht durch C. ausführen lassen.

Man kann nach obigem nur auf Grund der Vorschriften des allgemeinen Teils zur Entscheidung gelangen. Für das vorliegende Vertragsverhältnis — es ist ein Werkvertrag im Sinne der §§ 631 ff. — sind keine besonderen Vorschriften für die Frage der persönlichen Leistung gegeben.

Fall 154.

Daß eine Schadensersatzpflicht vorliegt, wird hier vorausgesetzt. Zu erörtern ist nur die Art des Schadensersatzes. Nach § 249 Abs. 1 ist der frühere Zustand wieder herzustellen. Im Falle des § 249 Satz 2 kann der Gläubiger Geldersatz fordern. Hier ist nun die Sache nicht nur beschädigt, sondern verloren. Hierauf würde vielleicht § 249 Satz 2 analog anwendbar sein. B. hätte sich erst nach den Wünschen des A. erkundigen sollen. Er muß die Gardinen zurücknehmen und Schadenersatz in Geld leisten.

Auch die §§ 323 ff. dürften in Frage kommen.

Denkbar wäre auch die Ansicht, daß B. nur noch ein Fenster Gardinen nachzuliefern braucht (§ 226 BGB.).

Ob B. übrigens 200 M. zu zahlen hätte, ist fraglich. Denn bekanntlich geben Lotterien vielfach für ihre Gewinne Werte an, die viel zu hoch sind. Der wahre Wert der Gardinen wird durch Anfrage bei der liefernden Fabrik leicht zu ermitteln sein (ZPO. § 287).

Außer der Klage auf Ersatz hat A. die Klage auf Grund seines Eigentums. Denn aus dem Lotterielose (Schuldverschreibung auf den Inhaber § 793) hat A. einen Anspruch auf Tradition der Gardinen. B. nimmt sie für ihn in Empfang. Es liegt ein Eigentumserwerb durch stillen Stellvertreter vor (§ 164 Abs. 2). Dem Dritten (der Lotterie) gegenüber ist nur B. Eigentümer. Trotzdem muß man annehmen, daß A. (dem B. gegenüber) Eigentümer wird (Regelsberger in Iherings Jahrb. Band 44, S. 422 ff.). Er kann hiernach auf Grund von § 985 (zu vgl. 280, 281) gegen B. klagen.

Schließlich wäre die Klage auch auf den Speditionsvertrag zu stützen (§ 407, 340, 347 HGB., § 280 BGB.). Dazu kommt die Deliktsklage wegen fahrlässiger Sachbeschädigung (§ 823).

Anm. Die Eigentumserwerbsfrage ist im Strafrecht wichtig. Behält ein stiller Stellvertreter eine Sache, die er dem Vertretenen auszuliefern hat, so wird es zweifelhaft sein ob Diebstahl oder Unterschlagung vorliegt (ev. Untreue, § 266 StrGB.)

Fall 155. (Schücks Zivilrechtspraktikum Seite 24.)

Die Lösung des Falls beruht auf § 253. Danach ist, wenn Schadensersatz zu leisten ist, nur der Vermögensschaden zu ersetzen, ein anderer nur in bestimmten Fällen. Insbesondere ist der sog. Affektionsschaden nicht zu ersetzen, d. h. ein Schaden, der für den einzelnen nur infolge einer besonderen Liebhaberei in Betracht kommt. Nach § 833 hat nun zwar der Eigentümer des Hundes ohne Zweifel für die Beschädigung, die dieser veranlaßt, auch ohne ein etwaiges Verschulden seinerseits zu haften. Der Schaden ist aber hier sehr gering, denn die Katze ist so gut wie wertlos, sie ist nur einige Pfennige wert. Außer diesen kann also die Frau nach § 253 vom Eigentümer keinen Schadensersatz verlangen. Insbesondere kann sie nicht 100 M. verlangen, denn diesen Wert hat die Katze vielleicht für die Frau als Katzenliebhaberin, nicht aber für den Verkehr.

Wenn der Herr den Hund auf die Katze hetzt, so bleibt die Lösung dieselbe. Denn nach § 833 ist es gleich, ob bloßes Halten oder vorsätzliches oder fahrlässiges Hervorrufen des Schadens vorliegt. In diesem Falle soll also das bloße Halten des Tieres schon so angesehen werden, als wenn der Eigentümer desselben den Schaden verschuldet hätte. (Anders früher im römischen Recht, wo im Falle des dolus ausnahmsweise sogar für das Affektionsinteresse gehaftet wurde.) Es ist das, wie die Motive des BGB. ergeben, eine im Interesse des Verkehrs gegebene Vorschrift (eine sog. gesetzliche Fiktion).

Fall 161.

Fraglich ist zunächst, ob das BGB. oder das Haftpflichtgesetz vom 7. Juni 1871 anzuwenden ist. M. E. das letztere als lex specialis, weil zweifellos erscheint, daß der Unfall „beim Betriebe einer Eisenbahn" sich ereignete.

Eine zweite Frage ist die auch nach dem Haftpflichtgesetz wichtige Frage, ob ein eignes Verschulden des Geschädigten vorliegt.

Die Aufgabe hebt — wohl absichtlich — nicht klar hervor, ob der Vater im eignen Namen oder in dem des Sohnes klagt. Es sind daher, vorausgesetzt daß die Bahn überhaupt haftbar gemacht werden kann, beide Fälle zu unterscheiden.

a) Er klagt im Namen des Sohnes. Die Ansprüche gegen den Bahnunternehmer aus der Verletzung stehen nach dem Haftflichtgesetz dem Sohne zu. Der Vater macht sie nur als gesetzlicher Vertreter geltend. Den Umfang der Haftung regelt § 3a des Haftpflichtgesetzes (neue Fassung im Art. 42 EG. z. BGB.). Der Klage des Sohnes gegenüber kann sich der Bahnunternehmer nicht auf die mangelnde Beaufsichtigung durch den Vater berufen. Die Klage dringt selbst dann durch, falls der Sohn den Unfall verschuldet hat. Dagegen hat vielleicht die Bahn nach der Verurteilung ein Regreßrecht gegen den Vater wegen Nichterfüllung seiner Aufsichtspflicht nach den §§ 823 ff. (Dagegen spricht aber der Ausdruck „widerrechtliche Schadenszufügung" in § 832.)

b) Der Vater klagt im eignen Namen. Er hatte als Unterhaltspflichtiger (§ 1606 Abs. 2 Satz 2) in erster Linie die Heilungskosten zu bezahlen; er hat doch offenbar im eignen Namen mit Arzt, Apotheker usw. kontrahiert und nicht im Namen des Sohnes. Ihm ist also mittelbar ein Schaden zugefügt worden. „Verletzter" im Sinne des Haftpflichtgesetzes ist er dagegen nicht. Aus diesem Gesetz hat er daher nicht ohne Weiteres einen Anspruch gegen die Bahn. Es käme höchstens in Frage, ob er als ein „beauftragter Geschäftsführer" der Bahn anzusehn sei. Bei den Heilungskosten könnte man das annehmen. Der Vater hat also, wenn man von letzterer Möglichkeit absieht, nur einen Anspruch auf Grund des ergänzend anwendbaren BGB., und zwar als Geschädigter im Sinne des § 823. Die Bahn kann dann den Einwand erheben, daß bei ihr kein Verschulden vorliege oder daß ein sog. konkurrierendes Verschulden des Vaters, bestehend in mangelnder Beaufsichtigung, vorliege, also den Einwand des § 254.

Fall 163.

Das Posteinlieferungsbuch ist eine Beweisurkunde, in der die Post die Einzahlung des Geldes seitens des Absenders, Zeit und Ort derselben sowie den Empfänger bezeichnet. Händigt die Postverwaltung ein solches Buch aus, so ist sie auch verpflichtet zu prüfen, ob die in dem Buche enthaltenen Eintragungen mit dem Inhalt der Postanweisungen, die ihr vorgelegt werden, übereinstimmen, damit der Inhaber des Buchs dem Dritten gegenüber ein Beweismittel in den Händen hat. Hier stimmt nun, wie vorausgesetzt wird, das Buch nicht mit den vorgelegten Anweisungen überein, die Beamten H., Y. und Z. haben aber dem Einzahlenden, dem B., insoweit vertraut, als sie die beiden Urkunden nicht verglichen haben. Dadurch gelangt B. in den Besitz des Geldes der Firma. Sie haben also fahrlässig und widerrechtlich das Eigentum der Klägerin verletzt. Dafür haften sie nach § 823 jeder zu seinem Anteil. Nach § 31 verb. mit § 89 haften aber die Beamten nicht allein, sondern auch der Postfiskus, und zwar haften sie nach § 840 als Gesamtschuldner.

Der Einwand, es liege Mitverschulden der Klägerin vor, ist unbegründet Der Buchhälter B. hat allerdings eine Täuschung begangen. Trotzdem findet aber § 278 verb. mit § 254, auf die sich die Beklagten anscheinend stützen, keine Anwendung. Denn § 254 setzt ein Mitverschulden voraus, § 278 aber betrifft nur eine Haftung für fremde Schuld. Die bloße Tatsache, daß die Klägerin nach § 278 für das Verschulden ihres Vertreters haftet, ist aber noch kein Verschulden der Beklagten. (Es liegt eine Art Begriffsverwirrung bei der Beklagten vor.)

Daß die Postbeamten getäuscht wurden, ist richtig; bei pflichtgemäßer Handlungsweise war das aber nicht zu erwarten.

Eine Bezugnahme auf das Postgesetz ist nach diesen Deduktionen überflüssig.

Nach Art. 77 EG. zum BGB. könnten übrigens für die Haftung des Postfiskus auch die Landesgesetze in Frage kommen, wenn man annähme, daß der Schaden von den Beamten „in Ausübung der ihnen anvertrauten öffentlichen Gewalt" zugefügt ist. Letzterer Begriff ist kein feststehender. Hier ist Art. 77 EG. m. E. anwendbar. Somit kommt Landesrecht zur Anwendung, nach dem das Nähere zu ermitteln ist.

Fall 165. (Schücks Zivilrechtspraktikum Seite 26.)

Zwischen A. und B. liegt eine sog. Alternativobligation im Sinne des § 262 vor. Bei dieser steht im Zweifel dem Schuldner — das ist hier der A. — das Wahlrecht zu. Das ist hiernach noch besonders von den Parteien verabredet, obgleich es nach § 262 gar nicht nötig ist. A. hat sich nun für den Wein entschieden und dies dem B. erklärt, wie nach § 263 erforderlich ist. Diese Erklärung ist nach § 263 Abs. 2 unwiderruflich. A. hat also nach Erklärung der Wahl kein Variationsrecht mehr. Er kann daher nicht nach derselben den Spiritus liefern (vgl. Kom. von Rosenthal, Anm. 25 zu § 263). Damit ist die erste Frage erledigt.

A. übt das Wahlrecht nicht aus. Er wird daher auf die Klage des B. hin nicht, wie infolge eines Druckfehlers im Texte gesagt ist, auf Zahlung des Kaufpreises gegen Empfangnahme von 200 Litern Apfelwein oder Spiritus, sondern zur Lieferung von 200 Litern Apfelwein oder Spiritus gegen Empfangnahme des Kaufpreises verurteilt. Trotzdem wählt er nach Erlaß dieses Urteils nicht. Demgegenüber ist B. noch nicht berechtigt, selbst zu wählen, sondern nach § 264 ist er dies erst, wenn er aus dem vollstreckbaren Urteil die Zwangsvollstreckung gegen A. betreibt. Dann kann er diese nach seiner Wahl auf die eine oder andere Leistung richten.

Wenn Gegenstand der Leistung usw.? Dann findet § 265 Anwendung. Es ist dann eine der Leistungen später unmöglich geworden, nämlich die der Kuh. Die Leistung des A. beschränkt sich somit auf das Pferd. Es fragt sich nur, ob nicht § 325 vorliegt, ob also nicht B. den Tod der Kuh zu vertreten hat. Dies ist zu verneinen, denn die Kuh, die sich übrigens vor der Übergabe vermutlich noch bei A. befindet, geht dort durch casus (höhere

Gewalt, vis major, eine Art casus) zugrunde. Anders läge der Fall, wenn Pferd und Kuh noch nicht von B. ausgewählt wären, was hier nicht zu vermuten ist (vgl. Fall 166). Dann griffe § 265 nicht ein, sondern A. müßte an Stelle der krepierten Kuh auf Verlangen des B. eine andere leisten.

Fall 166.

Nach § 265 beschränkt sich das Schuldverhältnis, wenn eine der Leistungen von Anfang an unmöglich ist oder später unmöglich wird, auf die übrigen Leistungen. Hier würde demnach A., nachdem das Pferd krepiert ist, die beiden Kühe zu leisten haben. (Der Ausnahmefall des § 265 Satz 2 liegt nicht vor.) Dem hält A. entgegen, er habe von Anfang an das Pferd leisten wollen. Nun hat zwar nach § 262 der A. das Wahlrecht. Nach § 263 erfolgt aber die Wahl durch Erklärung gegenüber dem anderen Teile. Darin liegt der Wille des Gesetzgebers, daß die Wahl mündlich zum Ausdruck kommt. Bloßes Stillschweigen genügt nicht. Somit hat A. sich nicht rechtzeitig erklärt und daher auf die Klage des B. hin die Kühe zu liefern.

Im vorliegenden wurde vorausgesetzt, daß der Brand durch Zufall eintrat. Läge ein Verschulden des Brands durch A. vor, so würden andere Grundsätze eingreifen.

Fall 167.

Nach § 266 ist der Schuldner zu Teilleistungen nicht berechtigt. Danach kann B., wenn A. die Leistung nur unvollständig bewirkt, unter Ablehnung der Teilleistung auf vollständige Erfüllung klagen, da A. trotz des Angebots der 200 Sack in Verzug kommt (§ 284 Abs. 2).

Würde A. anerkennen, zur Lieferung von 200 Sack, aber nicht zu mehr, verpflichtet zu sein, so können nach dem Text verschiedene Möglichkeiten vorliegen. Gemeint ist doch zweifellos, daß einer von beiden Klage erhebt. Es kann nun zunächst B. auf Lieferung von 500 Sack gegen A. klagen. B. muß beweisen, daß 500 Sack vereinbart sind, denn diese Behauptung gehört zu den klagbegründenden. Beweist B. das nicht, so ist nicht A. im Leistungsverzug, sondern B. im Annahme- und Abnahmeverzug (§§ 293, 284 Abs. 2, 433 Abs. 2): beweist B. dagegen die Vereinbarung, so ist A. im Leistungsverzug.

Fall 168. (Schücks Zivilrechtspraktikum Seite 27.)

Nach § 266 ist der Schuldner zu Teilleistungen nicht berechtigt, der Gläubiger kann sie daher ablehnen. (Anders im Wechselrecht, vgl. WO. Art. 38.) B. hat am 1. Januar 1901 eine Teilzahlung von 700 M. gemacht. Da A. die Teilzahlung angenommen hat, so ist nach § 266 (e contrario) damit diese Teilzahlung und somit auch die davon abhängige entsprechende Zinsenzahlung als von A. genehmigt anzusehen. Also kann A. nur von der Restforderung von 300 M. Zinsen seit dem 1. Januar 1901 fordern. Bezüglich der Zinsen von 700 M. wird er abgewiesen.

Anm. 1. Belaufen sich diese Zinsen, wie A. annimmt, auf 5 %? Nach § 288 Abs. 1 Satz 1 ist eine Geldschuld während des Verzugs (dieser liegt hier trotz fehlender

Mahnung vor, da eine Zeit nach dem Kalender im Sinne des § 284 Abs. 2 bestimmt ist) mit 4 % zu verzinsen. Nach § 288 Abs. 1 Satz 2 können aber hier 5 % Zinsen seitens des A. verlangt werden, denn der Zinsvertrag beim Darlehen — ein solcher liegt hier vor — ist ohne Zweifel ein „anderer Rechtsgrund", aus dem höhere Zinsen gefordert werden können..

Anm. 2. Zur Erläuterung der Zinsenfrage diene noch folgendes: Die Verzugszinsen bilden eine Art der gesetzlichen Zinsen des § 246. Auch diese betragen 4 %. Hierunter fallen auch die sogenannten Prozeßzinsen, das sind die während des Prozesses entstehenden Zinsen, die man ebenfalls als Verzugszinsen ansehen kann, da die Klagzustellung zugleich eine Mahnung enthält und daher jeder, der auf die Klage hin verurteilt wird, mindestens vom Tage der Klagzustellung an als im Verzuge befindlich zu betrachten ist. Gläubiger, die die Mahnung nicht oder nicht leicht beweisen können, oder den Schuldner schonen wollen, pflegen überhaupt nur Zinsen vom Tage der Klagzustellung ab zu verlangen.

Andere Fälle gesetzlicher Zinszahlung sind z. B. die in den §§ 256, 347 a. E., 452, 641 Abs. 2, 668, 698, 820, 849, 1133, 1834 enthaltenen Fälle, auch die im HGB. §§ 352 ff. enthaltenen Zinsen gehören hierher. Im Handelsrecht betragen die gesetzlichen Zinsen 5 %, dagegen sind Wechselschulden mit 6 % zu verzinsen (Art. 50 und Art. 51 der WO.).

Fall 169. (Schücks Zivilrechtspraktikum Seite 27.)

Es liegt ein Kaufvertrag zwischen A. in X. und B. in Y. vor. A., der Verkäufer und als solcher Schuldner bezüglich der Lieferung der Ware ist, hat seine Leistung bewirkt, nicht dagegen B., der als Käufer Schuldner bezüglich des Kaufpreises ist. B. hat dem A. die Waren zur Verfügung gestellt. Nun klagt der Verkäufer A., da er offenbar den Mangel bestreitet, gegen B. auf Zahlung des Kaufpreises. Diese Klage erhebt er am Amtsgericht in X. Nach § 29 der ZPO. ist für Klagen auf Erfüllung eines Vertrags — eine solche erhebt A. — das Gericht des Ortes zuständig, wo die streitige Verpflichtung zu erfüllen ist. Die streitige Verpflichtung ist nun hier die des B. zur Zahlung des Kaufpreises. Nach § 269 hat diese Zahlung an dem Orte zu erfolgen, an welchem der Schuldner — also B. — zur Zeit der Entstehung des Schuldverhältnisses seinen Wohnsitz hatte. Das ist Y. Nach § 269 hat also A. gegen B. nicht in X., sondern in Y. zu klagen. A. beruft sich demgegenüber darauf, daß nach § 270 Abs. 1 der Schuldner Geld im Zweifel auf seine Gefahr und Kosten dem Gläubiger an dessen Wohnsitz zu übermitteln hat, daß also Geldschulden im Gegensatz zur Regel nicht sogenannte Holschulden, sondern sogenannte Bringschulden sind. Nach § 270 Abs. 4 bleiben aber trotzdem die Vorschriften über den Leistungsort unberührt. Obgleich also zwar B. verpflichtet ist, dem A. den Kaufpreis auf seine — des B. — Gefahr hin und franko nach X. zu schicken, so bleibt doch Y. Leistungsort nach § 269, denn in Y. hatte B. zur Zeit der Entstehung des Schuldverhältnisses seinen Wohnsitz. B. kann daher verlangen, daß die Klage gegen ihn am Amtsgericht in Y. angebracht wird. B. macht also mit Recht die prozeßhindernde Einrede der Unzuständigkeit des Gerichts nach § 274 Ziffer 1 ZPO. gegen A. geltend.

Anm. Da es sich um einen Amtsgerichtsprozeß handelt, kann B. auf Grund dieser Einrede die Verhandlung zur Hauptsache nicht verweigern (§ 504 ZPO.). Anders im Landgerichtsprozeß. Hier kann der Beklagte auf Grund der Einrede nach § 275 ZPO. die Verhandlung zur Hauptsache verweigern und das Gericht auf Antrag oder von Amts wegen die abgesonderte Verhandlung anordnen.

Fall 170.

Das Verhältnis zwischen Rechtsanwalt und Auftraggeber bestimmt sich in der Regel nach § 675. Danach ist es ein Werkvertrag (unter Umständen Dienstvertrag), auf den gewisse Vorschriften über den Auftrag Anwendung finden. Dazu gehört auch § 667. Danach hat der Beauftragte alles, was er zur Ausführung des Auftrags erhält und was er aus der Geschäftsbesorgung erlangt, dem Auftraggeber herauszugeben. An einem Schuldschein hat nun nach § 952 der Gläubiger, also hier der A., das Eigentumsrecht. Hätte A. die Anwaltskosten gezahlt, so könnte er deshalb ohne Zweifel den Schuldschein herausverlangen. Da er sie aber nicht bezahlt hat, stützt sich sein Gegner auf § 273. Danach kann der Schuldner, wenn er aus demselben rechtlichen Verhältnis, auf welchem seine Verpflichtung beruht, einen fälligen Anspruch gegen den Gläubiger hat, die geschuldete Leistung verweigern, bis die ihm gebührende Leistung bewirkt wird (Zurückbehaltungsrecht). Ein solcher Anspruch liegt hier beim Rechtsanwalt B. zweifellos vor. Das rechtliche Verhältnis ist das Auftragsverhältnis. Demgegenüber macht aber A. Verjährung der Kostenforderung nach § 196 Z. 15 geltend. Diese liegt, wie ohne weiteres klar ist, vor. Demgegenüber kann B. nicht geltend machen, daß die Verjährung der Kostenforderung durch Stundung gehemmt sei, denn nach § 202 Abs. 2 wird durch die Stundung die Verjährung des Zurückbehaltungsrechts nicht gehemmt. Somit muß A. den Schuldschein herausgeben. Wäre keine Verjährung eingetreten, bestände also das Zurückbehaltungsrecht des A. noch, so wäre B. nach § 274 zur Herausgabe des Schuldscheins gegen Zahlung der Kosten zu verurteilen. (Vgl. Rosenthal, Anm. 36 a zu § 274.)

Wie verhält sich hierzu § 32 der Rechtsanwaltsordnung?

Suppes (Der Einredebegriff des BGB., Leipzig, 1902, S. 25, 26, 45) will das Zurückbehaltungsrecht auch nach der Verjährung des Anspruchs, worauf es beruht, zulassen.

Fall 171.

Der hier geforderte Schadensersatz kann sich auf Vertrag (§§ 611 ff.) ebenso stützen wie auf Delikt (§§ 823 ff.). Es liegt kumulative Konkurrenz vor (v. Liszt, Deliktsobligationen, S. 11). Jedenfalls ist Fahrlässigkeit erforderlich. Nach § 276 handelt fahrlässig, wer die im Verkehr erforderliche Sorgfalt außer acht läßt. Es ist nun im Zweifel als fahrlässig anzusehen, wenn jemand mit einem Kaffeeservice ausgleitet, denn beim Tragen desselben muß man sich besonderer Sorgfalt befleißigen. Dagegen wird natürlich die Fahrlässigkeit dadurch ausgeschlossen, daß die A. über einen Kern gestolpert ist, den die Tochter des Dienstherrn hat fallen lassen. Fraglich ist nun, wer dafür beweispflichtig ist. Da ich präsumiere, daß in dem Ausgleiten Fahrlässigkeit liegt, so würde ich dem Mädchen die Beweispflicht für ihre Einrede auferlegen.

Die andere Ansicht, die hier wohl in Betracht gezogen werden soll, würde die sein: Das Verschulden gehört zu den klagbegründenden Tatsachen. Diese muß Kläger beweisen, solange nicht eine Vermutung für sie spricht. Das Behaupten des Ausgleitens enthält noch nicht, wie ich oben behaupte, eine Vermutung dafür, daß das Mädchen fahrlässig handelte. Es liegt also Leugnen des Klagegrundes vor. Folglich muß der Dienstherr, wenn das Mädchen im Prozesse einwendet, es liege keine Fahrlässigkeit vor, weil es über einen glatten Pflaumenkern gestolpert sei, den die zehnjährige Tochter des Dienstherrn habe fallen lassen, beweisen, daß dies nicht der Fall war.

Die Frage der Beweislast ist in derartigen Fällen sehr bestritten (s. Fitting, S. 243 ff., insbes. S. 245 unter 1).

Fall 172.

Nach § 278 hat der Schuldner ein Verschulden seines gesetzlichen Vertreters und der Personen, deren er sich zur Erfüllung seiner Verbindlichkeit bedient, in gleichem Umfange zu vertreten wie eignes Verschulden. Zwischen A. und B. besteht nun ein Mäklervertrag (§§ 652 ff.), also eine Art des Werkvertrages. Zwischen B. und C. besteht wieder ein Werkvertrag. Dem A. gegenüber ist aber C. eine Person, deren sich B. zur Erfüllung einer Verbindlichkeit bedient. Für B. gilt also bezüglich des C. § 278. Hat daher C. schuldhaft gehandelt, was hier als nicht bestritten gelten soll, so hat B. dafür zu haften.

Fall 177.

Nach §§ 447, 446 endigt die Haftung des Verkäufers für Zufall bereits mit Übergabe der Ware an das Transportmittel, indem dieses als vom Käufer beauftragt gilt. Im vorliegenden Falle haben aber die Parteien ein bestimmtes Schiff als Transportmittel vereinbart, nämlich den Segler X. B. versendet dagegen die Ware ohne besonderen Grund auf dem Schnellsegler Y., der erst am 7. Januar 1907 abgeht. § 447 Abs. 2 dürfte daher anwendbar sein. Zwar liegt keine Anweisung des Käufers, wohl aber eine Vereinbarung vor. A. muß also Schadensersatz leisten. Diese Ersatzleistung kann man schon auf § 447 Abs. 1 gründen. B. handelt fahrlässig bei Erfüllung des Kaufvertrags, indem er die Ladung nicht dem vereinbarten Transportmittel übergibt.

Zu ersetzen ist der entstandene Schaden und der entgangene Gewinn (§ 252). Hätte B. nicht versichert, so hätte er durch die Fahrlässigkeit des A. sogar einen Vorteil erlangt. B. hat indessen die Ware versichern lassen, und zwar für das Schiff X. und kann nunmehr die Versicherungssumme nicht erhalten, da sie auf Y. transportiert worden ist. Wenn nun B. die Ware noch nicht weiterverkauft hat, wie es hier den Anschein hat (da er nicht nachträgliche Erfüllung, sondern Ersatz fordert), so hat er einen positiven Schaden nicht erlitten. Es fragt sich aber, ob ihm ein Gewinn entgangen ist, indem er die Versicherungssumme für das Schiff X. nicht erhalten konnte. Als entgangen gilt nach § 252 der Gewinn, welcher nach dem gewöhnlichen Lauf der Dinge oder nach den besonderen Umständen, insbesondere nach den getroffenen Anstalten und Vorkehrungen, mit Wahrscheinlichkeit erwartet werden konnte. Dazu möchte ich die Versicherungssumme auch rechnen, denn nach den besonderen Umständen war deren Auszahlung zu erwarten, und B. hätte sodann auch im Falle eines Preisrückgangs einen genügenden Ersatz gehabt.

Fall 178. (Schücks Zivilrechtspraktikum Seite 28.)

Zwischen der A. und B. besteht ein Frachtvertrag im Sinne des § 425 HGB., für welchen ergänzend die Vorschriften des BGB. über den Werkvertrag (§§ 631 ff.) Anwendung finden. Hierbei ist für die Leistung des B. eine Zeit nach dem Kalender bestimmt, nämlich der 1. Juli, nachmittags 1 Uhr. Wenn daher B. nicht zur bestimmten Zeit leistet, kommt er ohne Mahnung in Verzug (§ 284 Abs. 2). Die A. kann also die für den Fall der Nichterfüllung und des Verzugs bei gegenseitigen Verträgen festgesetzten Rechte geltend machen. Da die Leistung für die A., nachdem sie sich an einen anderen Transportunternehmer gewendet hat, kein Interesse mehr hat, so kommt § 241 — also die Erfüllungsklage — und ebenso § 326 Abs. 1 nicht in Betracht. Auch der Rücktritt nach § 361 würde ihr nichts nützen (vorausgesetzt, daß überhaupt ein sog. Fixgeschäft vorliegt). Sie fordert daher auf Grund von § 286 Abs. 2 verbunden mit § 326 von A. unter Ablehnung der Leistung Schadensersatz wegen Nichterfüllung. Die Hauptfrage ist nun die, ob die Höhe des von der A. geltend gemachten Schadensersatzes den Vorschriften der §§ 249 ff. entspricht.

Zunächst fordert die A. von B. 6 M. für eine Droschke. Da sie lahm ist, mußte sie ohne Zweifel fahren, was in Ermangelung anderer Verkehrsmittel am billigsten in der Droschke geschieht. Es ist auch richtig, daß eine solche von Berlin nach Schlachtensee 6 M. (mit Trinkgeld) kostet. Diese Forderung war also berechtigt. Weiter fordert die A. für die Reinemachfrau 2 M. Die Reinemachfrau war schon bestellt zu einer Zeit, in der die A. nicht voraussehen konnte, daß B. den Vertrag nicht erfüllen würde. 2 M. sind nun für einen ganzen Nachmittag nicht zuviel. Auch diese Forderung ist daher angemessen. Dagegen ist die Forderung von 6 M. für Nachtquartier für die A. und ganz besonders für ihre Begleiterin, die doch vermutlich eine untergeordnete Person ist, entschieden zu hoch. Dafür sind 3 M. für die Person angemessen, wenn auch für die Begleiterin bereits reichlich bemessen. Wenn ferner die A. mit ihrer Begleiterin zu 3 M. frühstückt, so ist auch dies nicht bei Leuten mittleren Standes — unter diese muß die Rentiere in Ermangelung besonderer Bestimmungen gerechnet werden — das Normale. Die A. muß dann schon ein Hotel ersten Ranges aufgesucht haben. In einem mittleren Hotel kostet das Frühstück für die Person 50 bis 75 Pf., höchstens 1 M. (der sog. Café complet). Die Forderung der A. ist also um mindestens 1 M. zu hoch. Zu der Zuvielforderung der A. kommt aber noch hinzu, was die beiden Frauen für das Frühstück zu Hause gebraucht hätten. Ein Kaffee mit Semmel kostet ihnen da etwa 25 Pf., also sind noch 50 Pf. von der Forderung abzuziehen. Das Trinkgeld von 1 M. für eine Nacht an den Kellner ist ebenfalls zu hoch, dafür dürften 50 Pf. genügen. Es sind somit 8 M. von der Forderung abzuziehen. Der Rest von 16 M. ist der A. zuzuerkennen.

Anm. B. kann nicht geltend machen, daß er den Umstand, daß die A. lahm ist, da dies etwas Unnormales sei und er davon auch nichts gewußt habe, nicht zu vertreten brauche und daher für die Fahrt mit der Droschke nicht Schadensersatz zu leisten brauche. Denn die §§ 249 ff. gehen von dem Grundsatze aus, daß jeder Ver-

mögensschaden zu ersetzen ist. (Die einzige Milderung dieser strengen Haftpflicht ist in § 251 Abs. 2 enthalten.) Der Anspruch der A. von 2 M. für die Waschfrau würde sich übrigens verringern oder ganz wegfallen, falls B. nachweist, daß diese auch anderswo in der fraglichen Zeit Anstellung gefunden hat. Denn dann hat die Waschfrau tatsächlich keinen Schaden in Höhe von 2 M. erlitten, sie kann also denselben der B. gegenüber auch nicht geltend machen. Bezahlt die A. ohne weiteres 2 M., so muß sie sich also trotzdem von B. den Abzug gefallen lassen, falls dieser den fraglichen Nachweis erbringt.

Fall 202.

Der Kaufvertrag erzeugt beiderseitige Verpflichtungen. Für die Lieferung ist der Verkäufer der Schuldner, für die Abnahme der Käufer (§§ 293 ff.). Nach § 269 ist Berlin für die Schuld des B., also für die Absendung der Ware der Erfüllungsort. Für die Leistungen des A., also insbesondere für die Abnahme der Ware, ist dagegen Frankfurt der Leistungsort. Daran ändert auch der etwaige Verzug des A. nichts. Wegen desselben kann B. nach §§ 300 ff. Schadensersatz fordern, wenn ihm ein Schaden entstanden ist. B. muß also den A. in Frankfurt auf Abnahme verklagen.

Fall 203.

Die Prioritätsobligationen (also die Schuldtitel) können entweder Schuldverschreibungen auf den Inhaber oder kaufmännische Verpflichtungsscheine an Order sein. Sind sie das erste, so ist nach § 795 staatliche Genehmigung erforderlich, um sie in Verkehr zu bringen, sonst sind sie nichtig (§ 363 HGB.; eine Eisenbahngesellschaft ist nach § 1 Ziffer 5 HGB. Kaufmann). Sind sie staatlich genehmigte Schuldverschreibungen auf den Inhaber, so wird auch die Ausgabe der (auf den Inhaber nicht ausdrücklich gestellten) Zinsscheine als mitgenehmigt zu gelten haben. Sind die Schuldtitel kaufmännische Verpflichtungsscheine, so bestehen Zweifel, die im laufenden Jahrgange von Holdheims Zeitschrift lebhaft erörtert worden sind. Manche nehmen eine Urkunde im Sinne von § 807 an, manche wollen wohl auch § 808 anwenden. Sind die Titel Inhaberpapiere, während die Zinsscheine die Inhaberklausel nicht enthalten, so gilt das gleiche. § 793 verlangt die Inhaberklausel. Ein Zinsschein ist nur Inhaberschuldverschreibung, wenn er ausdrücklich an den Inhaber gestellt ist.

Hiernach überlasse ich dem Leser, das Weitere selbst zu entscheiden.

Fall 204.

Nach §§ 241 ff. ist B. an den rechtsgültig abgeschlossenen Vertrag gebunden. B. hat also kein Rücktrittsrecht, vielmehr kann A. auf Erfüllung bestehen. Sein Klageantrag geht auf Abnahme des Geschäfts und Zahlung des Preises (§ 433 Abs. 2). Der Kaufpreis ist vom 1. April ab zu verzinsen (§§ 284 Abs. 2, 288). Auch den etwaigen durch den Verzug entstehenden Schaden (durch Weiterführung des Geschäfts vom 1. April ab) hat B. dem A. zu ersetzen (§ 286).

Fall 209. (Schücks Zivilrechtspraktikum 30.)

Zwischen A. und B. liegt ein Kaufvertrag nach §§ 433 ff. vor. A. ist nach demselben verpflichtet, den Tisch zu übergeben und zur Abholung bereit zu halten, B. ist verpflichtet, den Tisch innerhalb von acht Tagen bei A. abzuholen und den Kaufpreis von 100 M. zu zahlen. Diese Verpflichtung zur Abholung ist daher als eine Nebenverpflichtung aus dem Kaufvertrag anzusehen. Die Nichtabholung des Tisches seitens des B. ist also mindestens eine Nichterfüllung des Kaufvertrags, auf Grund welcher die Erfüllungsklage des § 241 auf Abnahme gegeben ist. Es fragt sich aber, ob es auch eine verschuldete Nichterfüllung ist, insbesondere, ob bei B. ein Verzug der Annahme vorliegt (§§ 293—304). Wenn im Vertrage verabredet worden ist, daß B. sich den Tisch innerhalb einer Frist von acht Tagen abholen solle, so liegt darin die Festsetzung einer Zeit nach dem Kalender. Nach § 284 Abs. 2 kommt also der Käufer B., der hier zugleich Gläubiger bezüglich der Lieferung und Schuldner bezüglich der Annahme ist, ohne Mahnung in Verzug. Daher ist, um den B. in Verzug zu setzen, die Aufforderung zur Abholung seitens des A., wie sie im Text erwähnt wird, gar nicht mehr nötig, dieselbe ist ohne jede rechtliche Bedeutung. Wenn nun nach Ablauf der Frist der Tisch verbrennt, so ist der Schuldner B. nach § 300 verbunden mit § 287 Satz 2 auch für die während des Verzugs durch Zufall eintretende Unmöglichkeit der Leistung verantwortlich. Hier liegt aber eine Art des Zufalls, nämlich höhere Gewalt, vor, also muß B. dafür haften und den Tisch bezahlen. Auch der Ausnahmefall des § 287 liegt nicht vor, denn der Schaden wäre bei rechtzeitiger Abholung nicht eingetreten. A. hat also alle auf Grund des Verzugs gegebenen Rechtsbehelfe, wie sie in den §§ 226 ff., 326 bezeichnet sind. Er benutzt diese aber nicht, sondern erhebt die ihm vorteilhaftere Erfüllungsklage nach § 241 auf Zahlung des Kaufpreises. Auf diese hin muß B. zur Zahlung der 100 M. verurteilt werden, ohne daß er die Nachlieferung seines Tisches verlangen kann.

Fall 210.

Nach § 313 ist zwar der Vertrag, durch den sich jemand verpflichtet, das Eigentum an einem Grundstück zu übertragen, gerichtlich oder notariell zu beurkunden, nach § 313 Satz 2 wird aber die Formvorschrift dadurch geheilt, daß Auflassung und Eintragung erfolgen. Demnach ist der zwischen A. und B. geschlossene Kaufvertrag ungültig. Denn dem B. wird überhaupt nicht aufgelassen. Auch der zwischen B. und C. geschlossene Kaufvertrag ist zunächst ungültig, er wird aber dadurch gültig, daß A. dem C. aufläßt. Ich möchte das wenigstens annehmen, obgleich ja der Auflassung des A. an C. gar kein zwischen A. und C. geschlossener Vertrag zugrunde liegt. A. handelt dann im Einverständnis mit C. gewissermaßen als Vertreter des B. Das wäre freilich genauer auszuführen. Die gegenteilige Entscheidung ist denkbar.

Aus dem mündlichen Vertrag mit B. über das Grundstück kann also C. keine Rechte herleiten. Wenn sich aber B. mündlich verpflichtet, dem C. für die Kosten betreffs des Vorgartens aufzukommen, so ist das ein Nebenvertrag, der der schriftlichen Form nicht bedarf, da er mit der Eigentumsübertragung nichts zu tun hat. Aus ihm ist B. verpflichtet. Seine Einwendungen sind völlig haltlos.

Sind beide Verträge formentsprechend, so wird man um so mehr zu dieser Entscheidung kommen.

Fall 211.

Der Vertrag zwischen A. und B. bedarf nach § 313 insoweit der Schriftlichkeit, als die Überlassung eines Grundstücks von B. versprochen wird. Betreffs der übrigen Verabredungen liegt kein Grund vor, Schriftlichkeit zu verlangen, sie sind also gültig. Wenn nun die Auflassung nachträglich erfolgt, so hat nach § 313 Satz 2 der Vertrag über die Grundstücksüberlassung Gültigkeit erlangt. Wenn ferner auf Grund des vorherigen Vertrags die Abtretung der Hypothek seitens des A. an B. erfolgt, so hat A. seine Verpflichtung erfüllt. B. muß daher die 3000 M. zahlen und die Mobilien dem A. übergeben.

Vorausgesetzt wird, daß A. die Hypothek schriftlich abgetreten hat, da dies nach § 1154 erforderlich ist (so ist die Aufgabe wohl gemeint). Sonst könnte B. verlangen, daß die Form nachgeholt wird.

Fall 212.

Der Vertrag ist von A. und B. nach § 315 abgeschlossen worden, da die Leistung, das ist hier der Kaufpreis, von einem der Vertragschließenden, nämlich dem Käufer B., bestimmt werden soll. Nach § 315 Abs. 3 ist die getroffene Bestimmung für den anderen Teil nur verbindlich, wenn sie der Billigkeit entspricht. Wenn also 1 M. für den Scheffel Weizen nicht der Billigkeit entspricht, so wird nach § 315 Abs. 3 Satz 2 die Bestimmung durch Urteil getroffen (vorausgesetzt, daß sich die Parteien nicht außergerichtlich einigen).

Die Normierung des Preises konnte nach § 315 Abs. 1 auch in das billige Ermessen des Verkäufers (wie im Verkehr häufiger) oder nach § 317 auch in das billige Ermessen eines Dritten gestellt worden.

Fall 216.

Es liegt ein Mietvertrag nach §§ 535 ff. vor.

Wenn die Parteien verabreden, daß A. die erforderliche polizeiliche Genehmigung für die Vorführung der Reklamebilder zu beschaffen habe, so setzen sie offenbar voraus, daß diese erteilt wird, daß also der Theaterraum des A. den Erfordernissen entspricht. Ist dies nicht der Fall und ist daher die Vorführung unmöglich, so fragt sich, ob das für A. eine Unmöglichkeit der Leistung, die in Gewährung der Mietsache besteht, bedeutet, die er verschuldet hat. Wenn der Raum für Theaterspiel den Erfordernissen entspricht, so braucht er es noch nicht für die Vorführungen des A., das können aber die Parteien im Zweifel vorher nicht wissen. Daher liegt § 323 vor. Keine der Parteien hat die Unmöglichkeit verschuldet. Demnach verliert B. den Anspruch auf die Gegenleistung, die rechtlichen Ausführungen beider Parteien sind unbrauchbar. Die Entscheidung erfolgt aber nach dem Satze jura novit curia in obigem Sinne.

Man könnte übrigens auch daran denken, § 306 anzuwenden. Darin handelt es sich nicht um die nachträgliche, sondern ursprüngliche Unmöglichkeit der Leistung. Tatsächlich ist die vertragswidrige Beschaffenheit hier schon von Anfang an vorhanden, die Parteien wissen es aber nicht, wenigstens ist zunächst anzunehmen, daß B. nichts weiß. Vielleicht liegt aber auch eine nachträgliche Unmöglichkeit vor. Die Polizei hat ihre Abweisung nicht begründet, weshalb nichts Bestimmtes festgestellt werden kann.

Fall 217.

Wenn es heißt, daß A. das Mehl am 1., 10. und 30. März gegen Barzahlung zu liefern hat, so ist der Vertrag ein solcher, bei dem sowohl für die Leistung als auch für die Gegenleistung ein Termin nach dem Kalender bestimmt ist. Erfüllt also B. am 1. März nicht durch Zahlung des Kaufpreises, so kommt er nach § 284 Abs. 2 m. E. ohne Mahnung in Verzug. Dieser Verzug wegen der einen Rate wirkt m. E. für die ganze Schuld (bestritten). Also hat A. die aus dem Verzug hervorgehenden Rechte der §§ 286, 326. Die Schwierigkeit ist nun die, daß er nicht ausdrücklich sagt, welches dieser Rechte er geltend macht. Wenn er mit den drei Sack Mehl wieder wegfährt, ohne etwas zu erklären, so ist zweifelhaft, welches Recht er damit geltend macht. Da sich A. am 10. bei B. nicht sehn läßt, so will er vielleicht vom Vertrag zurücktreten, vielleicht will er auch nur die Leistung zurückhalten, bis die erste Rate gezahlt ist (§ 273). Nach § 286 Abs. 2 kann er das erstere nur, wenn die Leistung infolge des Verzugs für ihn kein Interesse mehr hat. Dieser Fall wird hier aber schwerlich vorliegen, da eine Geldleistung sich im allgemeinen immer gleich bleibt. Stützt er sich auf § 326, so muß er die dort erforderte Frist setzen. Das hat A. nicht getan. Er kann deshalb nicht zurücktreten, vorausgesetzt, daß § 326 Abs. 2 nicht vorliegt. Es bleibt also nur noch das Recht des A. auf Schadensersatz nach § 286 Abs. 1 und auf Erfüllung. Da er diese Rechte aber nicht geltend macht, wird man annehmen müssen, daß er darauf verzichten will. Wenn nun B. den A. zur Leistung auffordert und A. auch hierauf nicht antwortet, so kann B. m. E. die Leistung nicht verlangen, weil er ja in Verzug ist und auch die Zahlung der ersten Rate nicht anbietet. Seine Absicht, beim Vertrage zu bleiben, ist unwesentlich.

Das Ergebnis dürfte also wohl dahin gehn, daß keine der Parteien etwas verlangen kann, daß also der Vertrag als aufgehoben anzusehn ist.

Fall 238. (Schücks Zivilrechtspraktikum Seite 33.)

Der Vertrag zwischen dem Fahrgast und dem Eisenbahnfiskus ist ein Transportvertrag (HGB. § 742). Der Inhalt desselben ist für gewöhnlich ein doppelter, nämlich Transport der Person und Transport des Gepäcks (Handgepäcks). Der Vertrag über Transport der Person ist ein Werkvertrag, der über Transport der Sachen ein Sachmietvertrag (genauer Raummietvertrag) verbunden mit einem Werkmietvertrag. Übrigens überwiegt dabei der Werkvertrag so sehr, daß m. E. die Annahme eines solchen allein auch nicht von der Hand zu weisen ist. Doch dies hier nur nebenbei.

Wenn nun der Diener B. im Auftrage seines Herrn — des A. — das

Gepäck in den Wagen schafft und der Zug, während er damit beschäftigt ist, abfährt, so fragt sich, ob dadurch ein Vertrag der obigen Art zwischen B. und dem Eisenbahnfiskus zustande kommt. Da B. keinen solchen abschließen will, sondern wider Willen mitfährt, möchte ich das verneinen. Auch möchte ich in dem nachherigen Lösen der Fahrkarte zu 20 Pf. seitens des B. noch keine nachträgliche Eingehung des Vertrages erblicken. B. will auch jetzt keinen Vertrag schließen. Sein Gedanke ist vermutlich der, daß er nicht umsonst gefahren sein will, die Zahlung der 20 Pf. kann von seinem Standpunkte aus als die Herausgabe einer ungerechtfertigten Bereicherung betrachtet werden, doch ist die Frage m. E. nicht wesentlich. Denn obgleich ein Vertrag m. E. nicht vorliegt, so kann B. doch nicht die Zahlung der in der Verkehrsordnung vom 15. November 1892 für das Fahren ohne Fahrkarte festgesetzte Strafe von 6 M. an den Bahnfiskus mit der Begründung verweigern, daß die gedachte Bestimmung eine Vertragsstrafe enthalte, ein Vertrag zwischen ihm und dem Fiskus aber nicht bestanden habe. B. stützt sich damit auf die Vorschrift des § 339, wonach für Verwirkung einer Vertragsstrafe ein Verzug des Schuldners — also eine schuldhafte Nichterfüllung, somit auch schuldhaftes Zuwiderhandeln gegen den Vertrag — vorliegen muß. Ein Vertrag mag zwar nicht vorliegen, doch ist ein Verschulden außerhalb eines Vertrags denkbar. Die von der Verkehrsordnung festgesetzte Strafe ist nun m. E. eine Ordnungsstrafe, die den Charakter einer Polizeistrafe hat, denn sie geht von der Verwaltung des Eisenbahnfiskus aus und dieser ist eine juristische Person des öffentlichen Rechts (insofern hat also diese juristische Person eine gewisse Polizeigewalt). Eine Ordnungsstrafe wird aber nur verwirkt durch schuldhaftes Zuwiderhandeln (bestritten, vgl. Olshausen, Vorbem. 2 vor § 360). Doch kann es dahingestellt bleiben, ob den B. ein Verschulden trifft oder nicht. Denn er hat unaufgefordert dem Stationsvorstand gemeldet, weshalb er ohne Fahrkarte gefahren ist. Ich würde also den Tatbestand des § 21 Abs. 2 Satz 3 der Verk.O. als vorhanden annehmen, obwohl er dem Wortlaute nach eine kleine Differenz von dem vorliegenden aufweist. B. braucht also nur den gewöhnlichen Fahrpreis mit einem Zuschlag von 1 M. zu zahlen. Ob A. haftet, erscheint mir zweifelhaft (§ 831).

Anm. Nach dem inneren Verhältnis zwischen dem A. und dem Diener B. ist nicht gefragt. Es ist instruktiv, zu untersuchen, ob dem B. ein Regreßrecht gegen seinen Herrn A. zusteht. B. handelt, wie der Text angibt, als Beauftragter des A., es fragt sich daher, ob § 670 Anwendung findet. Dies ist zu bejahen. Denn das Verweilen des B. ist zwar nicht im Auftrage des A. geschehen, wohl aber bei Gelegenheit der Ausführung des Auftrags. B. hat nun zwar die Aufwendung selbst verschuldet, es ist also keine Aufwendung, die er den Umständen nach für erforderlich halten darf, A. hat aber hier selbst an diesem Verschulden teilgenommen, denn unter seiner Aufsicht und mit seinem Willen ist B. so lange im Wagen geblieben. B. durfte darin sogar einen Auftrag zum Dableiben erblicken. Somit kann der Diener B. von seinem Herrn A. die von ihm gezahlten 6 M. 20 Pf. auf Grund des Auftragsverhältnisses nach § 670 ersetzt verlangen.

Fall 244. (Schücks Zivilrechtspraktikum Seite 33.)

Zwischen dem Referendar A. und dem Schneider B. ist ein Werkvertrag nach §§ 631 ff. abgeschlossen worden. B. liefert hierbei den Stoff, weshalb auf den Vertrag nach § 651 die Vorschriften über den Kauf Anwendung finden. Bei diesem Vertrage ist nun verabredet worden, daß die Leistung innerhalb einer fest bestimmten Frist, nämlich der Frist vom 25. Januar bis 1. Februar, erfolgen soll. Es liegt daher ein sog. Fixgeschäft im Sinne des § 361 vor. Demgemäß braucht nicht untersucht zu werden, ob ein Verzug — also eine schuldhafte Nichterfüllung — seitens des Schneiders B. vorliegt, sondern die bloße Tatsache, daß nicht zur bestimmten Zeit erfüllt worden ist, berechtigt den Käufer zum Rücktritt. Als eine Lieferung zu rechter Zeit ist es aber im äußersten Falle anzusehen, wenn der Frack in der Zeit vom 25. Januar bis zum 1. Februar, bis spätestens etwa eine Stunde vor Beginn des Balles geliefert wird. Das ist nicht geschehen, der Frack ist nicht einmal zu Beginn des Balles und überhaupt nicht mehr am 1. Februar geliefert worden, sondern erst am nächsten Morgen. A. ist daher berechtigt, gemäß § 361 ein Rücktrittsrecht geltend zu machen. Er tut dies, indem er dem B. schreibt, daß er vom Vertrage zurücktrete und den Frack nicht mehr annehmen werde. Wenn also B. den Frack trotzdem schickt, so ist A. berechtigt, den Frack zurückzuweisen. Wenn sich ferner A. in seiner Klage auf Zahlung darauf beruft, daß die Erkrankung seines besten Gesellen ihn an der rechtzeitigen Lieferung verhindert habe, so ist das unwesentlich, denn damit beruft er sich darauf, daß seinerseits kein Verzug, also kein Verschulden vorliege. Das ist aber, wie schon oben erwähnt, im Falle des § 361 gleichgültig. § 361 will gerade im Interesse der Sicherheit des Verkehrs einen Ausnahmefall von dem des § 326 schaffen, indem in § 361 bloße Nichterfüllung genügt, um die Gegenpartei zum Rücktritt zu berechtigen, während in den §§ 326, 286 stets Verzug, also schuldhafte Nichterfüllung trotz Fälligkeit und Mahnung vorausgesetzt wird.

Anm. Im Handelsrecht hat der auf die befristete Leistung Berechtigte im Falle des Fixgeschäfts noch weitergehende Rechte (vgl. HGB. § 376).

Fall 250. (Schücks Zivilrechtspraktikum Seite 35.)

Zwischen X. und A. liegt ein Darlehnsvertrag nach §§ 607—10 vor. Dieser ist abgeschlossen mit Hingabe der Dahrlehnssumme. Diese ist hier erfolgt. Für die Rückzahlung der Summe stellt hierauf der Schuldner X. dem Gläubiger A. einen Schuldschein aus. Dieser wird nach § 952 Eigentum des Gläubigers. Mithin kann A. über den Schuldschein nach Belieben verfügen. Wenn X. die Forderung nach Eintritt der Fälligkeit der Schuld tilgen will und daher den Schuldschein nebst Quittung von A. herausverlangt, so ist er hierzu nach § 371 vollkommen berechtigt. Da nun A. nicht imstande ist, den Schuldschein herauszugeben, so kann X. von A. nach § 371 das öffentlich beglaubigte Anerkenntnis verlangen, daß die Schuld erloschen sei. Dieses bietet A. dem X. an. Trotzdem klagt X. auf Herausgabe des Schuldscheines. Diese kann er auch gegen Bezahlung der Schuld nicht verlangen, da A. nach § 952 Eigentümer desselben war und seine Verfügung darüber auch dem Dritten B. Eigentum überträgt. Weiter klagt X. auf Zahlung von 9000 M., indem er mit seiner Darlehnsschuld von 1000 M. gegen den von A. durch den Schuldschein gemachten Gewinn von 10000 M. aufrechnet. Es sind daher folgende zwei Fragen zu beantworten: a) Kann X. auf 10000 M. klagen? b) Wenn ja, kann er mit seiner Forderung von 10000 M. gegen die des A. von 1000 M. kompensieren? Beides ist zu bejahn. Zwar konnte A. nach § 952 über den Schuldschein als dessen Eigentümer verfügen. Aus einem Vertrag oder Delikt haftet er also für dessen Verkauf nicht. Eine Schadensersatzklage kann daher die Klage des X. nicht sein. Wohl aber kann es eine Bereicherungsklage nach § 812 sein. Ein Rechtsgrund zur Übergabe des Schuldscheins an A. hat zwar früher bestanden, nämlich das mit der Hingabe des Darlehns verbundene Rückzahlungsversprechen. Der rechtliche Grund ist aber später durch das Angebot der Zahlung weggefallen. Es fragt sich nur, ob A. den Eigentumserwerb auf Kosten des X. gemacht hat. Das ist auch zu bejahn, denn X. hätte den Schein in derselben Weise verkaufen und dafür 10000 M. erhalten können. Daß er das getan hätte, ist sehr unwahrscheinlich, da ein Mann in der Stellung des X. sich selbst schädigen würde, wenn er mit seinem Autogramm Handel triebe. Aber eine Bereicherungsklage wird dadurch m. E. nicht ausgeschlossen. Es dürften also die Voraussetzungen des § 812, insbesondere der § 812 Abs. 1 Satz 2 vorliegen. X. hat daher gegen A. einen Anspruch auf Herausgabe der Bereicherung. Diese beträgt, wie ohne weitres klar ist, 10000 M. Kompensieren kann X. nach §§ 387, 388, denn die fraglichen Forderungen von 10000 M. und 1000 M. sind als Geldforderungen gleichartig, sie sind beide fällig, und die Aufrechnung ist dem andern Teile gegenüber erklärt. Auch ist kein Hindernis der Aufrechnung darin zu erblicken, daß X. — also nicht der Gläubiger, sondern der Schuldner der Summe von 1000 M. — die Aufrechnung erklärt, denn der Zweck der §§ 387 ff. ist Vereinfachung des Prozeßbetriebs. Wenn aber A., wie hier gar nicht unbedingt aus dem Text hervorgeht, das Aufrechnungsrecht ev. bestreitet, so tut er dies ohne jedes Interesse. Im Interesse der Vereinfachung des Prozeßbetriebs dürfte daher die Aufrechnung auch hier erlaubt sein. Somit kann X. mit der Forderung des A. von 1000 M. gegen seine eigene Forderung von 10000 M. gegen A. aufrechnen und demgemäß auf Zahlung von 9000 M. gegen A. klagen. Die Widerklage des A. auf 1000 M. wird dagegen abgewiesen. Damit sind die unter Nr. 1 zu beantwortenden Fragen erledigt.

Frage 2. Nach § 402 hat der neue Gläubiger C. nur einen persönlichen Anspruch gegen den Abtretenden — also den A. — auf Herausgabe der zum Beweise der Forderung dienenden Urkunden, aber nur, soweit sie sich in dessen Besitze befinden. Der A. hat aber den Schuldschein nicht mehr, denn er hat ihn an B. verkauft, also würde C. schon mit einer Klage gegen A., falls sie nur auf Herausgabe des Schuldscheins ginge, abgewiesen werden, um so mehr wird er es aber, wenn er gegen den rechtmäßigen Eigentümer B. klagt, da er zu diesem überhaupt in keinem Verhältnis steht. Auch eine Bereicherungsklage des C. gegen B. ist übrigens ausgeschlossen, da B. gar nicht bereichert ist, sondern einen sehr hohen Preis — vielleicht einen zu hohen — für den Schuldschein bezahlt hat. (Im Verkehr pflegen Autogramme von noch lebenden Personen im allgemeinen viel niedriger im Werte zu stehn als die von Verstorbenen.)

Fall 254. (Schücks Zivilrechtspraktikum Seite 36.)

a) Nach § 1357 hat die Ehefrau des A., indem sie Backwaren kaufte, im Bereiche ihrer Schlüsselgewalt gehandelt, denn sie handelte innerhalb ihres häuslichen Wirkungskreises. Das Geschäft gilt daher als im Namen des Mannes abgeschlossen. Die Voraussetzungen der §§ 387 ff. liegen im übrigen vor, denn beide Forderungen sind als Geldforderungen gleichartig, sie sind fällig und die Aufrechnung soll dem A. gegenüber noch erklärt werden. B. kann also mit seiner Kaufgeldforderung gegen die Mietsforderung des A. aufrechnen.

b) Hier kann nicht aufgerechnet werden, wenigstens nicht sofort, sondern erst am 1. März. Wenn B. sich schriftlich verpflichtet, dem A. am 1. März ein Darlehn von 1000 M. zu geben, so ist das ein Darlehnsvorvertrag im Sinne des § 610, also ein gewöhnlicher Vertrag, in welchem zugleich ein Schuldversprechen enthalten ist. Die Leistung des B. aus diesem Versprechen ist aber erst am 1. März 1901 fällig, die Klage wird dagegen, wie den Umständen zu entnehmen ist, vor dem 1. März angestellt. Die Klage ist also abzuweisen. Somit ist auch die Aufrechnung ausgeschlossen.

Fall 266. (Schücks Zivilrechtspraktikum Seite 39.)

A. und B. haften dem C. als Gesamtschuldner nach § 421, ob aus einer teilbaren oder unteilbaren Leistung, ist nicht gesagt, soll also gleichgültig sein, auch nicht, ob die Haftung sich auf einen Vertrag gründet oder nicht. Der Gläubiger C. kann demgemäß die Leistung nach Belieben von jedem der Schuldner ganz oder nur zu einem Teile fordern, und bis zur Bewirkung der ganzen Leistung bleiben sämtliche Schuldner verpflichtet. C. tritt nun seine Forderung, soweit sie sich gegen A. richtet, an D. ab. Dadurch — das soll bewiesen werden — kann C. nicht bewirken, daß die Schuldner A. und B. nur noch die Hälfte schulden, also B. dem C. die Hälfte und A. dem Zessionar D. die Hälfte, sondern es schulden weiter B. dem C. das Ganze und A. dem D. das Ganze (§ 425). Das Gesamtschuldverhältnis ist also insofern modifiziert, aber nicht aufgehoben.

Fall 271. (Schücks Zivilrechtspraktikum Seite 40.)

Indem A. behauptet, B. habe die 1000 Stück Zigarren bestellt und er, der A., habe sie ihm geliefert, stützt er sich mit seiner Klage in erster Linie auf einen Kaufvertrag. Über die Verteidigung des B. enthält der Text keine Angaben. Ich will daher annehmen, daß er alles bestreitet, also sowohl die Bestellung als auch die Lieferung, ebenso natürlich, daß er die Zigarren geraucht habe. Indem B. die Bestellung bestreitet, bestreitet er den Abschluß des Kaufvertrags, denn dieser kommt zustande durch Bestellung (Antrag) und Annahme. Somit muß A. beweisen, daß eine Bestellung und Annahme und daher auch ein Kaufvertrag vorliege.

1. Beweist A. die Bestellung und deren Annahme, so müßte also über die Lieferung Beweis erhoben werden. In bezug auf diese ist B. m. E. beweispflichtig, weil die Behauptung der Lieferung, wie ich annehme, nicht zur Klagbegründung gehört und daher die Behauptung der Nichtlieferung eine Einrede darstellt (§ 320). B. muß also beweisen, daß nicht geliefert worden ist. Gelingt ihm dies, so wird die Klage zwar nicht abgewiesen, wohl aber wird B. zur Zahlung gegen Lieferung verurteilt. Die Frage, ob B. die Zigarren geraucht hat, kommt dann nicht in Betracht.

2. Beweist A. die Bestellung und deren Annahme nicht, so kommt wieder die Lieferungsfrage in Betracht. Die Lieferung hat jetzt A. zu beweisen. Gelingt ihm der Beweis der Lieferung nicht, so wird er abgewiesen. Die Frage des Verbrauchs der Zigarren kommt auch in diesem Falle nicht in Betracht. Gelingt dem A. der Beweis der Lieferung — und damit komme ich zu dem Fall, den der Verfasser des Textes als den lehrreichsten wohl in erster Linie erörtert wissen will —, so bleibt dem B. immer noch der Einwand, daß er zwar die Zigarren, nicht aber die in der Lieferung liegende Offerte des A. angenommen habe. Er kann also behaupten, daß keine Annahme im juristischen Sinne vorliege. Dafür ist B. m. E. jetzt beweispflichtig. Hier kommen wieder zwei Möglichkeiten in Betracht.

a) B. hat die Zigarren ruhig zu Haus stehen lassen. Dann braucht kein Vertrag zustande gekommen zu sein, und zwar aus folgenden Gründen: Wenn man jemandem eine Ware unbestellt — gleichgültig ob mit oder ohne Rechnung — zusendet, so liegt hierin ein Angebot zum Abschluß eines Kaufvertrags unter Abwesenden. Wer eine solche unbestellte Sache erhält, muß daher — vorausgesetzt, daß er nicht Kaufmann ist, oder mit dem Offerenten in Geschäftsverbindung oder zu ihm in sonstiger naher Beziehung steht — innerhalb der in § 147 Abs. 2 festgesetzten Frist antworten, wenn er die Offerte annimmt. Tut er es nicht, so gilt sein Stillschweigen als Ablehnung. B. hat nun nicht geantwortet. Da hier keiner der Ausnahmefälle des § 151 vorliegt, in denen nach der Verkehrssitte eine Annahmeerklärung nötig ist (s. o.), so war von B. zu erwarten, daß er im Falle der Annahme der Zigarren antworten würde. Sein Stillschweigen gilt daher noch nicht als Annahme (vgl. Fall 216). Beweist B., daß die Zigarren noch bei ihm liegen, so ist die Klage abzuweisen. Sie wäre aber selbst dann abzuweisen, wenn sich die Zigarren bei ihm nicht mehr vorfänden, vorausgesetzt, daß dies nicht infolge Vorsatzes oder grober Fahrlässigkeit der Fall ist. Eine besondere Verwahrungspflicht für nicht bestellte Sachen besteht im Verkehr nicht (ähnlich z. B. bei Zusendung unbestellter Bücher).

b) B. hat die Zigarren geraucht. Dann bestehen wieder zwei Möglichkeiten. Erstens kann B. die Zigarren geraucht haben, weil er sie für die seinigen hielt, also irrtümlich, oder aus ähnlichen Gründen. Dann ist er bereichert, denn er hat Zigarren, die er sich andernfalls doch vermutlich angeschafft hätte, umsonst erhalten. Er haftet also nach § 812. Darauf gehen die Worte des A.: „ev. habe B. die ihm mit einer über 100 M. lautenden Rechnung gelieferten 1000 Zigarren verbraucht". Zweitens ist — worüber sich aber streiten läßt — auch folgendes möglich: In der Lieferung der unbestellten Zigarren liegt ein Vertragsantrag. B. hat die Annahme desselben nicht ausdrücklich erklärt, er hat sie aber nachträglich stillschweigend erklären wollen, indem er die Zigarren geraucht hat. Dabei liegt aber der Einwand nahe, daß ein Vertrag hier deshalb nicht zustande kommen kann, weil die Annahmeerklärung nicht, wie es § 147 verlangt, dem Gegner zugegangen ist. Ich glaube aber in solchen Fällen unbedenklich den § 151 anwenden zu dürfen, wonach im Falle des Verbrauchs in dem Wunsche, den Antrag dadurch nachträglich noch anzunehmen, eine ausdrückliche Annahmeerklärung nach der Verkehrssitte zum Zustandekommen des Vertrags nicht erforderlich ist. Sonach würde die Klage des A. hier unter Umständen auch den Charakter einer Vertragsklage (§§ 433 ff.) haben können, nämlich insbesondere dann, wenn er beweisen kann, daß B. durch den Verbrauch nachträglich noch den Vertrag schließen wollte. (Vgl. Rosenthal, Anm. 13 zu § 151.)

Anm. Man spricht in diesem Falle von einer kumulativen Konkurrenz von Kauf- und Bereicherungsklage. Wie sehr sich beide Klagen in bezug auf Klagbegründung, Verteidigung und Beweislast unterscheiden, ist kurz darzustellen versucht worden.

Fall 273. (Schücks Zivilrechtspraktikum Seite 40.)

Zwischen B. und A. liegt ein Kaufvertrag nach § 433 vor, kein Werkvertrag, da der Gehrock beim Vertragsabschluß bereits fertig ist. Die Lieferung durch den Verkäufer B. ist erfolgt, die Annahme durch den Käufer A. aber noch nicht, da dieser die Abnahme verweigert. Wenn B., auf den Kaufpreis belangt, einwendet, der von ihm gekaufte Rock sei zweireihig gewesen, während der von B. angebotene Rock einreihig sei, so bestreitet er m. E., daß über den einreihigen Rock überhaupt ein Kaufvertrag zustande gekommen sei. Das ist aber ein Leugnen des Klaggrundes. (Ich nehme an, B. gibt zu, daß der angebotene Gehrock einreihig ist und bestreitet nur die Vereinbarung wegen des zweireihigen.) Der Kläger B. muß also nach den allgemeinen Grundsätzen der ZPO. das Zustandekommen des Vertrags, also insbesonde die Behauptung, daß die Lieferung eines einreihigen Gehrocks vereinbart sei, beweisen.

Unrichtig ist es somit m. E., wenn man die Verteidigung des A., was naheliegt, als bloße Geltendmachung einer Mängeleinrede im Sinne der §§ 459 ff. ansehen wollte. Denn in diesem Falle ist die Voraussetzung, daß die gelieferte Sache dieselbe ist, wie die vom Käufer ausgewählte und infolgedessen für ihn zur Absendung bereit gestellte. Ebensowenig ist die oben erwähnte Frage, ob A. in Annahmeverzug ist, zu erörtern, da A. gar nicht bestreitet, daß er den Rock nicht angenommen hat. Die Fragen kämen erst dann in Betracht, wenn B. seinen Klaggrund bewiesen hätte, wenn er also bewiesen hätte, daß der Vertrag über den gelieferten einreihigen Rock abgeschlossen worden sei.

Anm. Die Frage, ob eine speziell bestimmte Sache gekauft worden ist, kommt hier nicht in Betracht; sie ist mehr für die Gefahrhaftung im Falle des Untergangs der Sache von Bedeutung. Ein fertiger Gehrock kann zwar beim Kauf nur generell bestimmt werden, indem der Vertrag über „einen Gehrock“ abgeschlossen wird, ohne daß dieser näher bestimmt wird. Es ist aber im Verkehr Sitte, daß man einen Rock vorher anprobiert und dieser dann für den Käufer zur Absendung bereit gestellt wird. Die Absicht der Parteien geht also dann auf Lieferung des bestimmten Gehrocks. Die erste Möglichkeit, daß der Kauf ohne spezielle Bestimmung geschlossen wird, wird meistens bei Kaufleuten vorliegen, die große Posten derselben Sorte auf einmal einkaufen.

Fall 283. (Schücks Zivilrechtspraktikum Seite 42.)

Zwischen B. und A. besteht ein Kaufvertrag (§§ 433 ff.). Wenn A. für den Fall seiner Abwesenheit seiner Vermieterin die Summe von 10 M. zur Bezahlung der ersten Rate mit dem Auftrage übergibt, sie dem Überbringer der Maschine auszuhändigen und die Maschine anzunehmen, so ist das ein Auftrag im Sinne der §§ 662 ff., der von der Wirtin angenommen wird. Nach außen hin dagegen hat die C. von A. Vertretungsmacht im Sinne der §§ 164 ff., und zwar durch Rechtsgeschäft erteilte Vertretungsmacht, also Vollmacht im Sinne des § 166 Abs. 2. Wenn daher die C. die Maschine annimmt, so wirkt diese Annahme nach § 164 unmittelbar für und gegen den Vertretenen, also den A., mithin hat A. die Maschine in dem Augenblick angenommen, in welchem sie die Wirtin annimmt. Dieser Umstand ist entscheidend für die Frage der Haftflicht des A. Nach § 446 geht mit der Übergabe der gekauften Sache die Gefahr des zufälligen Untergangs oder der zufälligen Verschlechterung der Sache auf den Käufer über. Wenn nun die Maschine von der C. in das Zimmer des A. auf den Tisch gestellt wird, von diesem herunterfällt und stark beschädigt wird, so ist dies alles erst nach der Übergabe geschehen. Das Herunterfallen der Maschine ist aber ein Zufall, den nach der Übergabe der Käufer zu tragen hat. Wenn daher A. die Maschine dem Boten zur Reparatur zurückgibt und B. sie annimmt, so entsteht damit ein neuer Vertrag, und zwar ein Werkvertrag, der von dem Kaufvertrag unabhängig ist. Nach § 632 ist für diesen eine Vergütung als vereinbart anzusehen. B. kann also die Reparaturkosten von 30 M. von A. beanspruchen. A. kann sich, wenn er die Bezahlung der Reparaturkosten verweigert, höchstens noch wie folgt verteidigen: Daß die Maschine übergeben war und A. daher nach § 446 die Gefahr des zufälligen Untergangs bzw. der zufälligen Verschlechterung derselben zu tragen habe, wird zugegeben. Die Beschädigung der Maschine ist aber gar nicht durch Zufall entstanden, sondern dadurch, daß dieselbe mangelhaft war. Daraus nämlich, daß sie durch den Fall vom Tisch herunter so stark beschädigt wurde, ergibt sich die Vermutung, daß Mängel im Sinne der §§ 456 ff. vorlagen. Dagegen wird B. geltend machen, daß eine Schreibmaschine ein so zerbrechlicher Gegenstand ist, daß es als sehr leicht möglich — vielleicht sogar als selbstverständlich — zu bezeichnen ist, daß sie beim Herabfallen von einem Tische beschädigt wird. Der Richter, welcher keine genügende Fachkenntnis besitzt, wird hierüber einen genannten oder von ihm bestimmten Sachverständigen zu vernehmen haben. Die richtige Ansicht ist vermutlich die des B. Daher ist die Einrede des A. zurückzuweisen.

Ist es für die Entscheidung von Belang? usw. Wo die Maschine übergeben wurde, ob in der Wohnung des A. oder im Geschäft des B., ist ganz gleich, da es feststeht, daß im Augenblick des Ereignisses die Übergabe erfolgt war. Die Frage nach dem Erfüllungsort ist daher nicht zu erörtern.

Anm. Die Frage, ob die Wirtin dem A. wegen der Beschädigung der Maschine aus dem Auftragsverhältnis haftet, hängt von der weiteren Frage ab, ob sie bei Ausführung des Auftrags fahrlässig gehandelt hat. Die C. hat vermutlich die Maschine auf den Tisch schlecht hingestellt, sonst hätte sie nicht herunterfallen können. Auch dies könnte durch Sachverständige noch besonders festgestellt werden. Die C. hat also die im Verkehr erforderliche Sorgfalt verletzt, somit fahrlässig gehandelt. Über die Folgen dieser Fahrlässigkeit, insbesondere über die eintretende Schadensersatzpflicht, geben die §§ 662 ff keine Auskunft, es kommen daher die allgemeinen Schadensersatzvorschriften der §§ 249 ff., besonders § 276, in Betracht. Danach hat der Schuldner, sofern nicht ein andres bestimmt ist, Vorsatz und Fahrlässigkeit zu vertreten. Die Wirtin ist nun Schuldnerin aus dem Auftrag, hat somit dem A. Schadensersatz zu leisten. Nach den §§ 249 ff. hat sie also den früheren Zustand wiederherzustellen und demgemäß die 30 M. Reparaturkosten zu bezahlen.

Fall 287. (Schücks Zivilrechtspraktikum Seite 43.)

Der zwischen B. als Verkäufer und A. als Käufer abgeschlossene Kaufvertrag ist mit einem Nebenvertrag dahingehend verbunden, daß die Haftung für Mängel ausgeschlossen sein soll. Aus § 476 (e contrario) ergibt sich, daß ein solcher Nebenvertrag nichtig ist, wenn der Verkäufer den Mangel arglistig verschweigt. Ein solches arglistiges Verschweigen macht der Käufer A. geltend, indem er von Betrug spricht (jedes arglistige Verschweigen enthält einen Betrug) und demgemäß auch das nach den §§ 462, 463 ihm zustehende Recht der Wandelung. Eventuell macht er das Nichtvorliegen zugesicherter Eigenschaften geltend. (A. drückt sich unklar aus.) B., der Verkäufer, bestreitet, wie anzunehmen ist, den Betrug, ebenso die Zusicherung bestimmter Eigenschaften, gibt das Vorliegen eines Fehlers zu, behauptet aber — das ist der Sinn seiner Ausführungen —, daß dieser nur eine unerhebliche Minderung des Wertes der Sache im Sinne des § 459 Abs. 1 Satz 2 herbeiführe und daher nicht in Betracht komme. Dies ist der den Ausführungen der Parteien zu entnehmende, hier nicht ganz einfache Tatbestand unter juristischen Gesichtspunkten betrachtet.

Beim Vorliegen einer Täuschung durch arglistiges Verschweigen von Fehlern ist nun für jeden Mangel — auch für den kleinsten — zu haften, nämlich auf Grund von § 823. In diesem Falle ist es nach § 476 für die Haftung gleichgültig, daß die Haftung für Mängel ausgeschlossen ist. Ein arglistiges Verschweigen von Fehlern ist aber, wie jeder dolus, niemals zu vermuten. A. muß es daher beweisen. Zum Beweise führt er nur an, B. habe eine achtmalige Vergrößerung zugesichert, ohne sich vorher zu überzeugen, ob das auch wahr sei. Damit behauptet er aber nur das Nichtvorhandensein einer zugesicherten Eigenschaft. Dieses braucht nicht unbedingt auf dolus zu beruhen. Es bleibt immer noch die Möglichkeit, daß B. von der Mangelhaftigkeit des von ihm verkauften Fernrohres nichts wußte. Die genannte Vermutung gegen den dolus ist also nicht widerlegt. Somit ist auch nach § 476 (e contrario) der Vertrag betreffend Ausschließung von

Mängeln gültig und eine Wandlung auf Grund des § 463 Satz 2 seitens des A. ausgeschlossen.

Es fragt sich weiter, ob A., nachdem sich sein erster Klaggrund als hinfällig erwiesen hat, die Rückgängigmachung darauf stützen kann, daß bei den Verhandlungen zwischen ihm und B. immerhin noch eine Zusicherung bestimmter Eigenschaften (dicta et promissa) seitens des B. erfolgt sei (§ 463 Satz 1). Auch in diesem Falle wäre nicht nur für wesentliche Mängel, sondern für jeden Mangel zu haften. Indessen erreicht A. auch damit nichts, denn die Vereinbarung betreffend Ausschließung von Mängeln führt zweifellos dazu, daß die Zusicherung bestimmter Eigenschaften bedeutungslos wird. Die Vereinbarung geht also der Zusicherung vor. Das ergibt sich aus § 476 e contrario.

Die vorliegende Frage ist damit gelöst. Instruktiv ist aber die Betrachtung des Falls, wenn man annimmt, die Mängelhaftung wäre von den Parteien nicht ausgeschlossen worden. Dann könnte sich A. auf das Fehlen zugesicherter Eigenschaften (§ 459 Abs. 2, § 463 Satz 2) stützen. A. hat ein Fernrohr zu Jagdzwecken gekauft, welches eine achtmalige Vergrößerung bewirken sollte. Aus dem „sollte" geht aber m. E. noch nicht hervor, daß die Vergrößerung zugesichert worden ist. Wenn A. dies behauptet, muß er es, da es als bestritten anzusehen ist, beweisen. Beweist er es, so würde A. den Kauf allerdings rückgängig machen können, denn ein kleiner Fehler ist mindestens vorhanden und wird vom Beklagten sogar zugegeben. Der Umstand, daß man im Handel mit optischen Instrumenten die Angaben über Vergrößerung nur annähernd zu machen pflegt, kommt zugunsten des Beklagten gegenüber der Klage aus § 459 Abs. 2 nicht in Betracht, denn in diesem Falle ist für jeden Fehler zu haften, also auch für den unbedeutenden des § 459 Abs. 1 Satz 2.

Erreicht Kläger auch auf diesem Wege nichts, so bleibt ihm noch die Möglichkeit, sich auf die Behauptung zu stützen, es liege ein Fehler im Sinne des § 459 Abs. 1 Satz 1 vor, also ein solcher, der die Tauglichkeit des Fernrohrs zu dem gewöhnlichen oder im Vertrage vorausgesetzten Gebrauch aufhebt oder mindert. A. hat das Fernrohr zu Jagdzwecken gekauft. Da die Jagd, wenn auch vielfach, so doch nicht vorwiegend in der Dämmerung stattfindet, so ist es auch nicht unbedingt nötig, daß das Glas für den Gebrauch in derselben geeignet ist. Es ist also mindestens sehr fraglich, ob hier ein Fehler vorliegt, der die Tauglichkeit zu dem gewöhnlichen oder nach dem Vertrage vorausgesetzten Gebrauch mindert oder aufhebt. Ich möchte die Frage verneinen, besonders mit Rücksicht darauf, daß es, was Sachverständige festzustellen haben, richtig ist, daß man im Handel mit optischen Instrumenten, wie B. behauptet, die Angaben über Vergrößerung nur annähernd zu machen pflegt. Auch unter dieser Voraussetzung ist also A. wahrscheinlich mit der Klage abzuweisen, denn der Fehler des Fernrohrs ist, wie sich damit herausgestellt hat, ein unwesentlicher Fehler im Sinne von § 459 Abs. 1 Satz 2, ein solcher kommt aber nicht in Betracht.

(Vgl. im allgemeinen Rosenthal, Kom. zu §§ 459, 460, Anm. 21.)

Fall 294. (Schücks Zivilrechtspraktikum Seite 45.)

A. hat dem B. gegenüber ein Schenkungsversprechen im Sinne des § 518 abgegeben, bei welchem, wie in früheren Fällen, angenommen werden soll, daß die Form, also hier die Form des § 518, gewahrt ist. B. hat dasselbe angenommen. Der Vertrag ist zugleich ein Vertrag zugunsten eines Dritten im Sinne der §§ 328 ff. Etwas Merkwürdiges ist es, daß dieser Vertrag zugunsten einer noch gar nicht lebenden Person geschlossen wird. Indessen liegt kein Grund vor, den Vertrag deshalb als ungültig zu bezeichnen, wie dies die Erben tun. (Man denke an die Versicherungen vieler zugunsten ihrer Erben, ihrer Kinder usw.) Fraglich ist aber, wie das Schenkungsversprechen des A. auszulegen ist, weshalb also der vermutliche wahre Wille des Erblassers bei Abgabe desselben gewesen ist. In Ermangelung einer besonderen Angabe des Erblassers hat der Richter durch Auslegung seiner Bestimmung unter Zugrundelegung der §§ 133, 157 zu entscheiden. Danach dürfte wohl etwa so zu folgern sein: Wenn A. einfach bestimmt, er wolle dem erstgeborenen Sohn seines Prokuristen am Tage der Volljährigkeit 10000 M. schenken, ohne jetzt oder später nähere Bestimmungen für die verschiedenen denkbaren Möglichkeiten zu geben, so will er damit den Berechtigten m. E. begünstigen und in den Stand setzen, das Versprechen so weitgehend wie möglich auszulegen. Hätte A. dies vermeiden wollen, so hätten ihm — insbesondere ihm als gebildetem Manne und Kaufmann, der wichtige Erklärungen genau abzuwägen pflegt — sein gesunder Verstand und sein Rechtsgefühl sagen müssen, daß er dann nähere Bestimmungen geben müsse. Die Erben des A. behaupten demgegenüber, dem A. habe bei seiner Erklärung als condicio tacita, also als selbstverständliche Voraussetzung für die Wirkung des Schenkungsversprechens die Tatsache vor Augen geschwebt, daß sein Prokurist zur Zeit der Volljährigkeit von dessen Sohn noch lebe und dem A. so lange gedient habe. Die §§ 133, 157 verlangen aber hier keine solche Auslegung. Denn selbst wenn der *wahre* Wille des Schenkers, was ja nicht ausgeschlossen ist, der von den Erben des A. behauptete gewesen wäre, so ist es doch m. E. nicht dessen *vermutlicher* wahrer Wille gewesen. Für diese Ansicht, über die sich natürlich streiten läßt, dürfte auch der Umstand sprechen, daß der Eintritt der Bedingung, deren Vorliegen die Erben des A. behaupten, so wenig zu erwarten ist. Daß dem B. ein Sohn geboren und daß dieser volljährig, also 21 Jahre alt wird, ist noch etwas Normales, dem gewöhnlichen Lauf der Dinge Entsprechendes. Daß zu dieser Zeit beide Vertragsschließende noch leben, ist schon weniger wahrscheinlich, es wird dies indessen auch mit von dem Alter des A. abhängen. (Dabei ist zu bedenken, daß ein Prokurist für gewöhnlich ein Mann in gereiften Jahren ist.) Dagegen wäre es schon ein sehr seltenes Ereignis, wenn B. dem A. bis zur fraglichen Zeit gedient hätte. Für die obige Ansicht spricht ferner der Umstand, daß A., nachdem er zu seinen Lebzeiten die fragliche Bestimmung in keiner Weise zu erklären versucht hat, nicht wenigstens in einer letztwilligen Verfügung vor seinem Tode dieselbe erwähnt. Somit ist der mutmaßliche Wille des A. m. E. als dahingehend anzusehen, daß das Schenkungsversprechen ohne die bezeichnete condicio tacita wirken soll, wenn nur die an ein normales und ein leicht mögliches Ereignis geknüpfte Bedingung, daß B. einen Sohn erhält und dieser die Volljährigkeit erreicht, erfüllt wird. Hiernach und auf Grund des § 328 kann somit B. die ihm zukommenden 10000 M. von den Erben des A. herausverlangen.

Natürlich wird es möglicherweise noch andere Beweismittel geben, wie es z. B. gelegentliche Äußerungen des A. sind. Der Text gibt aber hierfür keinen Anhalt.

Fall 298. (Schücks Zivilrechtspraktikum Seite 46.)

Die einzelnen Fälle sollen den Unterschied zwischen Miete und Pacht vor Augen führen. Die Hauptunterschiede zwischen beiden bestehen darin, daß die Miete nur das Gebrauchsrecht, die Pacht dagegen das Gebrauchs- und Fruchtziehungsrecht gewährt, ferner daß Gegenstand der Miete nur körperliche Sachen sein können, Gegenstand der Pacht dagegen auch Rechte, z. B. die Ausnützung eines Nießbrauchsrechts usw. (vgl. hierüber Kom. von Rosenthal, Anm. 1 zu § 535). (Über den Fruchtbegriff, der hier als bekannt vorausgesetzt wird, vgl. §§ 99 ff.)

α) Hier liegt Miete vor, denn das Wohnhaus kommt in erster Linie als solches in Betracht. Die Überlassung des zugehörigen Obst- und Gemüsegartens gewährt dem A. allerdings einen Fruchtgenuß, aber dieser soll im Vergleich mit dem Gebrauchsrecht an dem Hause nur ein nebensächlicher sein, ebenso wie der Garten selbst im Verhältnis zum Hause nur Nebensache ist. (Zubehör im Sinne des § 97 ist er nicht, da das nur bewegliche Sachen sein können.)

β) Es liegt Pacht vor, da das Hotel mit Inventar dem A. überlassen worden ist und A. berechtigt ist, das Hotel auf eigene Rechnung zu betreiben. Dadurch wird dem A. die Möglichkeit gegeben, aus dem Hotelbetrieb einen Erwerb zu machen. Daraus ergibt sich, daß A. an dem Hotel nicht nur ein Gebrauchsrecht (Wohnungsrecht) haben soll, sondern vor allem auch ein Fruchtziehungsrecht im Sinne des § 581 (vgl. HGB. § 22 Abs. 2).

γ) Es liegt Pacht vor, da dem A. nicht nur die Benutzung der Räumlichkeiten der Restauration, sondern auch der Bierverschank in derselben überlassen worden ist. Durch Betrieb der Restauration wird A. in die Lage versetzt, einen Erwerb zu treiben. Daran hindert ihn voraussichtlich nicht die im Vertrage übernommene Verpflichtung, das Bier zum Betriebe der Restauration zu einem bestimmten Preise von der Brauerei — also der Verpächterin — zu beziehen, denn dieser Preis ist im Zweifel geringer als der von A. erzielte Verkaufspreis, so daß A. noch einen Gewinn macht. Also gilt das unter β Gesagte. (Zweifelhaft kann man in diesen Fällen sein. Ein Kaufmann z. B. „mietet" seine Geschäftsräume. Warum?)

δ) Es liegt Pacht vor, denn die Überlassung der Benutzung der Wasserkraft gewährt ein Recht, nämlich ein Nießbrauchsrecht. Gegenstand der Miete kann aber ein Recht nicht sein. Außerdem kann A. den Betrieb der Mühle als Gewerbe betreiben. (Man kann auch die Wasserkraft als eine Frucht des Grundstücks ansehen und sie zu der „sonstigen Ausbeute“ des § 99 Abs. 1 rechnen.)

ε) Hier liegt weder Miete allein noch Pacht vor, sondern eine Kombination von Sachmietevertrag und Werkmietvertrag. Das Überlassen des dritten Stockwerks seitens des B. an A. ist natürlich Miete, die Lieferung von Elektrizität ist aber Lieferung einer Kraft, also eines Erfolges. Der Vertrag, durch den sich jemand zur Lieferung von Elektrizität gegen Entgelt verpflichtet, ist daher Werkmietvertrag im Sinne der §§ 631 ff. Hierbei ist wieder, wie in Fall α, zu fragen, ob nach Absicht der Parteien die Lieferung der Elektrizität nicht etwas Nebensächliches sein soll und daher der Werkvertrag überhaupt nicht in Betracht kommt. Das ist hier zu verneinen, denn offenbar sind beide Leistungen von den Parteien als gleichwertige anerkannt (wichtig z. B. für die Geltendmachung von Mängeln).

Anm. Die Elektrizität wurde früher als bewegliche Sache angesehen und daher deren Lieferung als Lieferung einer beweglichen Sache betrachtet. Das Reichsgericht hat indessen im Sinne der obigen Ansicht entschieden.

Andere wichtige Unterschiede zwischen Pacht und Miete bestehen in Ansehung

1. des Pfandrechts: § 585 BGB., § 49 Ziff. 2 KO.,
2. der Kündigungsfristen: §§ 595—565,
3. der Kündigungsgründe: § 596,
4. der Zulässigkeit der Afterpacht,
5. der Zinszahlung: §§ 584—551.

Fall 302. (Schücks Zivilrechtspraktikum Seite 47.)

Wenn B. dem A. seine Lokalitäten zur Betreibung einer Möbelfabrikation im allgemeinen vermietet, so ergibt sich aus der ausdrücklichen Hervorhebung der Worte „im allgemeinen“ die Absicht der Parteien, daß die Wohnung sich in einem Zustande befinden muß, der jede Art von Möbelfabrikation gestattet. Diese Beschaffenheit der Wohnung ist also eine wesentliche Eigenschaft derselben, ohne deren Vorliegen A. vermutlich den Vertrag nicht abgeschlossen hätte. Die Herstellung von Polstermöbeln gehört nun zweifellos zur Möbelfabrikation „im allgemeinen“ und ist sogar ein wichtiger Zweig derselben. Das Verbot der Zollbehörde bewirkt also, daß dem A. der vertragsmäßige Gebrauch der Wohnung, die sich ja zunächst in dem hierzu geeigneten Zustande befand, wieder entzogen wird. Es liegt somit eine teilweise Entziehung des vertragsmäßigen Gebrauchs im Sinne des § 542 vor. (§ 537 kommt nicht in Betracht, da A. vom Vertrage zurücktreten will.) Demnach kann der Mieter ohne Einhaltung einer Kündigungsfrist kündigen. Nach § 542 Abs. 1 Satz 2 ist aber die Kündigung erst zulässig, wenn der Vermieter eine ihm vom Mieter bestimmte angemessene Frist hat verstreichen lassen, ohne Abhilfe zu schaffen. A. hat diese Frist am 1. März gesetzt und zwar sind zwei Wochen m. E. angemessen. Nachdem die Frist am 15. März erfolglos abgelaufen ist, kann A. ohne Einhaltung einer Kündigungsfrist ausziehen. Doch scheint es mir, daß die nach erfolglosem Ablauf der Frist — also zwischen 15. März und 1. April — erhobene Feststellungsklage abzuweisen ist, denn es fehlt das Erfordernis des Interesses an alsbaldiger Feststellung, weil A. nach dem oben Ausgeführten am 1. April ohne Einhaltung einer Kündigungsfrist ausziehen kann (§ 256 ZPO.). Die Klage des A. auf Feststellung seiner Berechtigung, vom Vertrage zurückzutreten, ist also vor dem 1. April m. E. unbegründet. Aber auch später wäre sie es, denn A. kann eben ausziehen und die Klage des B. auf Mietzahlung erwarten.

Der Einwand des B., daß es sich nur um eine unerhebliche Einschränkung des vertragsmäßigen Gebrauchs im Sinne des § 542 Abs. 2 handele, ist, wie das am Eingang Gesagte ergibt, zu verwerfen. Die Behauptung des A. dagegen, daß sein Rücktrittsrecht ev. um deswillen begründet sei, weil der Beklagte die ihm obliegende Leistung wegen eines von ihm zu vertretenden Umstandes nicht bewirken könne, ist richtig, wenn sie ihn auch nicht vor der Klagabweisung schützt. A. nimmt damit Bezug auf § 325. Gewiß beruhte auf dieser ergänzend anzuwendenden Vorschrift das Recht des A., nur war es m. E. falsch, daß er dieses Recht im Wege einer Klage, insbesondere einer Feststellungsklage, geltend machte. Ich gebe aber zu, daß man hierüber anderer Meinung sein kann, indem man die Feststellungsklage für begründet erachtet.

Fall 304. (Schücks Zivilrechtspraktikum Seite 48.)

Der B. hat das obere Stockwerk dem A. in einem Zustande zu gewähren, der so beschaffen ist, daß von den Sachen des Mieters nichts beschädigt werden kann. Dafür ist in diesem Falle, da es sich um das obere Stockwerk handelt, vermutlich der Zustand des Daches von Bedeutung. Dieses muß die Sachen des Mieters vor Nässe schützen, da sonst der Betrieb eines Pianofortegeschäftes gestört wird. Wenn nun im Laufe der Mietzeit durch das Dach das Vermieters Regen eindringt, so ist das ein nach der Überlassung der Mietsache an den Mieter, also ein im Laufe der Miete entstehender Fehler, der den vertragsmäßigen Gebrauch derselben mindert. Es liegt daher der Fall des § 537 vor. A. stützt sich aber nicht auf § 537, denn er macht keine Minderung des Mietzinses geltend, sondern Schadensersatz. A. stützt sich somit auf § 538. Diese Gesetzesstelle setzt noch mehr voraus als § 537. Unter anderem enthält sie auch den Fall, daß der Mangel infolge eines Umstandes entstanden ist, den der Vermieter zu vertreten hat (vgl. §§ 276, 278). Ein solcher Mangel liegt hier vor, da B. als Hauseigentümer zur rechtzeitigen Instandhaltung des Daches verpflichtet war. In der Unterlassung derselben liegt eine Nichtanwendung der im Verkehr erforderlichen Sorgfalt, also eine Fahrlässigkeit im Sinne des § 276. Durch den Mangel der Mietsache erleidet A. einen Schaden, denn das Klavier wird durch die Nässe beschädigt und sein Wert dadurch vermindert. A. kann also auf Grund von § 538 Schadensersatz wegen Nichterfüllung von B. verlangen.

Sollte dem B. keine Fahrlässigkeit zur Last fallen, z. B. weil er den Eintritt des Schadens aus irgendeinem Grunde nicht erwarten konnte, so bleibt dem A. natürlich immer noch die Möglichkeit, sich auf § 537 zu stützen und Minderung bzw. Aufhebung des Mietzinses zu verlangen.

Fall 309. (Schücks Zivilrechtspraktikum Seite 49.)

Die Universität ist in Deutschland eine öffentliche Unterrichtsanstalt. Der Professor ist ein Lehrer an derselben. Wenn dieser aber einen Ruf an eine andere Universität erhält, so ist das keine Versetzung im Sinne des § 570. Versetzung ist Anweisung der vorgesetzten Dienstbehörde an einen Beamten, seinen Wohnsitz an einem anderen Orte als dem bisherigen zu nehmen. Eine solche liegt beim Professor nicht vor, weil er nur einen Ruf erhält. Darin liegt ein Angebot der anderen Universität, dessen Annahme dem Professor völlig freisteht. Auf ihn findet daher im vorliegenden Falle § 552 Anwendung. Er wird durch einen in seiner Person liegenden Grund — das ist die Annahme des Rufs an eine andere Universität — an der Ausübung des ihm zustehenden Gebrauchsrechts verhindert. Dadurch wird er aber nicht von der Zahlung des Mietzinses befreit. Wenn also A. nach Ablauf der drei Jahre das Mietverhältnis kündigt und Zahlung des weiteren Mietzinses für das dritte bis fünfte Jahr verweigert, so ist dies unberechtigt. Er darf nicht einmal unter Einhaltung der gesetzlichen Kündigungsfrist kündigen. Somit ist A., auf die Klage des B. hin, zur Zahlung der Restmiete zu verurteilen.

B. hat nun erst nach Ablauf der Mietzeit gegen A. geklagt, nicht gleich nach dem Auszuge des A. Es könnte daher fraglich erscheinen, ob die Klaganstellung nicht vielleicht verspätet war. Das ist aber zu verneinen. Denn der Vertrag ist auf fünf Jahre geschlossen; es genügt daher, wenn der Vermieter die Nichtannahme der Kündigung erklärt. B. konnte daraufhin zunächst eine Äußerung des A. darüber erwarten, ob er bei seiner Kündigung bleiben wolle. Ein Rücktritt seitens des B. liegt dagegen nicht vor, vielmehr bleibt der Vertrag bestehn. Das wäre z. B. auch für den Fall wichtig, daß A. vor Ablauf der Mietzeit wieder zurückkehrt und Einräumung der Wohnung verlangt. Dazu wäre er berechtigt, und B. hätte ihm dann die Wohnung im vertragsmäßigen Zustande zur Verfügung zu stellen. B. kann übrigens schon deshalb nicht sofort nach dem Auszug des A. auf den ganzen Mietzins klagen, weil die Leistung vor Ablauf der ganzen Mietzeit vermutlich noch nicht einmal fällig ist, wenigstens wenn man annimmt, daß der Mietzins, wie gewöhnlich bei größeren Wohnungen — auch im Falle des Mietens auf bestimmte längere Zeit — vierteljährlich bezahlt wird.

Aus allen diesen Gründen handelt B. ganz richtig, wenn er erst nach Ablauf der Frist von zwei Jahren — also nach Ablauf der verabredeten Mietzeit — gegen A. Klage auf die Restmiete erhebt. Er muß daher mit dieser Klage durchdringen.

Nach § 552 Satz 2 muß sich B. natürlich den Wert der in den zwei Jahren ersparten Aufwendungen sowie diejenigen Vorteile anrechnen lassen, die er aus einer anderweitigen Verwertung des Gebrauchs erlangt. B. ist aber nicht etwa gezwungen, die Wohnung zu vermieten, vielmehr muß er sie, während der zwei Jahre, wie oben gesagt, für A. bereit halten und macht sich, falls er es nicht tut, schadensersatzpflichtig. Vermietet also B. trotzdem und A. kommt nicht wieder, so kann A. gegenüber der später von B. angestellten Klage den Einwand nach § 552 Satz 2 erheben. Diesen muß er allerdings beweisen können. Vielfach vermietet der Vermieter in solchen Fällen und verläßt sich darauf, daß der Mieter den Einwand im Prozesse nicht geltend macht. Geschieht dies nicht, so erlangt er einen besonderen Vorteil. Macht der Mieter dagegen den Einwand geltend, so muß er sich den entsprechenden Abzug gefallen lassen, bzw. sich auf vollständige Abweisung der Klage gefaßt machen.

Anm. Wenn der Professor nach Ablauf der $3^1/_4$ Jahre auszieht, wird er vermutlich auch seine Möbel mitnehmen. Wie steht es in diesem Falle mit der Geltendmachung des gesetzlichen Pfandrechts des § 561?

Fall 324. (Schücks Zivilrechtspraktikum Seite 51.)

Zwischen B. und der Köchin A. besteht ein Dienstvertrag nach §§ 611 ff. Nach § 630 kann der daraus Verpflichtete nach Beendigung eines dauernden Dienstverhältnisses ein schriftliches Zeugnis verlangen, welches auf Verlangen auf die Leistungen und die Führung im Dienste zu erstrecken ist. Da ein dauerndes Dienstverhältnis bei einer Köchin offenbar vorliegt, so hat die A. mit Recht ein Zeugnis der gedachten Art verlangt. Wofür verlangt nun die B. Schadensersatz? Sie kann behaupten, daß das Zeugnis unvollständig und daß es unwahr ist. Ersteres ist zweifellos richtig. Denn die A. ist vermutlich als Köchin schlechthin angestellt worden, nicht aber gerade als selbständige Köchin. Wenn also das von B. ausgestellte Zeugnis dahin lautet, daß die A. als selbständige Köchin zu wenig leiste, so gibt dasselbe nur über einen besonderen Fall der Tätigkeit einer Köchin Auskunft. Es ist möglich, daß die A. als Köchin im allgemeinen auch gute Eigenschaften hat. Solange dies aber nicht im Zeugnis ausgedrückt ist, ist das Zeugnis jedenfalls als unvollständig zu betrachten. Daß dasselbe auch unwahr sei, muß die A. natürlich beweisen, da B. es bestreitet und die Wahrheit immerhin zu vermuten ist. Angenommen, dieser Beweis gelänge ihr, dann müßte die A., da sie nicht Ausstellung eines neuen Zeugnisses, sondern Schadensersatz fordert, weiter beweisen, daß ihr infolge der Unvollständigkeit und Unwahrheit des Zeugnisses ein derartiger Schaden entstanden sei, daß sie drei Monate lang keine anderweite Stellung habe finden können, denn B. bestreitet seine Verpflichtung zur Leistung von Schadensersatz, er behauptet also, daß der A. ein Schaden nicht entstanden sei und leugnet damit für den Fall, daß die Unwahrheit und Unvollständigkeit des Zeugnisses festgestellt werden sollte, den Klaggrund (sog. Eventualdefension). Gelingt der A. auch dieser Beweis, so steht fest, daß B. das Recht der A. auf Ausstellung eines vollständigen und richtigen Zeugnisses vorsätzlich oder fahrlässig, auch widerrechtlich verletzt hat und damit auch ihr Vermögen, also ihr Eigentum geschädigt hat. Es liegt somit der Tatbestand des § 823 vor, und die A. dringt mit der Schadensersatzklage gegen B. durch.

Anm. Unbeachtet gelassen habe ich bei der Lösung die Frage, ob nicht die A.

durch Annahme des Zeugnisses auf den Anspruch verzichtet hat. Das soll hier offenbar nicht von Wichtigkeit sein.

Über den Zeugnisanspruch bestehen übrigens manche Kontroversen, s. Staub bei § 73, § 80 HGB., wo auch die Ersatzansprüche behandelt werden.

Fall 327. (Schücks Zivilrechtspraktikum Seite 52.)

Der sog. Theatervertrag, dessen Wesen in der Literatur mehrfach erörtert worden ist, ist m. E. zusammengesetzt aus einem Sachmietvertrag (§§ 535 ff.) und einem Werkmietvertrag (§§ 631 ff.). Der Direktor gewährt die Benutzung des Platzes im Theater (also Raummiete) und zugleich einen Erfolg, der darin besteht, daß die einzelnen Personen des Publikums die betreffende Aufführung sehen können. Wegen des Näheren verweise ich auf Opet, Deutsches Theaterrecht. Hier versuche ich nur Gesichtspunkte zu geben.

Wenn nun B., nachdem er sich auf einem Parkettsitz an einem vorspringenden Nagel den Rock zerrissen hat, gegen den Theaterunternehmer auf Schadensersatz klagt, so stützt er sich auf mangelhafte Erfüllung des Sachmietvertrags. Eine solche liegt vor, weil der Vermieter die ihm nach § 535 obliegende Pflicht, die Sache im vertragsmäßigen Zustande zu gewähren, nicht erfüllt hat. Somit liegt meines Erachtens ein Mangel vor, der infolge eines Umstandes, den der Vermieter zu vertreten hat, entstanden ist, also ein Mangel im Sinne des § 538. Daraufhin macht A. den in § 538 gegebenen Schadensersatzanspruch geltend. Demgegenüber erhebt der Vermieter den Einwand, A. hätte sich vor dem Hinsetzen den Sitz ansehen sollen. Fraglich ist, ob dieser Einwand des Vermieters erheblich ist. Mit diesem Einwand stützt sich derselbe auf § 254 und behauptet, daß bei Entstehung des Schadens ein Verschulden des A. mitgewirkt habe und daß daher das Verschulden seinerseits — wenn ein solches überhaupt vorliege — mit dem Verschulden des A. aufzurechnen sei. Es hat daher richterliches Ermessen darüber zu entscheiden, ob das Publikum im Theater zur Wahrung von Schadensersatzansprüchen verpflichtet ist, bevor es Platz nimmt, sich den Sitz auf etwaige mangelhafte Beschaffenheit hin anzusehen. Diese Frage ist im allgemeinen zu verneinen. Allerdings ließe sich darüber reden, ob, falls gewisse sofort in die Augen fallende Mängel vom Besucher nicht beachtet werden, eine Kompensation im Sinne des § 254 mit Rücksicht auf die Billigkeit gemäß §§ 242, 157, 133 eintreten könne. Ein hervorstehender Nagel dürfte aber im allgemeinen nicht ohne weiteres erkennbar sein, besonders bei dem im Zuschauerraum vielfach herrschenden gedämpften Licht. Dieser erste Einwand des Vermieters ist also ohne Erfolg.

Der Unternehmer wendet weiter ein, A. habe das Billett von einem Dritten — dem B. — geschenkt erhalten, stehe also mit ihm, dem Unternehmer, in gar keinem Vertragsverhälnis, könne daher auch von ihm keinen Schadensersatz fordern. A. gibt die Schenkung zu. Für die Entscheidung dieser sowie besonders der folgenden Frage ist die juristische Natur des Theaterbilletts nicht ohne Bedeutung. Dasselbe ist ein Inhaberpapier im Sinne der §§ 793 ff. Der Aussteller — also der Unternehmer — gewährt dem Nehmer die Forderung aus dem bezeichneten Vertrag. In dem Verkauf desselben durch den Aussteller liegt also der Verkauf einer Forderung, das heißt eines Rechts (§ 433 Abs. 1 Satz 2, § 437). Die Übertragung dieses Rechts erfolgt gewöhnlich durch Übergabe (Begebung) des Papiers (nicht durch Abtretung, wie aus dem § 796 verbunden mit den §§ 398 ff. zu schließen ist. Da § 796 bestimmte Einwendungen hervorhebt, so will er damit sagen, daß andere nicht in Frage kommen). Wenn also B. das Billett vom Aussteller gekauft hat — das muß man hier im Hinblick auf Frage 2 (die Schenkung betreffend) voraussetzen — so hat B. dem A. durch die Übergabe des Papiers sein Forderungsrecht gegen den Aussteller übertragen. Somit kann A. gegen den letzteren dieselben Rechte geltend machen wie B. In diesem Falle ist also die Verteidigung des Unternehmers erfolglos.

Wie ist der Fall zu beurteilen usw.? Hier steht die Sache, wie sich aus den obigen Ausführungen ergibt, anders. Wenn der Theaterunternehmer seinem Freunde B. das Billett schenkt, so will er damit keinen Vertrag schließen, sondern dem B. eine Leistung unentgeltlich zuwenden. Durch die Übergabe des Papiers an B. kommt also kein Mietvertrag der obigen Art zustande. B. erlangt daher nur ein Recht auf Grund der Schenkung. Dieses Recht aus der Schenkung geht auch durch die Schenkung des Billetts seitens des B. an A. auf den A. über, dagegen kann B. kein Recht aus einem Werkmiet- oder Sachmietvertrag auf den A. übertragen, da er gar kein solches Recht hat. Somit haftet der Theaterunternehmer meines Erachtens dem A. gegenüber nur wie der Schenker, also für Vorsatz und grobe Fahrlässigkeit. Hier kommt nur die letztere in Betracht. Man kann aber darin, daß der fragliche Nagel an dem Parkettsitz hervorragt, meines Erachtens keine grobe Fahrlässigkeit des Theaterunternehmers erblicken, sondern nur eine geringe. Also ist er in diesem Falle mit seiner Einwendung erfolgreich und die Klage des A. daher abzuweisen.

Anm. Übrigens will ich nicht unerwähnt lassen, daß meine Konstruktion, wonach ich die Haftung des Theaterunternehmers auf Mietvertrag, insbesondere auf § 538 begründe, ihre Bedenken hat. § 538 betrifft nämlich primo loco den Schaden, der dadurch entsteht, daß der Mieter die Mietsache nicht oder nicht in vollem Umfange gebrauchen kann. Hier entsteht aber ein Schaden, während doch der Mieter die Sache gebraucht. Fällt die Vertragshaftung weg, so bleibt immer noch die Deliktshaftung. Es würde deshalb § 823 anwendbar sein (fahrlässige Sachbeschädigung, vgl. Fall 4 Abs. 1 am Schluß).

Fall 329. (Schlicks Zivilrechtspraktikum Seite 52.)

Zwischen A. und B. liegt ein Werkmietvertrag nach §§ 631 ff., genauer ein Transportvertrag vor, der verbunden ist mit einem Sachmietvertrage. Es fragt sich, ob dieser nur die Verpflichtung des B., den A. zu fahren, oder auch die zur Bewachung der Sachen des A. mit umfaßt. Im Vertrage pflegt darüber nichts bestimmt zu werden. Daher ist in Ermangelung anderer Bestimmungen nach Rücksichten der Billigkeit zu entscheiden, insbesondere nach dem, was Treu und Glauben mit Rücksicht auf die Verkehrssitte erfordern (§§ 242, 157, 133). Schon danach ist aber der Kutscher B. in erster Linie zur Bewachung des Pferdes verpflichtet. Von dieser soll er im Interesse des Verkehrs durch nichts abgehalten werden. Deshalb sind auch polizeiliche Vorschriften in dem Sinne gegeben worden, nach denen der Kutscher das Pferd überhaupt nicht verlassen darf (Straßenpolizeiregulative). Zur Bewachung der Sachen ist also der Kutscher mangels besonderer Vereinbarung, die hier nicht vorliegt, nicht verpflichtet. Somit haftet der Kutscher B. dem A. nicht auf Ersatz des Mantels.

Wäre es von Einfluß usw.? Hier liegt die Sache offenbar anders, denn es liegt hier ein Auftrag im Sinne der §§ 662 ff. vor. Der Auftrag muß, um vollendet zu sein, vom Beauftragten angenommen werden. Es fragt sich daher, ob dies hier geschehen ist. Das ist zu bejahen. Zwar hat der Kutscher B. die Annahme nicht ausdrücklich erklärt, aber das hat er nicht nötig. Nach § 151 hätte hier der Empfänger des Antrags B. für den Fall der Nichtannahme dies nach der Verkehrssitte dem A. erklären müssen. Durch sein Stillschweigen nimmt daher B. den Antrag an. Hier hat also der Kutscher B. durch Nichtbeobachtung des Mantels die im Verkehr erforderliche Sorgfalt verletzt, hat somit fahrlässig gehandelt. Er haftet daher aus dem Auftrage auf Schadensersatz.

Fall 335. (Schücks Zivilrechtspraktikum Seite 53.)

Die Frage der Haftung des Rechtsanwalts richtet sich nach dem zwischen ihm und A. bestehenden Rechtsverhältnis. Wenn A. vom Rechtsanwalt unentgeltlich einen juristischen Rat verlangt, so liegt in dem Wort „verlangen" m. E., daß er ihm einen Auftrag zur Erteilung des Rates gibt. Auf das Rechtsverhältnis finden, da der Rechtsanwalt den Auftrag angenommen hat, die Grundsätze der §§ 662 ff. Anwendung. (Der Rechtsanwalt hat den Auftrag durch konkludente Handlung angenommen, indem er den Rat erteilte.) Nach § 276 mußte er bei Ausführung des Auftrages die im Verkehr erforderliche Sorgfalt anwenden. (Vgl. Rechtsanwaltsordnung § 28.) Er hat dies aber nicht getan, sondern, wie feststeht, eine grobe Fahrlässigkeit begangen. Mithin hat er auf die Klage des A. den dem A. entstandenen Schaden zu ersetzen. Nach §§ 249 ff. hat er ihm also 1000 M. zu zahlen.

Es liegt sehr nahe, hier den § 676 zur Anwendung zu bringen. Dieser kommt aber nicht in Betracht, denn er ist nur für den Fall gegeben, daß ein Rat ohne Aufforderung erteilt wird. In diesem Falle liegt also gerade kein Auftrag, überhaupt kein Rechtsgeschäft, vor, sondern nur eine unverbindliche Äußerung, der allerdings eine Anfrage vorausgehen kann. (Vgl. Rosenthal, Anm. 11 zu § 676.) Wer einer solchen ohne weiteres Glauben schenkt, hat selbst den etwa entstehenden Schaden verschuldet, er soll daher durch das Gesetz nicht geschützt werden. Im obigen Falle dagegen liegt ein Auftragsverhältnis vor, aus dem zu haften ist. Anders, wenn man das Wort „verlangen" so versteht, daß es sich um eine bloße Anfrage handelt. Das ist aber gegenüber dem Anwalt in juristischen Dingen im Zweifel nicht der Fall. (Es kommt aber mit auf die Umstände an. Ist es im Bureau geschehen? usw.)

Die Unentgeltlichkeit kommt nur deshalb in Betracht, weil man im Fall der Entgeltlichkeit im vorliegenden Falle kein Auftragsverhältnis annehmen dürfte. Der Rechtsanwalt ist zwar eine Person, die sich zur Besorgung gewisser Geschäfte, nämlich insbesondere zur Erteilung juristischen Rats, öffentlich erboten hat, er kann also, wie hier, unter die im § 663 genannten fallen. (Vgl. Rechtsanwaltsordnung § 30.) Da aber diese Personen — und so auch der Rechtsanwalt — ihre Dienste in der Regel entgeltlich leisten, so ist, falls ihnen ein Auftrag im nichtjuristischen Sinne erteilt wird, in der Regel ein Dienstvertrag oder Werkvertrag anzunehmen und zwar ein solcher, welcher eine Geschäftsbesorgung zum Gegenstande hat. Für diese Verträge gelten aber die in § 675 bezeichneten Vorschriften des Auftrages. Insbesondere ist die Schadensersatzpflicht dieselbe. Der Anwalt haftet also in Falle der Entgeltlichkeit ebenso wie im Falle der Unentgeltlichkeit.

Nur der Einwand läge vielleicht nahe, daß der Umstand, daß der Anwalt den Rat unentgeltlich erteilt, darauf hindeutet, daß er in diesem Falle die Haftung ablehnen will, oder daß das sogar zu vermuten ist. Doch halte ich diesen Einwand nicht für stichhaltig. Im Interesse des Verkehrs liegt es, daß eine so wichtige Vereinbarung ausdrücklich hervorgehoben wird.

Fall 337. (Schücks Zivilrechtspraktikum Seite 54.)

Zwischen A. und C. liegt ein Werkvertrag nach §§ 631 ff. vor, der zugleich einen Vertrag zugunsten eines Dritten im Sinne der §§ 328 ff. enthält. Der Dritte, zu dessen Gunsten der Vertrag geschlossen wird, ist der Studienfreund B. Aus den Umständen, insbesondere aus dem Zweck des Vertrags, ist zu entnehmen, daß die Absicht der Parteien dahin geht, daß der Dritte sofort mit Abschluß des Vertrags das Recht auf Erfüllung desselben gegen C. erwerben soll, da der A. offenbar die Bücher sofort bei B. unterbringen und ihm zuwenden will. (Vgl. im Gegensatz dazu die Fälle Kom. von Rosenthal, Anm. 1 a und 1 b zu § 328.) B. erwirbt also das Recht auf Übergabe der Bücher sofort mit Annahme des Auftrags durch den Dienstmann C., denn mit dessen Annahme ist auch der Vertrag zugunsten des B. abgeschlossen.

B. weiß bis jetzt noch nichts von dem Erwerb des Rechts aus dem Werkvertrag. Um ihn davon in Kenntnis zu setzen, schreibt ihm A. eine Karte. Wenn er in dieser seine Zuwendung als letztwillige Verfügung bezeichnet, so ist das offenbar ein Scherz, denn er meint damit nur seine letzte Verfügung in Europa. Zugleich macht A. dem B. Mitteilung von der Beauftragung des Dienstmanns C. Das spricht ebenfalls dafür, daß B. als sofort berechtigt gelten soll.

Worin besteht nun die Leistung, die B. von C. nach dem Gesagten sofort verlangen kann? Sie besteht in der Erfüllung des Werkvertrags, also in der Übergabe der Bücher. Das Recht hierauf erwirbt B. schon deshalb, weil in dem Vertrag zwischen A. und C. zugunsten des B. zugleich eine freiwillige Zuwendung des A., durch die B. bereichert werden soll, also eine

Schenkung, enthalten ist. Diese ist allerdings erst vollendet mit der Hingabe und Annahme. Es fragt sich daher, ob mit der Übergabe der Bücher an den C. zugleich eine Übergabe an B. im Sinne der §§ 929 ff. erfolgt ist. Dies ist zu verneinen, weil bei B., der noch nichts davon weiß, der Wille der Annahme noch nicht erklärt worden ist, somit die Einigung fehlt. Die Karte des A. enthält aber die Übertragung des Eigentums an den Büchern an B. In der Karte wird ihm der Anspruch des A. auf Herausgabe der Bücher nach §§ 931, 398 abgetreten. Der Dritte, welcher hier bereits im Besitz der Sache ist, ist der Dienstmann C. Diese Absicht des A. muß man zugunsten des B. annehmen. Somit ist auch im Augenblick der Annahme der Bücher die Schenkung vollendet.

Nimmt man einen solchen Eigentumsübergang hier an, so erwirbt B. das Eigentum an den Büchern auf Grund der mit der Schenkung erfolgten Eigentumsübertragung vermutlich schon, bevor sie C. seiner Bibliothek einverleibt hat. Denn C. erwirbt dieses Eigentum in dem Augenblick, in welchem er die Karte gelesen hat und zur Annahme der Schenkung bereit ist. Von da an hat also B. gegen den Dienstmann C. nicht nur die Vertragsklage auf Erfüllung, sondern auch die Eigentumsklage. Dies ist für ihn sehr wichtig, denn dadurch erlangt er die Herausgabe der Bücher nach den Grundsätzen der §§ 985 ff. oder des Geldwertes derselben.

Fall 341. (Schücks Zivilrechtspraktikum Seite 55.)

Das Dienstmädchen des B. ist im Haushalte desselben tätig. Wenn es daher die an B. adressierten Zigarren in Empfang nimmt, so tut sie dies als sog. Besitzdienerin im Sinne des § 855. Obgleich sie also die tatsächliche Herrschaft über dieselben erlangt, gilt sie nicht als Besitzerin, sondern nur als Werkzeug des A. (Vgl. die Fälle des III. Teils.) A. wird daher durch das Dienstmädchen unmittelbar berechtigt und verpflichtet.

Die Hauptfrage ist nun die, ob die Annahme den Zigarren durch das Dienstmädchen — also durch B. — eine Annahme des Antrags des A. ist. Das ist zu verneinen. Denn wenn ein Nichtkaufmann Waren unbestellt zugeschickt erhält und diese annimmt, so muß er, falls er damit eine Annahme im juristischen Sinne beabsichtigt, dies innerhalb der im § 147 Abs. 2 bezeichneten Frist ausdrücklich erklären. Eine Antwort des Antragsempfängers ist also hier nach der Verkehrssitte zu erwarten und daher nach § 151 zum Zustandekommen des Vertrags notwendig. Stillschweigen gilt demgemäß nicht als Annahme. (Anders bei Kaufleuten, HGB. § 362.) Somit liegt hier zwar ein A n t r a g, aber noch kein V e r t r a g vor. (Vgl. die Erklärung in Fall 152, die mit der hier gegebenen übereinstimmt. Dort ändert sich die Sache nur in dem Falle, daß A. später die Zigarren raucht und dadurch — vorausgesetzt, daß es bewiesen wird — die Annahme als stillschweigend erklärt zu gelten hat.)

A. klagt nun gegen B. auf Zahlung von 40 M. als „Kaufpreis oder Schadensersatz" (ein Fall der Eventualaggression). Auf Kaufpreis kann A. nach dem Obigen nicht klagen, da, wie festgestellt, ein Kauf noch nicht vorliegt. Schadensersatz kann A. demgemäß auf Grund eines Vertrags nicht fordern, sondern nur auf Grund eines Delikts (§ 823). Als solches kann nur fahrlässige Sachbeschädigung in Betracht kommen. Es käme also in Frage, ob eine solche darin liegt, daß B. die Zigarren auf dem Ofen hat stehen lassen, so daß sie durch die Hitze entwertet werden. Eine fahrlässige und widerrechtliche Verletzung fremden Eigentums hat aber B. aus folgenden Gründen nicht begangen: Wenn das Dienstmädchen des B. die Zigarren im Sommer auf den Kaminsims stellt, so ist das, da der Ofen im Sommer nicht geheizt wird, ein sehr passender Platz für dieselben, denn die Abholung war bald zu erwarten und es war daher erwünscht, wenn sie einen überall sichtbaren Platz hatten. Wenn nun die Abholung seitens des A. im Sommer nicht erfolgt und B. die Zigarren auf dem Ofen stehen läßt, so daß sie durch die Hitze des Feuers verderben, so ist auch darin keine Sachbeschädigung zu erblicken. Denn letztere kann nur durch positives Handeln begangen werden, nicht durch Unterlassungen, es sei denn, daß eine Verpflichtung zum Handeln vorliegt. Eine solche liegt hier nicht vor, denn A. ist Eigentümer der Zigarren geblieben und hat als solcher selbst für sein Eigentum zu sorgen. B. als Besitzer hat keine Verpflichtung hierzu (s. u.). Somit kann A. auch nicht auf Schadensersatz klagen.

Wenn sich B. damit verteidigt, er sei weder Besitzer noch Verwahrer, noch träfen ihn sonstige Pflichten, so ist diese Verteidigung nach dem Obigen überflüssig, da A. schon ohne dieselbe abzuweisen ist. Sie ist aber auch nicht ganz richtig. Besitzer ist B. m. E. nach § 854 allerdings geworden, da er die tatsächliche Herrschaft über die Zigarren erlangt. Besitzwille ist aber zum Besitz nicht nötig. B. wird also auch ohne seinen Willen Besitzer. Nur Eigentümer ist B., wie gesagt, nicht geworden, da bei A. vor der Annahmeerklärung der Wille der Eigentumsübertragung fehlt. B. hat aber — so hätte er sich richtiger ausgedrückt — als Besitzer keine Verpflichtungen, denn sein Besitz beruht nicht auf Vertrag. Verwahrer ist B. auch nicht. Denn Verwahrer im Sinne der §§ 688 ff. kann A. nur werden auf Grund eines Vertrags oder anderer besonderer Bestimmungen. Daß Vertrag nicht vorliegt, ist ohne weiteres klar. Auch andere Bestimmungen, etwa die, daß B. auf Grund seines Besitzes zur Verwahrung verpflichtet ist, gibt es nach dem BGB. nicht. Trotz alledem darf B. die Zigarren nicht unpfleglich behandeln. Dies hat er aber, wie oben erörtert, auch nicht getan. Hierbei genügt es, daß er den Zigarren zuerst einen passenden Platz angewiesen hat. Die Besitzfrage, auf die hier, wie erörtert, nichts ankommt, ist übrigens hier wohl zweifelhaft, sicher ist wohl die richtige Ansicht, daß Besitzwille nicht erforderlich ist (so Matthiaß, Bd. II § 3 II A, anders Endemann, Bd. II § 37). Hier fehlt aber nicht nur der Besitzwille, sondern es ist sogar der Wille, nicht zu besitzen, deutlich zum Ausdruck gelangt. In diesem Falle könnte man wohl annehmen, daß B. gar nicht Besitzer ist. Anderseits könnte man vielleicht daran denken, daß B. zunächst doch einen sog. generellen Besitzwillen hatte (s. Endemann, Bd. II § 38). Die Frage ist hier strafrechtlich nicht bedeutungslos.

Anm. 1. Kaufleute untereinander müssen unbestellte Waren, falls sie dieselben nicht annehmen wollen, sofort zurückweisen. (Fehlerhafte müssen sie, wenn bestellt, zunächst annehmen und dann sofort die in HGB. Art. 77 bezeichneten Rechte geltend machen.) Bei Kaufleuten würde also Stillschweigen auf die in der Zusendung liegende Offerte Annahme derselben bedeuten, da nach der Verkehrssitte eine Erklärung der Annahme nicht zu erwarten ist (§ 151).

Anm. 2. Ein dem vorliegenden analog zu behandelnder, im Leben auch ungemein häufiger Fall ist der, daß der Nichtkaufmann vom Buchhändler Bücher oder vom Kollekteur ein Los zugeschickt erhält. Auch hier liegen für den Empfänger keine Vertragspflichten vor. Er hat nur einen für die Bücher oder das Los passenden Platz auszusuchen, soweit er einen solchen hat. Eine Antwort, die vielfach von dem Antragenden dringend erbeten wird, ist dabei nicht nötig, da der Antragende den Antrag nach Belieben als abgelehnt betrachten kann, sobald die für die Antwort angemessene Frist abgelaufen ist. In den Papierkorb darf man demnach solche Sendungen nicht werfen.

Fall 346. (Schücks Zivilrechtspraktikum Seite 56.)

Beim Reisen in den Wagen der internationalen Schlafwagengesellschaft kommen folgende Vertragsverhältnisse in Betracht: Erstens liegt vor ein Werkvertrag — genauer Transportvertrag — der Personen des Publikums mit dem Eisenbahnfiskus, der darin besteht, daß erstere gegen Bezahlung mit dem Zuge befördert werden. Mit diesem ist ein Sachmietvertrag verbunden, der auf Benutzung der Wagen geht. Zweitens liegt vor ein Werkvertrag — genauer wiederum Transportvertrag — derselben Personen mit der internationalen Schlafwagengesellschaft, der dahin geht, daß diese gegen Bezahlung die Schlafwagen den im Zuge fahrenden Personen zur Verfügung stellt. Hierzu kommt ein Werkvertrag des Eisenbahnfiskus mit der internationalen Schlafwagengesellschaft, wonach sich letztere verpflichtet, ihre Wagen in dem gewöhnlichen, dem Eisenbahnfiskus gehörigen Zuge mitgehen zu lassen. Nebenbei erhält das Publikum von der Schlafwagengesellschaft auch Beköstigung gegen Bezahlung. Darin liegt wiederum ein Werkvertrag (die Zubereitung), eventuell ein Kaufvertrag. Dies nur nebenbei. Die vorliegenden Vertragsverhältnisse sind für die Entscheidung weniger wichtig, weshalb ich auf sie nicht näher eingehe. Nur verweise ich auf die zahlreichen Bearbeitungen dieser Materie, so besonders im „Recht" (1902 und 1901).

Wenn nun dem A. im Schlafwagen seine Uhr gestohlen wird, so könnte eine Haftung der Gesellschaft hierfür zunächst auf Grund des Werkvertrags, nämlich wegen mangelhafter Erfüllung desselben infolge von Fahrlässigkeit, in Frage kommen. Eine Fahrlässigkeit liegt nicht vor, da Diebstahl als Zufall zu gelten hat. Dieser ist im Zweifel nicht zu vertreten (§ 276 e contrario). In Frage kommt aber weiter, ob die Gesellschaft auf Grund von § 701 haftet. Auch hierüber ist in der Literatur viel gestritten worden. Die Gesellschaft verabreicht in ihren Wagen Speisen und Getränke gegen Bezahlung. Die Gesellschaft beherbergt aber auch gewerbsmäßig Fremde. Es liegt daher kein Bedenken vor, die Gesellschaft unter die in § 701 bezeichneten Gastwirte zu rechnen. Sie hat deshalb dem Gaste den Schaden zu ersetzen, den er durch Verlust eingebrachter Sachen erleidet. Es fragt sich also noch, ob die Uhr des A. als eingebrachte Sache im Sinne des § 701 Abs. 2 anzusehen ist. Das ist zu bejahen. Zwar ist für die Uhr im Wagen voraussichtlich kein bestimmter Ort angewiesen, aber der Fahrgast wird sie vermutlich beim Ablegen der Sachen an den für sie passenden Platz (das Wort „bestimmt" ist hier nicht angebracht) gelegt haben. Das ist aber auch der Fall, wenn er sie in der Tasche stecken läßt. Somit haftet die Gesellschaft dem A. für die Uhr nach § 701.

Die Frage, ob die Gesellschaft ein Verschulden trifft, ist also gleichgültig. § 701 will vielmehr gerade eine Haftung der Gastwirte über ein Verschulden hinaus anordnen.

Die Behauptung der Gesellschaft, sie sei nicht Gastwirt, ist also unrichtig, ebenso die Behauptung, sie habe keinen Mietvertrag mit B. geschlossen (allerdings nur stillschweigend), das übrige, was sie bemerkt, ist richtig.

Anm. Es ist in solchen Fällen leicht möglich, daß der Kläger die Gesellschaft zu täuschen sucht, indem er gar keine Uhr hatte und sich durch die Behauptung, seine Uhr sei verschwunden, Geld von der Gesellschaft zu verschaffen sucht. Der Besitz der Uhr ist aber eine anspruchbegründende Tatsache, die der Kläger beweisen muß, wenn sie bestritten wird. Dadurch ist also der Gastwirt jederzeit geschützt. Er ist ja auch berechtigt, sich die Haftung insoweit zu erleichtern, als er die Abgabe von Wertgegenständen verlangt und nur unter dieser Bedingung die Haftung für dieselben übernimmt. § 701 ist also nicht als absolutes Gesetz zu denken, sondern die strenge Haftung kann durch Vereinbarung vermindert oder erlassen werden. (Wenn auch ein Anschlag, der dann als vom Gaste stillschweigend angenommen zu gelten hat, wegen der Wichtigkeit der Erklärung in diesem Falle nicht genügt, vgl. Kom. von Rosenthal, Abs. 3 zu § 701.)

Andere Gastwirte, z. B. Restaurateure, die nicht gewerbsmäßig Fremde zur Beherbergung aufnehmen, haften nach BGB. nicht mehr, wie früher, für die von den Gästen eingebrachten Sachen (Mäntel, Schirme, Stöcke usw.).

Fall 357. (Schücks Zivilrechtspraktikum Seite 58.)

Das BGB. unterscheidet nicht mehr zwischen solchen Spielen, bei denen Gewinn und Verlust vollständig dem Zufall überlassen sind (sogenannte reine Glücksspiele) und solchen, zu denen eine gewisse Fähigkeit gehört, die Gewinn und Verlust mit beeinflußt (sogenannte Spiele virtutis causa), wie dies z. B. beim Skatspiel der Fall ist. Der Skat ist als Spiel im Sinne des § 762 aufzufassen. Somit ist zwischen A. und B. durch das Spiel keine Verbindlichkeit entstanden.

Offenbar im Hinblick darauf hat A. dem B. einen Schuldschein in Höhe von 100 M. ausgestellt. Es fragt sich, ob dadurch nunmehr eine Verbindlichkeit begründet worden ist. Der Schuldschein enthält hier ein Schuldanerkenntnis. Dieses begründet nach § 762 Abs. 2 ebensowenig wie das Spiel eine Verbindlichkeit.

Weiter hat C. schriftlich — also der Form des § 766 entsprechend — für die Spielschuld des A. Bürgschaft geleistet. Diese Bürgschaft ist wiederum wirkungslos, und zwar nach § 767, da die von den Parteien vorausgesetzte Hauptverbindlichkeit — das Spiel — nicht besteht und ebensowenig die Ausstellung des Schuldscheins eine Verbindlichkeit erzeugt hat. (Vgl. auch Rosenthal, Kom. zu § 765, Anm. 2, die besser unter Anm. 3a stehen würde.)

Der Verzicht seitens des A. auf den Einwand des Spiels hat keine Wirkung. Denn § 762 Abs. 1 soll ein sogenanntes absolutes Gesetz sein.

Dieses Motiv des Gesetzgebers geht aus § 762 Abs. 2 hervor, welche Vorschrift bezweckt, jede dem § 762 Abs. 1 widersprechende Vereinbarung der Parteien zu verhindern. Obgleich also das Gesetz für den Verzicht auf den Einwand des Spiels kein spezielles Verbot enthält, so ist ein solches aus dem Sinne des Gesetzes zu entnehmen.

Anm. Übrigens gibt es gar keinen eigentlichen Einwand des Spiels. Ein Kläger, der eine Spielschuld einklagt und als Klaggrund die causa aleatoria angibt, wird abgewiesen, ohne daß der Beklagte einen Einwand des Spiels zu erheben braucht, ja der Kläger erhält in diesem Falle kein Versäumnisurteil, weil sein Vorbringen den Antrag nicht rechtfertigt (sog. unschlüssige Klage). Anders liegt es beim Anerkenntnis der Spielschuld. Hier kann die Klage lediglich auf Anerkenntnis gestützt sein. Dann muß als rechtshindernde Tatsache vom Beklagten vorgebracht werden, daß Spiel vorgelegen habe. Diese rechtshindernde Tatsache hat hier der Beklagte zu beweisen. — Die gleichen Grundsätze gelten für die Bürgschaft für eine Spielschuld.

Fall 362. (Schücks Zivilrechtspraktikum Seite 59.)

A. hat dem B. gegenüber ein Schuldanerkenntnis abgegeben, welches sich auf Darlehns- und Kaufgeschäfte bezieht, somit nicht abstrakt gefaßt ist, sondern den Schuldgrund angibt. Dasselbe ist verbunden mit einem Zahlungsversprechen (constitutum debiti), dieses wiederum ist an eine Befristung geknüpft, wenigstens nehme ich eine Befristung und nicht eine Bedingung aus folgenden Gründen an. B. will, indem er sich mit der Verpflichtung des A., beim Eintritt besserer Vermögensverhältnisse zu zahlen, dem A. nichts schenken. A. schuldet also weiter wie vorher; seine Schuld wird aber erst fällig mit Eintritt besserer Vermögensverhältnisse. Es liegt also ein sogenannter dies incertus quando vor. Man könnte meinen, es liege auch dies incertus an vor. Ich bin aber der Ansicht, daß die Stundung etwas Höchstpersönliches ist und daher die Forderung spätestens mit dem Tode des A. fällig wird. (Ähnlich Sächs. BGB. § 715.) Doch dies nur zur Einleitung. Von entscheidender Bedeutung für den Fall ist es nicht.

B. behauptet nun nach Ablauf von zwei Jahren, die Befristung falle weg, da sich die Vermögensverhältnisse des A. gebessert hätten. A. gibt zu, daß sich seine Einnahmen in der von B. bezeichneten Weise erhöht haben, wenigstens ist das nach den Grundsätzen der ZPO. anzunehmen, da er das diesbezügliche Vorbringen des B. (bis zum Schlusse der Verhandlung, wie ich den Umständen nach annehme) nicht bestreitet. A. entgegnet, er sei trotzdem zur Nachzahlung nicht imstande, er bestreitet somit, daß seine Vermögensverhältnisse bessere geworden seien und daher die Befristung weggefallen sei, mit der Begründung, die Ausgaben seien größere geworden, weil seine Familie sich vergrößert habe und seine ehemaligen Gläubiger noch zu befriedigen seien. Er meint damit diejenigen, die *nicht befristete* Forderungen haben.

Die Klage des B. stützt sich auf das von A. abgegebene Schuldanerkenntnis und Zahlungsversprechen und zugleich auf die Behauptung des Wegfalls der Befristung. Er begründet den Anspruch zunächst mit dem Hinweis darauf, daß A. vor einigen Wochen 100 000 M. in der Lotterie gewonnen habe. A. gibt das zu. Gefragt ist, ob B. daraufhin den Eintritt besserer Vermögensverhältnisse bei A. beweisen muß. Bei der Höhe des von A. gemachten Gewinns spricht die Vermutung unbedingt dafür, daß seine Vermögenslage nunmehr eine bessere geworden ist. Somit muß A. zweifellos das Gegenteil beweisen. Bezüglich des Gehalts könnte man schon zweifelhaft sein, wer zu beweisen hat. Aber auch hier hat dies m. E. der A. zu tun, denn wenn sich auch die Familie des A. vergrößert hat, so könnte er doch wenigstens jetzt mit Abzahlungen beginnen.

Ist A. mit dem Eintritt besserer Vermögensverhältnisse in Verzug geraten? Diese Frage gilt natürlich nur für den Fall, daß A. diesen Eintritt besserer Vermögensverhältnisse **nicht** widerlegen kann. Sie ist zu verneinen. Denn nach den allgemeinen Grundsätzen des § 284 ist Voraussetzung des Verzugs die Mahnung. Eine solche liegt aber bei A. **nicht** vor. Man könnte höchstens einwenden, die Vertragsbestimmung „beim Eintritt besserer Vermögensverhältnisse" enthalte eine Fristbestimmung nach dem Kalender, so daß nach § 284 Abs. 2 Verzug auch ohne Mahnung eingetreten sei. Diese Ansicht ist aber zu verwerfen, denn eine Frist nach dem Kalender muß immerhin genauer bestimmt sein. Daher ist eine Mahnung hier erforderlich, um den Schuldner in Verzug zu setzen. Sache des B. ist es, seinen Schuldner im Auge zu behalten und ihn im gegebenen Falle zur Zahlung aufzufordern.

Fall 364. (Schücks Zivilrechtspraktikum Seite 60.)

Der Vertrag zwischen A. und B. ist ein solcher im Sinne des § 700, ein sogenanntes irreguläres Depositum. Der Bankier braucht nicht dieselben Geldstücke, die hinterlegt sind, zurückzugeben, sondern nur dieselbe Summe. Er darf ferner das hinterlegte Geld verbrauchen. Es finden daher nach § 700 Abs. 1 Satz 2 die Regeln über das Darlehn Anwendung (§§ 607 ff.). Das Geld geht somit in das Eigentum des Bankiers über. Der Bankier ist als Schuldner zur Rückgabe der hinterlegten Summe verpflichtet. Doch ist dies nebensächlich. Die Hauptfrage betrifft das Folgende:

Indem A. von seinem Guthaben bei B. 400 M. abhebt, macht er seine Forderung auf Rückzahlung der Darlehnssumme geltend. Wenn B. dem A. daraufhin eine Rolle mit 380 M. übergibt, die den Vermerk enthält: „400 M. in Gold, beim Empfange zu zählen", so weiß A. noch nicht, ob die Rolle wirklich die geschuldete Summe enthält. Er muß also, um sich zu sichern, die Rolle beim Empfang öffnen. Insbesondere muß er dies wegen der auf der Rolle befindlichen Aufforderung des B. Das tut aber A. nicht, sondern quittiert, ohne zu zählen. Damit hat er die Leistung angenommen. Er hat sie aber nicht nur im untechnischen Sinne angenommen, sondern auch im juristischen, das heißt **als Erfüllung** angenommen, denn er hat über dieselbe vorbehaltlos Quittung geleistet, ohne die Geldstücke zu zählen. Wenn er daher zu Haus findet, daß die Rolle nur 380 M. und nicht 400 M. enthält und er jetzt die Leistung nicht als Erfüllung gelten lassen will, weil sie unvollständig gewesen sei, so trifft ihn nach § 363 **die Beweislast.** (Vgl. Rosenthal, Anm. 1a zu § 363.)

Anm. In derartigen Fällen empfiehlt es sich also, bei Annahme des Geldes

Zeugen zuzuziehen, um sich die Beweispflicht zu erleichtern. Falls A. dies nicht getan hat, muß er dem B. den Eid über die Leistung von nur 380 M. zuschieben. Diesen wird B. vermutlich nicht annehmen, denn da er als Prinzipal wahrscheinlich nicht selbst die Verpackung der Rolle vorgenommen hat, so kann er über diese Frage gar nicht unterrichtet sein (§ 445 ZPO.). B. wird also dem A. den Eid wohl zurückschieben müssen und nunmehr kann A. die Wahrheit seiner Aussage beschwören. (Bedingtes Endurteil § 460 ZPO.)

Fall 373. (Schücks Zivilrechtspraktikum Seite 61.)

1. Die Handlung des A. ist Diebstahl, also eine unerlaubte Handlung. A. wird daher nicht Eigentümer der gestohlenen 10 M. Wenn nun A. für das Geld ein Los kauft und das Geld dem Verkäufer desselben übergibt, so wird dieser, da er gutgläubig ist, nach § 935 Abs. 2 Eigentümer des Geldes (s. auch § 948). B. kann daher das Geldstück nicht mehr von diesem herausverlangen. B. kann aber nach § 823 für die gestohlenen 10 M. Schadensersatz von A. verlangen, und es fragt sich dabei, in welcher Höhe. A. hat dadurch, daß er die 10 M. dem Verkäufer des Loses übergab, einen Gewinn von 5000 M. gemacht, und es fragt sich, insbesondere, ob er nur die gestohlenen 10 M. oder auch den Gewinn von 5000 M. herauszugeben hat. Die Höhe und Art des Schadensersatzes regeln die §§ 249 ff. Nach § 252 ist der vorhandene Schaden und der entgangene Gewinn zu ersetzen (damnum emergens und lucrum cessans). Der entstandene Schaden ist schon festgestellt. Er beträgt 10 M. Es fragt sich aber: Ist der von A. gemachte Gewinn von 5000 M. als dem B. entgangener Gewinn anzusehn? Das ist zu verneinen. Als entgangener Gewinn gilt nach § 252 Satz 3 der Gewinn, der nach dem gewöhnlichen Lauf der Dinge zu erwarten ist. Nach diesem ist aber nicht zu erwarten, daß jemand mit einem Zehnmarkstück einen Gewinn von 5000 M. macht, sondern es ist dies ein Ausnahmefall. Also kann B. nur Ersatz in Höhe von 10 M. von A. verlangen und nach § 849 Zinsen seit dem Tage der Wegnahme. Der Gewinn dagegen bleibt dem Dieb.

2. Hier liegt seitens des A. ebenfalls Diebstahl — also eine unerlaubte Handlung im Sinne des § 823 vor. Das gestohlene Objekt ist aber hier nach § 935 durch Übergabe nicht Eigentum des Dritten — also des Liebhabers — geworden. B. hat daher gegen diesen die Eigentumsklage (§§ 985 ff.). Außerdem besteht wieder die Schadensersatzpflicht des A. nach § 823 verb. mit § 281. Hier dringt B. mit der Klage auf das Doppelte des Werts durch, denn nach dem gewöhnlichen Lauf der Dinge ist es nicht unwahrscheinlich, daß man für einen Papagei das Doppelte des Werts erhält, da es Liebhaber von Papageien in großer Zahl gibt. Also kann B. den von A. für den Papagei erhaltenen Preis in Höhe des doppelten Werts desselben ersetzt verlangen. (Vgl. Fall 94.)

Fall 375. (Schücks Zivilrechtspraktikum Seite 62.)

Nach § 762 ist durch das Spiel zwischen A. und B. eine Verbindlichkeit — wenigstens eine solche im Sinne des Gesetzes — nicht entstanden.

Eine solche wird nach § 762 Abs. 2 ebensowenig begründet, wenn A., wie der Text andeutet, ein Schuldanerkenntnis verbunden mit einem Zahlungsversprechen für 1. Juli wegen dieser Schuld abgegeben hat. (Vgl. Fall 230.)

Wenn nun A. nach seiner Heilung die schon gezahlte Spielschuld von B. zurückfordert, indem er sich darauf stützt, daß sein Bruder keinen Auftrag gehabt habe, ihn zu vertreten und daß er die Zahlung nicht genehmige, so ist zur Beurteilung seiner Berechtigung hierzu das Rechtsverhältnis zwischen A. und B. zu untersuchen. Indem der Bruder des A. dessen Spielschuld bezahlt, handelt er als dessen Geschäftsführer ohne Auftrag (§§ 677 ff.). Die §§ 677 ff. regeln nur das innere Rechtsverhältnis zwischen dem Vertreter ohne Vertretungsmacht und dem Vertretenen, hier aber kommt das äußere Verhältnis zwischen dem Vertreter ohne Vertretungsmacht und dem Dritten in Betracht, welches die in das allgemeine Vertretungsrecht gehörigen §§ 177—80 regeln. Diese geben auch Auskunft über den Fall der Nichtgenehmigung des vom Geschäftsführer abgeschlossenen Vertrags durch den Geschäftsherrn. Indem A. die Zahlung nicht genehmigt und deshalb den Betrag von B. kondiziert, stützt er sich auf § 177 verb. mit § 812 und behauptet Nichtigkeit des Rechtsgeschäfts, nämlich der Zahlung. Damit hat A. recht. Denn nach § 177 ist ein Vertrag, der ohne Genehmigung des Vertretenen vom Vertreter abgeschlossen wird, ungültig. Die Eigentumsübertragung — also hier die Zahlung der 1000 M. seitens des Bruders an B. — enthält nun nach der herrschenden Meinung einen Vertrag (bestehend in der Einigung darüber, daß Eigentum übergehen soll). Dessen Abschluß ist hier von A. nicht genehmigt worden. Also ist derselbe nichtig. Somit ist B. um die gezahlten 1000 M. durch die Zahlung ohne Grund bereichert und muß sie an den A. auf dessen Klage hin herausgeben.

Es liegt nahe, daß sich B. bei seiner Verteidigung auf § 762 Abs. 1 Satz 2 stützt, wonach das auf Grund des Spiels Geleistete nicht deshalb zurückgefordert werden kann, weil eine Verbindlichkeit nicht bestanden hat. Diese Vorschrift gilt aber nur für den Fall, daß sich der Zurückfordernde bloß auf Spiel beruft. Andere Rückforderungsgründe (z. B. Minderjährigkeit) werden dadurch nicht ausgeschlossen. (Vgl. Rosenthal, Anm. 2 zu § 762.) Einer derselben — nämlich Nichtigkeit der Eigentumsübertragung infolge der Nichtgenehmigung durch den Geschäftsherrn — liegt hier vor, und B. wäre daher mit diesem Einwand abzuweisen.

Fall 379. (Schücks Zivilrechtspraktikum Seite 63.)

Es liegt der Fall des § 407 vor. Der Schuldner A. hat an den bisherigen Gläubiger B. am 20. April gezahlt, ohne zu wissen, daß die Forderung bereits am 18. April an C. abgetreten worden ist. Die Benachrichtigung seitens des C. erfolgt erst nach der Zahlung im Mai. Daher muß C. die Leistung an B. gegen sich gelten lassen, wenn er nicht beweist, daß der A. die Abtretung kannte. Da C. dies nicht beweist, so ist das Gegenteil anzunehmen. C. muß also mit einer Klage gegen A., wenn der

Prozeß normal verläuft, abgewiesen werden. Der Prozeß verläuft aber nicht normal, denn A. erscheint in dem Termin zur mündlichen Verhandlung nicht. Gemäß § 331 ZPO. werden daher die Behauptungen des Klägers als zugestanden angesehen, und es ergeht ein Versäumnisurteil. (Ob das ergehen durfte, ist fraglich, denn das Vorbringen des Klägers muß den Klagantrag rechtfertigen, § 331 Abs. 2 ZPO.) Dieses Urteil ist der Rechtskraft fähig, falls nicht innerhalb einer Notfrist von zwei Wochen Einspruch gegen dasselbe eingelegt wird (§ 338 ZPO.). Das geschieht hier seitens des A. nicht. A. muß also die 20 M. an den C. noch einmal zahlen, obgleich er sie ihm nicht schuldet, aber nicht auf Grund der Zessionsvorschriften des BGB., sondern auf Grund des § 331 der ZPO.

A. belangt nun nach seiner Verurteilung den B. auf Herausgabe der am 20. April gezahlten 20 M. Wird er mit der Klage durchdringen? Das ist zu bejahen. A. durfte nach § 407 den B. noch als seinen Gläubiger ansehen. Er hat an ihn gezahlt in der Absicht, die Schuld aus dem Darlehen zu erfüllen. Dieser Rechtsgrund ist aber später ohne sein Wissen infolge der Abtretung weggefallen. Also ist B. auf Kosten des A., der nichts von der Abtretung wußte, bereichert. A. hat also gegen B. ohne Zweifel eine Bereicherungsklage nach § 812 Abs. 1 Satz 2. (Vgl. Kom. von Rosenthal, Anm. Ia zu § 812.) B. muß daher auf die Klage des A. hin nach § 812 zur Zahlung der 20 M. an A. verurteilt werden. Auch die Kosten des Prozesses hat B. zu tragen, da er dadurch, daß er dem A. nicht sofort Anzeige von der Abtretung gemacht hat, die Klage veranlaßt hat und weil er die Zahlung von A. angenommen hat, ohne mehr berechtigt zu sein.

Anm. 1. Nimmt man an, der obige Prozeß zwischen C. und A. wäre normal verlaufen und C. wäre mit der Klage abgewiesen worden, so hätte C. natürlich noch gegen B. klagen können, und zwar auf Grund des Abtretungsgeschäfts. C. ist nach § 398 Satz 2 mit der Abtretung an Stelle des B. getreten. B. durfte deshalb die Zahlung seitens des A. nicht annehmen, sondern nur C. B. haftet daher dem C. auf Gewährung dessen, was er nach dem Zessionsgeschäft verlangen kann. Zugleich ist natürlich B. auf Kosten des C. bereichert und haftet daher auch auf Grund des § 812.

Anm. 2. Wenn es übrigens im Text heißt, daß C., der neue Gläubiger, dem A. im Mai die Abtretung vorschriftsmäßig bekannt macht, so ist das Wort „vorschriftsmäßig", wie sich gezeigt hat, nicht ganz korrekt. Das BGB. schreibt in den §§ 406 ff. überhaupt keine Anzeige vor, sondern regelt nur die Verhältnisse für die Fälle, daß die Anzeige erfolgt ist oder daß sie nicht erfolgt ist. Zweckmäßig ist jedenfalls, daß sie gleich nach der Abtretung erfolgt, nicht erst, wie hier, bedeutend später. Das BGB. verlangt auch nicht, daß der Zessionar unbedingt die Anzeige erstatten muß, damit sie wirksam wird. Beide, sowohl Zedent wie Zessionar, können anzeigen. (Das ergibt sich aus dem Gebrauch des bloßen Wortes „Gläubiger" in § 409.)

Fall 385. (Schücks Zivilrechtspraktikum Seite 64.)

Die Formulierung des Falls (zu beachten besonders die Worte: „Der wahre Eigentümer") deutet darauf hin, daß die Kuh dem Eigentümer wider Willen abhanden gekommen ist, daß sie also ihm gestohlen, von ihm verloren worden oder ihm sonst abhanden gekommen ist. (Also jedenfalls ohne oder wider seinen Willen und nicht durch Übergabe.) A. hat nunmehr, sei es durch Übergabe seitens eines Dritten, sei es auf sonstige Weise, Besitz an derselben erlangt, auf Grund dessen er sich für den Eigentümer hält. Nach § 935 kann A. unter diesen Umständen kein Eigentum an der Kuh erworben haben, sondern er ist nur gutgläubiger Erwerber, also sogenannter Eigenbesitzer im Sinne des § 872. Es fragt sich nun, ob C., der wahre Eigentümer der Kuh, irgendeinen Anspruch gegen A. hat. Die Eigentumsklage auf Grund der §§ 985 ff. ist gegenüber dem A. ausgeschlossen, da A. die Kuh gar nicht mehr hat, sondern sie für 300 M. an den Dritten verkauft und übergeben hat. A. hat aber durch die Kuh einen Erwerb gemacht, indem er als Nichtberechtigter über dieselbe eine Verfügung traf. Diesen Erwerb hat A. zwar nicht durch die Leistung des C., wohl aber „in sonstiger Weise auf dessen Kosten" gemacht, und zwar ohne rechtlichen Grund. A. ist also auf Grund der §§ 812 ff. — insbesondere des § 816 — als bereichert anzusehen. Er ist daher dem C. zur Herausgabe der Bereicherung verpflichtet. (Die frühere condictio sine causa, vgl. Kom. von Rosenthal, Anm. 3 vor § 812 unter e.) Wieviel beträgt nun diese Bereicherung? A. hat durch Verkauf der Kuh 300 M. erlangt. Muß er diese ganze Summe herausgeben? Nach § 818 könnte man es annehmen. Die Billigkeit verlangt meines Erachtens, daß A., wenn der Normalwert der Kuh 200 M. beträgt und er sie für 300 M. verkauft, nur den Normalwert der Kuh, also 200 M., herauszugeben braucht. Bereichert ist er zwar um 300 M., aber nicht ohne Grund auf Kosten des C. Denn wenn A. eine höhere als die zu erwartende Einnahme erzielt, so hat er das voraussichtlich durch seine eigene Tätigkeit, vielleicht durch ganz besondere Geschicklichkeit oder Erfahrung, erreicht. Auch ist zu beachten, daß A. gutgläubig ist. Somit wird er nur 200 M. an C. herauszugeben brauchen.

Kann A. Abzüge machen wegen Verwendungen? Das kann er eventuell auf Grund von § 994. (Bezüglich der Verwendungen kommen diese Vorschriften analog zur Anwendung, trotzdem nicht die Eigentumsklage vorliegt.) Wenn die Kuh Milch gegeben hat, so kann A. nach § 994 Satz 2 keine Abzüge machen, da die gewöhnlichen Unterhaltungskosten — also z. B. die Futterkosten — mit den Nutzungen aufzurechnen sind. Hat A. dagegen außerordentliche Aufwendungen zur Erhaltung der Kuh machen müssen, so sind ihm diese nach § 995 Satz 2, trotzdem er die Nutzungen der Sache gezogen hat, zu ersetzen, falls sie für solche außerordentliche Lasten erfolgt sind, die als auf den Stammwert der Sache gelegt anzusehen sind. (Gemeint sind z. B. Kosten einer Krankheit.)

Fall 390. (Schücks Zivilrechtspraktikum Seite 65.)

Die B. begeht, indem sie dem A. die 400 M. stiehlt, eine unerlaubte Handlung im Sinne des § 823. Sie haftet also dem geschädigten A. auf Schadensersatz. Die B. hat das gestohlene Geld auf der Sparkasse eingezahlt. An diesem wird nach § 935 Abs. 2 verb. mit §§ 607 ff. die Sparkasse als gutgläubige Erwerberin Eigentümerin, da die Hundertmarkscheine Inhaberpapiere im Sinne des § 793 sind und für diese § 935 Abs. 1 nicht gilt. Die Sparkasse wird durch Einzahlung des Geldes Schuldnerin aus einem

Darlehensvertrag und gibt ihrer Gläubigerin zum Beweise, daß ihr die Forderung zusteht, ein Sparkassenbuch. Dieses ist ein Schuldschein im Sinne des § 952, an welchem der Gläubigerin das Eigentum zusteht. Die B. hat nun das Sparkassenbuch auf den Namen ihrer Mutter ausgestellt erhalten, und es fragt sich daher, ob nicht die Mutter Gläubigerin wird. Das ist zu verneinen, denn die Mutter wird vor der Einzahlung nicht Eigentümerin des Geldes, somit auch nach derselben nicht Forderungsberechtigte. Vielmehr gehört dazu der Wille der B., ihrer Mutter dieses Eigentum zu übertragen, um sie zu bereichern. Diese Absicht hat aber die B. nicht. Der Umstand, daß die Einzahlung des Geldes auf den Namen der Mutter geschieht, hat also gar keine Bedeutung. Die B. ist m. E. trotzdem durch die Einzahlung alleinige Berechtigte geworden. Wenn daher die Mutter der B. stirbt, so kann sich die Klage des A. keinesfalls gegen die C. und D. richten, gegen die B. wenigstens nicht in ihrer Eigenschaft als Erbin der Mutter.

Die Klage des A. gegen die B. kann sein:

1. die Klage aus § 823 auf Schadensersatz wegen unerlaubter Handlung;
2. die Klage aus § 812 wegen Bereicherung.

Durch beide Klagen wird in diesem Falle dasselbe erreicht, nämlich Herausgabe von 400 M. nebst den normalerweise zu erwartenden Zinsen.

Ist es auf die Entscheidung von Einfluß usw.? Es ist gleichgültig, ob die B. die Scheine vor der Einzahlung in Gold umwechselt, denn dann wird der Wechselnde Eigentümer der Papiere, falls er gutgläubig ist, und die B. Eigentümerin des Geldes. Die B. haftet aber wie vorher nach § 823 und § 812. Wenn die A. die Scheine zunächst ausgeliehen und dann das Geld nebst Zinsen eingezahlt hat, so bleibt die Entscheidung ebenfalls dieselbe. Die Zinsen der 400 M. in Höhe von 10 M. muß die A. herausgeben.

Fall 405. (Schücks Zivilrechtspraktikum Seite 67.)

Wenn der Text sagt, daß das Dienstmädchen A. den Kehricht nur „aus Bequemlichkeit“ in das Klosett wirft, so soll damit angedeutet werden, daß sie sich dessen wohl bewußt ist, daß aus dieser Handlung ein Schaden entstehen kann. Sie hat also damit die im Verkehr erforderliche Sorgfalt verletzt und handelt daher fahrlässig (§ 276). Sie handelt auch widerrechtlich, denn sie ist verpflichtet, den Kehricht an die dazu bestimmte Stelle zu schaffen. Durch ihre Handlung ist das Klosett verstopft worden. Somit hat sie das Eigentum eines anderen — nämlich des Vermieters — durch Fahrlässigkeit widerrechtlich verletzt (fahrlässige Sachbeschädigung), sie haftet ihm daher auf Schadensersatz nach § 823. Der Vermieter wendet sich aber gar nicht gegen die A., sondern gegen ihren Dienstherrn. Es fragt sich also, ob dieser neben der A. haftet.

Der Vermieter kann sich mit seiner Schadensersatzforderung auf zweierlei stützen, auf § 823 verb. mit § 831 und auf den Mietvertrag, also auf die §§ 535 ff. verb. mit § 278. Die A. ist von ihrem Dienstherrn zweifellos zu einer Verrichtung bestellt, also muß der Dienstherr für den Schaden haften, den sie dem Dritten — also dem Hauseigentümer — widerrechtlich zufügt. Daß das letztere geschehen ist, ist oben festgestellt worden. Somit haftet der Dienstherr auf Schadensersatz. Nach § 831 Satz 2 kann er sich aber von der Haftung durch den Nachweis befreien, daß er bei Auswahl der A. die im Verkehr erforderliche Sorgfalt angewendet habe. Insbesondere kann es hier an der erforderlichen Leitung und Aufsicht gefehlt haben. Art und Umfang des Schadensersatzes richten sich nach den §§ 249 ff. Danach ist zunächst Wiederherstellung des früheren Zustandes, also Reparatur, zu verlangen.

Mehr zu empfehlen ist daher dem Hauseigentümer, daß er gegen den Dienstherrn der A. auf Grund des mit diesem abgeschlossenen Mietvertrags wegen mangelhafter Vertragserfüllung vorgeht. Es kann dies also auf Grund der §§ 535 ff. verb. mit § 278 geschehn. Der Mietvertrag ist ein komplizierter Vertrag, der nach § 535 zunächst auf Gewährung des Gebrauchs an einer Sache gegen Zahlung des Mietzinses geht, der aber daneben eine Anzahl von Nebenverpflichtungen auf beiden Seiten umfaßt, für den Mieter insbesondere die Verpflichtung, die Wohnung während der Mietzeit pfleglich zu benutzen und jede Verschlechterung derselben (abgesehn von der gewöhnlichen Abnutzung) zu vertreten (vgl. §§ 548, 558) (ähnlich beim Kaufvertrag, vgl. Fall 113). Zur pfleglichen Benutzung gehört auch die Vornahme der nötigen Reinigung. Zur Erfüllung dieser Verbindlichkeit hat der Mieter die A. bestellt. Er haftet somit aus deren Verschulden nach § 278 (verb. mit § 276) dem Vermieter wegen der Verschlechterung auf Schadensersatz. Von dieser Haftung kann er sich nicht befreien. Art und Umfang desselben regeln wiederum die §§ 249 ff.

Anm. Über die Konkurrenz von Kontrakts- und Deliktsklage s. v. Liszt, Deliktsobligationen, S. 11, S. 105.

Fall 406. (Schücks Zivilrechtspraktikum Seite 67.)

Die Treppenbeleuchtung ist durch Polizeiverordnungen vorgeschrieben. Wer nach diesen zur Beleuchtung verpflichtet ist, handelt, wenn er sie trotzdem nicht vornimmt, widerrechtlich, er handelt auch fahrlässig, denn er verletzt die im Verkehr erforderliche Sorgfalt. Entsteht dadurch ein Schaden, so haftet der Verpflichtete also nach § 823, insbesondere § 823 Abs. 2. (Ich gehe hier nicht auf die recht unfruchtbare Kontroverse darüber ein, was man unter die den Schutz eines anderen bezweckenden Gesetze im Sinne des § 823 Abs. 2 zu zählen hat, sondern nehme dessen Vorliegen unbedenklich an, vgl. v. Liszt, Deliktsobligationen, S. 33, Rosenthal, Vorbem. zu den §§ 823—53, S. 669.) Der Umstand, daß der Schaden durch ein Unterlassen entsteht, während § 823 nur von positiven Handlungen spricht, kommt zugunsten desjenigen, welcher nicht beleuchtet, nicht in Betracht, weil unter § 823 auch alle Unterlassungen fallen, bei denen eine Verpflichtung zum Handeln vorlag (vgl. frühere Fälle).

Nach der Polizeiverordnung liegt nun die Verpflichtung zur Beleuchtung in erster Linie dem Hausherrn ob. Dieser hat aber seine Verpflichtung im vorliegenden Falle durch Vertrag auf die Mieter übertragen. Im Falle der Nichtbeleuchtung haften also die Mieter. Für den Hausherrn ist ihr Verschulden ein fremdes Verschulden. Für dieses kann aber der Hausherr nach § 831 haftbar gemacht werden. Denn man kann wohl unbedenklich behaupten, daß er die Mieter „zu einer Verrichtung bestellt" hat. (Vgl. auch § 831 Abs. 2.) Von dieser Haftpflicht kann sich aber der Hausherr nach § 831 Abs. 1 Satz 2 durch den Nachweis befreien, daß er bei Bestellung des Mieters zur Treppenbeleuchtung die im Verkehr erforderliche Sorgfalt beobachtet habe. Wenn also das Stockwerk, für dessen Beleuchtung B. Sorge zu tragen hat, vorschriftswidrig nicht beleuchtet ist, so kann sich A. seiner Haftpflicht gegenüber der Ehefrau des C. nicht unter Berufung auf den mit B. geschlossenen Vertrag entziehn, sondern kann dies nur in der obigen Weise tun.

A. macht außerdem geltend, daß die Lampe am Abend des 3. Januar angezündet, aber entweder durch einen Unbefugten oder durch einen Windstoß ausgelöscht worden sei. Da die Haftung des A. nach § 831 nur eine solche für fremdes Verschulden ist, so kommt also in Frage, ob dieser Fremde, der Mieter B., zu haften hat. Eine Polizeiverordnung wird m. E. dann nicht übertreten, wenn ihr, wie hier, infolge eines Zufalls und somit ohne Verschulden des Verpflichteten nicht genügt ist (so Olshausen, Vorbem. 2 vor § 360, wonach Fahrlässigkeit genügt, Vorsatz aber nicht nötig ist). Doch das gilt nur vom Standpunkte des öffentlichen Rechts aus. Privatrechtlich kommt hier § 823 Abs. 2 Satz 2 zur Anwendung. Dieser führt zu demselben Resultat. Danach tritt die Ersatzpflicht nur im Falle des Verschuldens ein, wenn nach dem Inhalte des Gesetzes ein Verstoß gegen dieses auch ohne Verschulden möglich ist. Da hier vermutlich Zufall vorliegt, so wird ein Verschulden des B. nicht anzunehmen sein. (Denkbar wäre ein solches schon, z. B. weil B. die durch Zufall ausgelöschte Lampe trotz Kenntnis hiervon nicht wieder anbrannte.) Wenn aber B. nicht haftet, so haftet A. nach § 831 um so weniger. Natürlich muß A. seinen Einwand beweisen.

Würde der Fall usw.? Die Waschfrau kann ebenfalls Ersatz von A. fordern, vorausgesetzt, daß Verschulden des B. vorliegt. Denn es ist selbstverständlich, daß jeder Dritte das Recht auf Schadensersatz geltend machen kann, nicht nur einer der Mieter. Der Zweck der Polizeiverordnung ist der Schutz aller in dem Hause verkehrenden Menschen. Der Umstand, daß C., dessen Ehefrau verletzt ist, selbst zur Beleuchtung verpflichtet war, spielt keine Rolle, da der Unfall sich nicht auf seiner Treppe abgespielt und er auch der Verpflichtung nicht zuwidergehandelt hat.

Zu erörtern wäre endlich noch Umfang und Art der Schadensersatzpflicht des A. A. hat nach den allgemeinen Grundsätzen über Schadensersatzleistung (§§ 249 ff.) den entstandenen Schaden und den entgangenen Gewinn zu ersetzen. Zu ersterem gehören zweifellos die Kur- und Heilungskosten und zu letzterem die Entschädigung wegen des während der Krankheit entgangenen Arbeitsverdienstes. Für die Zukunft hat A. der C. nach § 843 eine Rente zu zahlen, die nach den Regeln über die Leibrente (§§ 759—61) zu beurteilen ist.

Anm. Bemerkt sei noch, daß zunächst kein Grund dafür vorliegt, daß auch der Ehemann der E. mit als Kläger auftritt. Die Leistungen, welche der A. hier an die Ehefrau des E. zu machen hat, fallen ohne Zweifel in das Vorbehaltsgut derselben, soweit es sich um Entschädigung wegen des entgangenen Verdienstes und um die Rente handelt (§§ 1365 ff.). Die Klage des Ehemanns wird aber insofern berechtigt sein, als dieser vermutlich die Kur- und Heilungskosten aus eignen Mitteln bestritten hat. Dies hätte er auf Grund seiner Unterhaltspflicht unter Umständen sogar tun müssen (§ 1360). Insofern kann man also sagen, daß sein Vermögen geschädigt ist und er deshalb ebenfalls aus § 823 klagen kann (vgl. auch §§ 1380, 845, 844 verb. mit § 1360 Abs. 2, 1360 Abs. 1).

Fall 407. (Schücks Zivilrechtspraktikum Seite 67.)

Die Entscheidung hängt ab von der Auslegung des § 833. Danach haftet derjenige, welcher ein Tier hält, für den Schaden, den das Tier durch Beschädigung einer Sache herbeiführt. Wird aber hier eine Sache beschädigt? Das ist zu verneinen. Meines Erachtens ist aber § 833 ebenso extensiv auszulegen wie § 303 StrGB. (wonach derjenige, welcher einen Kanarienvogel in Freiheit setzt oder eine fremde Sache in das Meer wirft, bei enger Auslegung nicht bestraft werden kann). Sonach würde ich dem B. eine Schadensersatzforderung gegen A. zuerkennen.

Anm. Über die Frage ist in letzter Zeit viel diskutiert worden. In den ergangenen Entscheidungen sind beide Ansichten vertreten.

Drittes Buch. Sachenrecht.

Fall 415.

Der Kolibri pflegt dadurch, daß man ihn im Bauer hält, nicht gezähmt zu werden, wie z. B. Papageien, Raben usw. (vgl. Fall 407), daher ist m. E. der im Bauer befindliche Kolibri mangels einer besonderen Bestimmung ein gefangenes wildes Tier im Sinne des § 960. Dieses ist durch das Davonfliegen nach § 960 Abs. 2 herrenlos geworden, denn es erlangt seine natürliche Freiheit, und offenbar hat der Eigentümer es entweder nicht verfolgt oder die Verfolgung aufgegeben.

A. sucht nun den Vogel zu fangen, er erlangt aber an ihm keinen Eigenbesitz im Sinne des § 872, denn dazu ist außer dem bei A. vorhandenen Willen, die Sache als ihm gehörig zu besitzen, auch die tatsächliche Herrschaft im Sinne des § 854 erforderlich, und diese erlangt er nicht, da B. den Vogel verscheucht. Ebensowenig erlangt also A. das Eigentum an dem Vogel nach § 958. Seine Handlung ist nur eine versuchte Aneignung. Der Vogel bleibt also unbesessen und herrenlos. A. hat also gegen B. keine Klage wegen Besitzstörung nach § 862. Das Verscheuchen des Vogels durch B. ist daher auch keine Besitzstörung gegenüber A. (A. könnte höchstens dadurch im Besitze seines Gartens gestört werden, was hier nebensächlich ist.) Wenn nun weiter der B. den Vogel, nachdem er auf sein Grundstück geflogen war, in Besitz nimmt, so ist dies, da der Vogel, wie bewiesen, noch in niemandes Besitz und Eigentum ist, ein Besitzerwerb nach § 872 (Erwerb des Eigenbesitzes) und demnach auch ein Eigentumserwerb nach § 958. Wenn daher A. auf Wiedereinräumung des Besitzes gegen B. klagt, so wird er mit der Klage abgewiesen, da er überhaupt keinen Besitz erworben hat, während hingegen der B. Besitz und Eigentum erlangt hat. (Vgl. hierzu Lehrb. von Matthiaß, Band II §§ 3 und 4.)

Fall 416.

Die Hauptfrage ist die, ob A., trotzdem ihm das Bild erst am Weihnachtsabend tatsächlich übergeben werden soll, das Eigentum an demselben durch Übergabe im juristischen Sinne schon bei Abschluß des Kaufvertrags erlangt. Die Entscheidung der Frage, wer in diesen im Verkehr so häufigen Fällen, daß der Käufer die gekaufte Sache, nachdem er sie ausgewählt hat, nicht sofort mitnimmt, sondern später abholt bzw. zugesendet erhält, das Eigentum an der Sache hat (und damit die Gefahr trägt, weshalb die Frage so wichtig ist), hängt ganz von der Absicht der Parteien ab. Diese wieder ist aus den Nebenumständen zu ermitteln und, wenn solche nicht vorhanden sind, aus der Verkehrssitte zu schließen. Im allgemeinen liegt nach unserer Verkehrssitte darin, daß der Verkäufer die Sache für den Käufer ausscheidet und beiseitelegt — so daß sie zu einer speziell bestimmten wird — und daß der Käufer sich zur Abholung bereit erklärt — bzw. Verkäufer die Zusendung verspricht —, die Vereinbarung einer Übertragung der tatsächlichen Gewalt und damit des Besitzes und des Eigentums an der Sache (§ 854 Abs. 2, § 930). Der Umstand, daß der Käufer die Sache nicht sofort mitnimmt, soll nach der Absicht der Parteien bedeutungslos sein. Für den Verkäufer gilt die Sache nun als eine fremde Sache, bezüglich deren er stillschweigend eine Verwahrungspflicht übernommen hat. Wie er aber das Eigentum an der Sache verloren hat, will er nun auch die Gefahr des Untergangs nicht mehr tragen. Ein weiteres Argument für diese Absicht der Parteien wäre darin zu erblicken, daß Käufer den Kaufpreis sofort nach Kaufabschluß bar bezahlt. Dieses kommt aber im vorliegenden Falle nicht in Frage, da über die Bezahlung nichts gesagt wird.

Im vorliegenden Falle spricht nun der Umstand, daß der Käufer um Zusendung am Weihnachtsabende — also zu einer bedeutend späteren Zeit — bittet, vielleicht dafür, daß nach Absicht der Parteien der Verkäufer Besitz, Eigentum und Gefahrhaftung behalten soll. Unbedingt zwingend dürfte aber dieser Schluß nicht sein. Es bleibt hier m. E. nichts weiter übrig, als beide Möglichkeiten zu erörtern.

1. Angenommen, der Kaufpreis für das Bild wäre noch nicht bezahlt (was mir wahrscheinlicher ist) und man könnte daher unbedenklich annehmen, B. sei noch als Eigentümer des Bildes zu betrachten, so hat A. an demselben kein Recht. Er hat nur ein persönliches Recht gegen B. auf Über-

gabe desselben (§ 433). B. kann daher das Bild an C. vermieten. A. kann dann nicht gegen C. wegen Besitzstörung klagen. Der Mietvertrag zwischen B. und C. ist also gültig, weil B. noch zur Übertragung des unmittelbaren Besitzes an C. imstande ist. B. haftet aber dem A. wegen verschuldeter Unmöglichkeit der Leistung. Die Frage, ob C. von dem Verkaufe wußte, ist hier ohne Bedeutung.

2. Angenommen, die Übergabe wäre erfolgt, so hat B. an dem Bilde kein Recht mehr. Er tritt zu A. nach dem Obigen in das Verhältnis eines Verwahrers (§§ 688 ff.), vielleicht auch eines Beauftragten (§§ 662 ff.). Wenn er daher das Gemälde dem C. vermietet und ihm — wie zu ergänzen ist — den Besitz daran überträgt, so sind Mietvertrag und Besitzübergabe unwirksam. Die Verfügung des B. ist als eine verbotene Eigenmacht anzusehen und A. gegenüber C., der fehlerhaft besitzt, nach § 861 zur Klage auf Wiedereinräumung des Besitzes berechtigt.

Ob C. von dem Verkaufe des Bildes Kenntnis hat, ist hier deshalb gleichgültig, weil der gute Glaube des fehlerhaft Besitzenden gegenüber dem zum Besitz Berechtigten keinen Rolle spielt (bei der Ersitzung kommt er z. B. in Betracht).

Fall 418.

Als Mieter wird A. Besitzer des Pferdes im Sinne des § 854 (unmittelbarer Besitzer, vgl. auch § 868, während B. mittelbarer Besitzer bleibt). Wenn er es unterwegs dem C. verkauft, so ist anzunehmen, daß er mit diesem auf dem Pferde reitend zusammengetroffen ist. Es fragt sich nun, ob er bei dieser Gelegenheit den Besitz (und damit auch das Eigentum § 433) an dem Pferde bereits auf den C. überträgt, oder ob dies erst erfolgt, nachdem er das Pferd in den Stall des C. gebracht hat. Davon wird die Entscheidung abhängen. Ich nehme an, daß die Absicht der Parteien auf sofortige Besitzübertragung geht. Nun genügt nach § 854 Abs. 2 die Einigung des bisherigen Besitzers und des Erwerbers zum Erwerbe des Besitzes nur dann, wenn der Erwerber in der Lage ist, die Gewalt über die Sache auszuüben. Das ist hier anscheinend nicht der Fall, denn C. übernimmt das Pferd nicht, sondern A. reitet auf die Bitte des C. in dessen Stall. Indessen ist in diesen Fällen, also in den Fällen, wo der Wille der Übergabe und Annahme vorliegt, der Übergebende aber die Sache aus irgendwelchem Grunde noch behält, ein neuer Vertrag anzunehmen, den man wohl am besten als Verwahrungsvertrag (vielleicht auch Auftrag) bezeichnen kann, auf Grund dessen der zukünftige Erwerber den mittelbaren Besitz erhält, während der Veräußerer vorläufig noch unmittelbarer Besitzer bleibt (vgl. Fall 416).

Wenn nun B. das Pferd dem A. mit Gewalt abnimmt, so fragt sich, ob darin eine verbotene Eigenmacht im Sinne des § 858 liegt. Da B., wie festgestellt, sowohl sein Besitz- wie sein Eigentumsrecht an dem Pferde verloren hat, hat er an demselben nicht das geringste Recht mehr. (Selbst wenn er mittelbarer Besitzer und Eigentümer geblieben wäre, hätte er auf

Grund des, allerdings sofort aufkündbaren Mietvertrages nur das Recht, seinen Anspruch im Klagwege geltend zu machen, da erlaubte Selbsthilfe nach § 229 vermutlich nicht vorliegt.) Somit ist die Handlung des B. verbotene Eigenmacht im Sinne des § 858. Gegen diese kann sich A. ebenso wie B. schützen, denn beide sind Besitzer. Nach § 859 konnte sich also A. der Besitzentsetzung durch B. mit Gewalt erwehren. Das hat er nicht getan, und es bleibt daher den Genannten die Möglichkeit, die Wiedereinräumung des Besitzes nach § 861 von B. als dem fehlerhaft Besitzenden zu erlangen.

Natürlich kann B. von A. dafür Ersatz verlangen, daß dem letzteren die Leistung (bestehend in Rückgabe der Mietsache) infolge eines von ihm zu vertretenden Umstandes unmöglich wird.

Fall 419.

B. behauptet, A. habe ihn im Besitze seines Grundstücks gestört und damit eine verbotene Eigenmacht im Sinne des § 858 begangen (vgl. § 1004). Letztere sieht er darin, daß A. mit seinem Ballon bei jedem Aufstieg über sein Grundstück fliegt. Er stützt sich somit zugleich auf § 905 Satz 1. Hier kommt aber § 905 Satz 2 zur Anwendung denn, da ein Luftballon im allgemeinen nicht unmittelbar über den Häusern fliegt, so ist die Einwirkung seitens des A. offenbar in solcher Höhe vorgenommen worden, daß B. an ihrer Ausschließung kein Interesse hat (vgl. Fall 441). Die Verteidigung des A., die Luft sei frei usw., ist daher überflüssig, sie ist auch unrichtig. A. verwechselt offenbar die Begriffe Luft und Luftraum. Die Luft ist allerdings eine res extra commercium, ein Gemeingut aller, nicht aber der Luftraum. Wenn B. sich darauf stützt, daß er in einem Prozeß gegen den Postfiskus wegen Beseitigung eines über sein Grundstück gezogenen Telephondrahts ein siegreiches Urteil erstritten habe, so ist diese Verteidigung unwirksam. Denn der von B. angeführte Fall ist offenbar der des § 905 Abs. 1. Telephondrähte laufen eben nicht in derartiger Höhe über den Häusern, daß der Eigentümer an der Ausschließung dieser Einwirkung kein Interesse hat.

Fall 420.

B. hat als Mieter zweifellos ein Besitzrecht an der gemieteten Sache (§§ 535 ff.). Dieses wird sich wahrscheinlich auch auf den Platz vor dem Fenster und den durch die Schlinggewächse bedeckten Platz erstrecken. Dies um so mehr, als A. dem B. die Aufstellung von Blumentöpfen vertraglich gestattet hat. Eine Besitzstörung liegt also vermutlich nicht vor. Trotzdem dringt A. durch, denn die Ausübung eines Rechts ist nach § 226 unzulässig, wenn sie nur den Zweck haben kann, einem anderen Schaden zuzufügen. Das ist hier der Fall. Die Schlinggewächse kann B. vermutlich ebensogut an einer anderen Stelle derartig aufstellen, daß sie niemandem nachteilig werden. In dem Aufstellen der Schlinggewächse trotz Kenntnis von der dadurch verursachten Störung würde ich also eine Schikane erblicken. (Vgl. auch § 906 e contrario.)

Fall 421.

Wenn A. sein Pferd bei B. einstellt, hat B. die Pflicht, das Pferd in gutem Zustande zu erhalten, insbesondere es zu füttern usw. Dies tut B. vermutlich gegen Entgelt. Es besteht dann also zwischen A. und B. ein Werkvertrag nach §§ 631 ff. (Man könnte auch Verwahrungsvertrag nach §§ 688 ff. annehmen.) Wenn ferner A. das Pferd von B. zum Ausreiten mietet, so liegt darin ein Sachmietvertrag nach §§ 535 ff., bei welchem B. der Vermieter ist, A. der Mieter. Die von A. ermietete Sache ist nun zufällig seine eigene. Der Mietvertrag über die eigene Sache ist aber ungültig. Das folgt aus allgemeinen Grundsätzen über die Eigentumslehre, insbesondere aus dem Satze, daß das Eigentum die freie unbeschränkte Herrschaft über die Sache verleiht (vgl. § 903). Darin sind auch diejenigen Rechte, die der Sachmietvertrag, also ein nur persönliches Rechtsgeschäft, verleiht, selbstverständlich mit enthalten.

Bei dem vorliegenden gültigen Werkvertrag ist nun B., wie er das als Unternehmer verlangen kann, im Besitz des Pferdes gewesen. B. hat diesen Besitz dem A. in der Meinung, einen Sachmietvertrag zu erfüllen, übertragen, wozu er auch nach § 535 verpflichtet gewesen wäre. A. hat nach Ablauf der Mietzeit das Pferd an B. zurückzugeben. Das tut er aber nicht, da er inzwischen gemerkt hat, daß das Pferd sein eigenes ist. B. klagt gegen A. als den seiner Ansicht nach fehlerhaft Besitzenden auf Grund von § 861 wegen Besitzentziehung durch verbotene Eigenmacht im Sinne des § 858, und zwar auf Wiedereinräumung des Besitzes. A. dagegen verteidigt sich, indem er sein Eigentumsrecht vorschützt, mit der Einrede des § 863, nämlich der, daß er ein Recht zum Besitz habe und daher die Entziehung desselben nicht verbotene Eigenmacht gewesen sei. Dringt A. hiermit durch?

A. führt sein Recht nicht weiter aus. Er muß behaupten, daß der Sachmietvertrag ungültig sei, da er über seine eigene Sache abgeschlossen sei, so daß also nur noch der Werkvertrag übrig bleibe. Dieser sei aber mangels einer besonderen Vereinbarung sofort kündbar, so daß er auf Grund desselben das Pferd zurückbehalten könne. Diese Deduktion ist, wie schon die obigen Erörterungen ergeben, richtig. Man kann wohl sagen, daß in dem Zurückbehalten des Pferdes durch A. zugleich eine Kündigung (durch konkludente Handlung) enthalten ist. Diese Kündigung wird dem B. allerdings erst während des Prozesses verständlich, da er erst bei diesem erfährt, daß A. Eigentümer des Pferdes ist. A. hat also den Fehler begangen, daß er bei Zurückhaltung des Pferdes dem B. den Grund desselben nicht mitteilte. Das verlangte allerdings die im Verkehr erforderliche Sorgfalt. B. wußte also gar nichts von der Berechtigung des A. Er konnte dieselbe auch in keiner Weise erkennen, denn er wußte nur von einem zwischen ihm und A. abgeschlossenen Sachmietvertrag. Er konnte also annehmen, daß er mit Recht auf Grund des Sachmietvertrages das Pferd nach Ablauf der Mietzeit von A. im Klagewege zurückforderte. A. hat also die Prozeßkosten veranlaßt. Diese hat er somit zu tragen (§ 93 ZPO.). Dagegen wird B. gemäß §§ 862, 863 auf die Klage des A. hin zur Herausgabe des Pferdes an A. verurteilt.

Fall 422.

A. hat, indem er den Grenzpfahl in das Grundstück des B. hineinsetzt, den B. im Besitz gestört und somit eine verbotene Eigenmacht begangen. B. erhebt daher mit Recht die Besitzstörungsklage nach § 862 gegen A. Er tat dies aber erst nach Ablauf eines Jahres nach der Störung. A. erhebt daher den Einwand der Verjährung. Damit will sich A. offenbar auf § 864 stützen. Dort ist allerdings nicht von Verjährung, sondern nur von Erlöschen des Anspruchs die Rede. A. hat also einen unkorrekten Ausdruck gebraucht, da Rechte überhaupt nicht verjähren. Doch gilt der Satz: Jura novit curia. Da § 864 anwendbar ist, so dringt also A. mit seinem Einwand durch.

B. verteidigt sich gegen den Einwand der Verjährung (des Erlöschens des Anspruchs) mit der Behauptung, daß sich die Besitzstörung in jedem Augenblicke wiederholt habe. Das mag zwar richtig sein, es ist aber gleichgültig, denn aus § 864 geht m. E. deutlich hervor, daß die Frist für das Erlöschen des Anspruchs von der Zeit nach der ersten Besitzstörungshandlung an läuft (besonders zu beachten die Worte „nach der Verübung der verbotenen Eigenmacht").

B. hätte eine ganz andere Klage anstellen sollen, nämlich die auf Wiederherstellung eines festen Grenzzeichens gemäß § 919. Dies ist ein Anspruch des B. aus dem Eigentum am Grundstück. Dieser Anspruch unterliegt nach § 924 nicht der Verjährung.

Anm. Wenn B. jetzt noch die Klage auf Grund von § 919 anstellen wollte, so würde die Frage entstehen, ob das eine unzulässige Klagänderung (§ 264 ZPO.) oder nur Klagbesserung (§§ 268, 269 ZPO.) ist. Da der Klaggrund nach dem Gesagten ein vollständig anderer ist, so ist es Klagänderung. Diese ist in erster Instanz erlaubt, falls der Gegner nicht widerspricht, sonst nur auf Grund richterlicher Entschließung, falls die Verteidigung des Gegners nicht erheblich erschwert wird.

Fall 423.

Nach § 266 ist der Schuldner zu Teilleistungen nicht berechtigt. Die Voraussetzung hierfür ist aber, daß eine einheitliche Schuld vorliegt (Kuhlenbeck, Anm. 2 zu § 266). Da dies hier bezüglich der 88 000 Steine anzunehmen ist, so würde B. im normalen Falle vom Vertrage zurücktreten können (§ 325).

Hier liegt aber, wie sich ergeben wird, die Sache etwas anders. Nach § 433 hat der Käufer B. das Recht, die Übergabe der 88 000 Steine von A. zu verlangen. Diese Übergabe ist hier bereits erfolgt. X., ein Dritter, ist im Besitz der Sache, und der Eigentümer A. hat dem Erwerber B. schriftlich den Anspruch auf Herausgabe der Steine abgetreten. Darin liegt eine Besitzübertragung im Sinne des § 870, also eine Übertragung des mittelbaren Besitzes, zugleich aber eine Eigentumsübertragung im Sinne des § 931. X. bleibt unmittelbarer Besitzer der 13 000 Steine bis zu dem Augenblick, wo C. sie abfährt. Daraus folgt, daß A., wenn er von den 88 000 Steinen am nächsten Tage 13 000 Stück an C. verkauft, über diese als Nichteigentümer eine Verfügung trifft, denn die Steine gehören bereits dem B. C. erlangt also an den 13 000 Steinen nur den unmittelbaren Besitz, nicht aber Eigentum. Er kann daher nur nach Maßgabe der Vorschriften der §§ 932 ff. über den gutgläubigen Erwerb vom Nichteigentümer Eigentum erwerben. C. ist gutgläubig. Es fragt sich aber, ob nicht die 13 000 Steine als „sonst abhanden gekommen" im Sinne des § 935 zu betrachten sind. Was hierunter zu rechnen ist, ist manchmal zweifelhaft, man ist sich aber darüber einig, daß darunter im allgemeinen dasjenige gehört, was dem Eigentümer gegen oder ohne seinen Willen abhanden gekommen ist. Die Steine sind aber dem B. sogar wider seinen Willen abhanden gekommen, nämlich durch Besitzübergabe seitens des A. an C. B. ist somit Eigentümer sämtlicher 88 000 Steine geblieben. Der Umstand, daß dem X. von der Zession keine Mitteilung gemacht worden ist, hat keinen Einfluß auf die Gültigkeit der Besitzübertragung. Denn X. besitzt nur für den Eigentümer A.: er ist also sog. unselbständiger Inhaber im Sinne des § 855. Selbst wenn er Besitzer wäre (was z. B. auf Grund eines Verwahrungsvertrags der Fall sein könnte), so konnte er diesen Besitz ohne sein Wissen verlieren, um so mehr kann er es als bloßer Inhaber.

B. will nun vom Vertrage zurücktreten und stützt sich damit auf § 266 verb. mit § 325. Da B., wie bewiesen, Eigentümer und mittelbarer Besitzer sämtlicher Steine geworden ist, so erscheint es fraglich, ob überhaupt eine Teilleistung vorliegt. Zur Leistung des A. gehört schließlich auch noch die Übertragung des unmittelbaren Besitzes. Diese ist dem A. bezüglich der 13 000 Steine allerdings unmöglich, denn er hat ihn bereits an C. übertragen, hat also selbst überhaupt kein Recht an ihnen. Nun könnte aber B. als Eigentümer der Steine diese dem C. evinzieren. A. kann dies aber nicht, und auf ihn allein kommt es m. E. an.

Es ist also zweifellos, daß eine teilweise Unmöglichkeit der Leistung vorliegt. Diese tritt aber erst nach Entstehung des Schuldverhältnisses ein. Für diesen Fall gilt aber § 266 nicht. (Vgl. Kuhlenbeck, Anm. 4 zu § 266 und Anm. 2 zu § 275.) Somit kommt § 325 Abs. 1 Satz 2 zur Anwendung, welcher vorschreibt: „Bei teilweiser Unmöglichkeit der Leistung ist er (der Schuldner), wenn die teilweise Erfüllung des Vertrags für ihn kein Interesse hat, berechtigt, Schadensersatz wegen Nichterfüllung der ganzen Verbindlichkeit nach Maßgabe des § 280 Abs. 2 zu verlangen oder von dem ganzen Vertrage zurückzutreten." Die Entscheidung wird also problematisch zu lauten haben, je nachdem ein solches Interesse des B. vorliegt oder nicht. Im ersteren Falle muß er sich mit dem in § 280 Abs. 1 bezeichneten Schadensersatz begnügen, im letzteren Falle kann er vom Vertrage zurücktreten. Die Klage des B. ist dann abzuweisen.

Anm. Übrigens ist es fraglich, ob die Klage des B. als Feststellungsklage (§ 256 ZPO.) überhaupt begründet ist. Da er einfach die Zahlung verweigern kann, so braucht er nicht zu klagen. Es fehlt also eventuell das Interesse.

Fall 425.

Indem B. die zehn Flaschen Wein aus Versehen bei C. abgibt, überträgt er dem C. daran sowohl Besitz — denn C. erlangt die tatsächliche

Gewalt, § 854 — als auch das Eigentum, denn B. will zu Eigentum übergeben und C. will als Eigentum annehmen (§ 929). B. wird daher mit einer possessorischen Klage gegen C. nicht durchdringen, sondern wird die Eigentumsübertragung nach § 119 wegen Irrtums anfechten müssen. Ebensowenig hat der Käufer A. eine Klage gegen C., denn er ist weder Besitzer, noch Eigentümer. Er hat nur eine Klage gegen B. auf Erfüllung des Kaufvertrags.

Außer dem Anfechtungsanspruch hat B. gegen C. einen solchen wegen Bereicherung nach § 812, denn C. ist durch eine Leistung des B. ohne Grund bereichert.

Anm. Der Fall stimmt, abgesehen von einer kleinen Differenz bezüglich der gestellten Fragen, fast vollständig mit Fall 52 überein. Während dort in erster Linie die Irrtumsgrundsätze erörtert werden sollten, so hier die Grundsätze der Besitz- und Eigentumslehre.

Fall 426.

Der Fall behandelt die Frage nach dem Besitzerwerb des Abwesenden.

Hat der Eigentümer eine Sache vermietet, so sind im Rechtssinne zwei Besitzer vorhanden, der unmittelbare Besitzer, nämlich der Mieter, und der mittelbare Besitzer, nämlich der Vermieter. (Vgl. Rosenthal, Anm. 1 zu § 854 und § 868.) Beide sind berechtigt, die nach §§ 561, 562 dem Besitzer zustehenden Rechte geltend zu machen. So ist also hier der B. Besitzer an den in der ihm vermieteten Wohnung befindlichen Sachen und insbesondere auch am Garten. Die Bäume gelangen nun in Abwesenheit des Mieters B. in dessen Garten. Dadurch erlangt nach dem Obigen jedenfalls der Vermieter A. den mittelbaren Besitz (und zugleich das Eigentum) an den Bäumen. A. kann also zweifellos gegen C. wegen Besitzentziehung nach § 861 klagen. Fraglich ist dagegen, ob B. es ebenfalls kann.

Der Text sagt nichts Genaues darüber, ob A. eigentlich dem B. Besitz an den Bäumen übertragen will. Es kann sein, daß er sie zunächst nur in dessen Garten stellen läßt, ohne diesem ein Verfügungsrecht daran einräumen zu wollen. Wahrscheinlich ist dies aber nicht. Jedenfalls wäre dann an eine Klage des B. gegen C. nicht zu denken. Wahrscheinlich ist es vielmehr, daß A. dem B. an den Bäumen dadurch, daß er sie in seinen Garten stellen läßt, den (unmittelbaren) Besitz (vielleicht auch das Eigentum, in welchem Falle er als Geschäftsführer ohne Auftrag zu gelten hätte) einräumen will. Nun entsteht aber die Frage, ob er diesen Zweck erreicht, trotzdem B. abwesend ist. Nach § 854 wird der Besitz eine Sache durch Erlangung der tatsächlichen Gewalt über die Sache erworben. Die Frage, wann diese tatsächliche Gewalt vorliegt, ist vielfach schwierig. Aus §§ 855, 860 folgt insbesondere, daß Besitz selbst dann vorhanden sein kann, wenn der Besitzer nicht zugegen ist und daß sogar jemand Besitz erlangen kann, ohne davon zu wissen. Es sind dies aber Ausnahmefälle. Im vorliegenden Fall erscheint es m. E. wahrscheinlich, daß B. keinen Besitz erwirbt und daher auch keinen Anspruch aus § 861 gegen C. hat.

Fall 427.

Nach § 873 BGB. ist Auflassung nur Einigung über den Eigentumsübergang von einem Grundstück und die Erklärung desselben vor Gericht oder dem Notar. Zum Zustandekommen des Eigentumsübergangs muß die Eintragung des Käufers hinzukommen. Im preußischen Recht, unter dessen Herrschaft der Fall vorgekommen sein mag, umfaßte der Begriff Auflassung die heutige Auflassung und Eintragung zusammen. In diesem Sinne ist sie daher auch hier aufzufassen und der Begriff der Eintragung somit zu ergänzen. Die Eintragung des A. im Grundbuch ist demnach als erfolgt anzusehen. Zur Vereinfachung des Falles soll nun zunächst angenommen werden, daß B. seine Klage nicht gegen C., sondern gegen A. richtet und dabei dieselben Angriffsmittel verwendet wie hier gegen C. Es fragt sich, ob dann A., trotzdem er dem B. betrüglich vorspiegelt, daß er zahlungsfähig sei, Eigentümer des Grundstücks geworden ist. B. stützt sich, indem er dies in Abrede stellt, offenbar auf das Vorliegen eines Betrugs, also auf § 123. Er ficht den Kaufvertrag, zwischen A. und ihm, an und stützt sich darauf, daß er infolge der Anfechtung nach § 142 als von Anfang an als nichtig anzusehen sei. Dies ist der Inhalt der Klage des B. Zugleich macht er mit der Klage den Berichtigungsanspruch des § 894 geltend. Allerdings hat B. seine Klage schlecht formuliert, indem er (in Wahrheit also nicht gegen A., sondern gegen C.) auf Anerkennung der Nichtigkeit der Auflassung geklagt hat. Er mußte die Anfechtung ausdrücklich erklären. Die juristische Formulierung der Klage ist aber kein Grund zur Abweisung derselben, der Richter hat vielmehr die richtige Form zu ergänzen, wenn es offenbar ist, daß die Partei dem Sinne nach das Richtige meint (wieder eine Anwendung des Satzes jura novit curia. vgl. z. B. Fall 279, vgl. auch § 139 ZPO.). M. E. kann man in dem Vorbringen des B. eine Anfechtung erblicken.

Daß in dem Verhalten des A. tatsächlich eine arglistige Täuschung im Sinne des § 123 liegt, ist ohne weiteres zu bejahen, denn B. hätte dem A. sein Grundstück nicht verkauft oder ihm wenigstens nicht den Preis kreditiert, wenn A. ihm nicht vorgespiegelt hätte, daß er zahlungsfähig sei. Ebenso ist es klar, daß A. dadurch das Vermögen des B. geschädigt hat, denn er hat einem Zahlungsunfähigen Kredit gegeben und die Einziehung der Forderung wird dadurch schwierig oder ganz in Frage gestellt. Somit kann B. gegenüber A. die Anfechtung im Sinne des § 125 erklären und auf Grund derselben gemäß § 142 die Nichtigkeit des abgeschlossenen Kaufvertrags und der erfolgten Auflassungserklärung herbeiführen.

Wäre B. gegen A. in dieser Weise vorgegangen, so hätte er sein Ziel in jeder Beziehung erreicht. Mit der Berichtigungsklage des § 894 hätte B. die Löschung des A. als Eigentümer im Grundbuch erreicht. Infolgedessen hätte dann dem C. der Erwerbstitel gefehlt und B. hätte nun eine zweite Klage gegen C. auf weitere Berichtigung des Grundbuchs nach § 894 verb. mit § 925 anstellen und damit auch die Löschung des C. als Eigentümer herbeiführen können.

B. begeht aber den Fehler, sofort gegen C. statt gegen A. zu klagen.

Es fragt sich, wie er diese Klage begründen kann. A. ist ein Dritter, der die Täuschung verübt hat. Trotzdem liegt § 123 Abs. 2 Satz 1 nicht vor, da die Erklärung des B. nicht einem anderen, sondern dem A. gegenüber erfolgt ist. § 123 Abs. 2 Satz 2 kommt auch nicht in Betracht, denn zwar hat C. infolge der Kaufs- und Auflassungserklärung des B. ein Recht erworben, aber er hat dieses Recht nicht unmittelbar aus der Erklärung des B. erworben, sondern aus der des A. (Vgl. die Betrugsfälle im I. Buch.) Die Anfechtung des B. gegenüber C. ist somit ausgeschlossen. Da C., wie bewiesen, Eigentümer des Grundstücks geworden ist, so ist auch die von B. mit der Anfechtung gegen C. verbundene Berichtigungsklage des § 894 abzuweisen.

Die Verteidigung des C., daß dem B. nur ein persönlicher Anspruch auf Rückauflassung gegen A. zustehe und von einer dinglichen Wirkung der Anfechtung nicht die Rede sein könne, trifft somit das Richtige.

Die Tatsache, daß C. bösgläubig ist, hat hier gar keinen Einfluß. Denn die Grundsätze über gutgläubigen Erwerb kommen bei Grundstücken nicht in Betracht. Hier entscheidet vielmehr nur die Eintragung im Grundbuch.

Fall 428.

Der Fall soll eine Erläuterung zu § 879 geben. A. verspricht dem B. ein Darlehen unter einer Bedingung. Da das Darlehen, wie im gemeinen Recht, ein Realvertrag ist und daher der Darlehensvertrag erst mit der Hingabe der Darlehenssumme zustande kommt, so ist das vorliegende Versprechen nur ein Darlehensvorvertrag (§ 610), also ein gewöhnlicher zweiseitiger Vertrag im Sinne der §§ 320 ff. B. verpfändet dem A. hierfür das Grundstück X. Das „hierfür" bedeutet also für die künftige Rückgabe der vorläufig noch gar nicht übergebenen Darlehenssumme, also für eine noch gar nicht entstandene, sondern zukünftige Forderung (wie dies nach § 1113 Abs. 2 zulässig ist). Die mit dem Vertrag verbundene Bedingung, daß der Sohn des A. zurückkehrt, ist eine Suspensivbedingung (§ 158 Abs. 1).

Die Bedingung, daß der Sohn des A. zurückkehrt, tritt nun ein, und zwar am 1. Juni. Infolgedessen ist das Darlehen an diesem Tage zur Auszahlung gelangt. Daher gilt auch die Hypothek des B., die sich nach der Forderung richten muß, als am 1. April entstanden.

Die zweite Forderung, also die des C., ist am 1. Mai fällig, und die Hypothek ist am 2. April eingetragen worden. Hier bestehen Forderung wie Hypothek bereits am 2. April. Im Grundbuch ist nun zuerst die Hypothek des C., dann die des A. eingetragen. (Der Buchstabe B. auf der siebenten Zeile ist in C. abzuändern.) Es hat nun nach § 879 — das soll allein bewiesen werden — die Hypothek des C. den Rang vor der des A., trotzdem die Verpfändung des Grundstücks an A. tatsächlich früher vorgenommen worden ist, nämlich am 1. April. Denn nach § 879 bestimmt sich das Rangverhältnis der Rechte, die in derselben Abteilung eingetragen werden, nach der Reihenfolge der Eintragungen, nicht nach der Entstehung der betreffenden Rechte.

Fall 429.

Die Bestellung der Hypothek von 100000 M. für B. an dem Grundstück des A. ist in einer notariellen, also beglaubigten Schuldurkunde, demnach in der durch § 27 der GrO. verb. mit § 129 BGB. vorgeschriebenen Form erfolgt. B. teilt diese ihm zustehende Hypothek in zwei Teile, wozu er nach § 1151 ohne Zustimmung des Eigentümers berechtigt ist. Er zahlt aber nur 77000 M. und tritt die Teilhypothek von 23000 M. am 2. Juli an D. ab (wahrscheinlich einer seiner Schuldner, der die Valuta für die Teilhypothek zahlen soll). Den hierfür nach § 1152 bestellte Teilhypothekenbrief händigt er dem D. aus. Für seine Hypothek von 77000 M. wahrt er sich das Vorzugsrecht. Im Grundbuch ist also in Abt. III eingetragen die Hypothek von 77000 M. für B. unter Nr. 3a, die für D. unter Nr. 3b und erst dann unter Nr. 4 die Grundschuld des C. von 50000 M. D. zahlt nun 8000 M. von der Valuta vor dem Zuschlagsbeschluß, 15000 M. nach demselben. Beim Verteilungsverfahren bleiben 26000 M. D. beansprucht diese, soweit sie zur Deckung seiner Forderung unter 3b von 23000 M. nebst Zinsen erforderlich sind. Die Zinsen sind nach §§ 1158, 1115 hinzuzurechnen. C. widerspricht. Nachdem die streitige Summe von 23067 M. hinterlegt worden ist, muß der Richter den Verteilungstermin schließen, wie überhaupt das Verfahren durch den Widerspruch beendigt ist. D. klagt nun gegen C. mit dem Antrage, ihn zur Herausgabe der hinterlegten Summe nebst den davon aufgelaufenen Zinsen an ihn zu verurteilen. Er beruft sich offenbar darauf, daß nach § 1113 Abs. 2 auch für bedingte Forderungen eine Hypothek bestellt werden kann, und daß durch die nachträgliche auch durch die nach dem Zuschlagsbeschlusse erfolgte Auszahlung der Valuta die Konvaleszenz der Hypothek von 23000 M. eingetreten sei. C. begehrt Abweisung der Klage. Er beruft sich darauf, daß A. durch die Zustellung des Beschlusses über Einleitung der Zwangsversteigerung (dieser ist nach § 22 ZwVG. dem Schuldner zuzustellen) die Verfügung über das Grundstück verloren habe. Letzteres ist richtig. In Ermangelung einer Bestimmung im Text ist anzunehmen, daß bei ordnungsmäßigem Geschäftsgang die Zustellung erfolgt ist, auch daß sie noch vor dem Versteigerungstermin erfolgt ist. Denn wenn am 1. April der Beschluß ergangen ist, so ist zu erwarten, daß am 2. Juni die Zustellung erfolgt ist. Die Hypothek von 23000 M. war nun, da die Forderung vor Auszahlung derselben noch eine bedingte war, von Anfang an, also vom 8. Januar an, eine bedingte, bedingt durch die Auszahlung. Die Verfügung des A. ist nun zwar zu einer Zeit erfolgt, in der er noch verfügungsberechtigt war, der Eintritt der Bedingung aber zu einer Zeit, in der er es nicht mehr war. Mithin wird die Verfügung über die 23000 M. rückwärtshin **ungültig**.

Die Abtretung des B. an D. ist also auch **ungültig**, ebenso die Auszahlung der 23000 M. an A. Es ist gar keine Hypothek entstanden. Die Sache stellt sich so dar, als wenn an dritter Stelle die Hypothek des B. von 77000 M. stände und dieser sogleich an vierter Stelle die Grundschuld des A. mit 50000 M. folgte. Somit hat C. Anspruch auf Auszahlung der hinterlegten 23067 M., zumal D. die Sachlage kannte.

Ob C. dem Versteigerungsverfahren beigetreten ist, ist gleichgültig nach § 114 ZwVG. Da sein Anspruch eingetragen ist, wird er ohne weiteres in den Teilungsplan aufgenommen.

Der Fall ist instruktiv, wird aber in der Praxis selten genau so vorkommen. Denn nach Erlaß des Zwangsversteigerungsbeschlusses wird das Gericht meistens darauf hinwirken, daß solche bedingte Forderungen aus der Welt geschafft werden.

Fall 430.

Der Fall wird entschieden durch § 881 Abs. 3. Die Hypothek von 10000 M. für A. an erster Stelle ist das mit dem Vorrang eingetragene Recht (d. h. mit dem Vermerk, daß die später einzutragende Hypothek den Vorrang haben soll), die Hypothek des B. von 100 M. ist das ohne einen entsprechenden Vorbehalt eingetragene Recht, die des C. von 10000 M. ist das Recht, dem der Vorrang beigelegt wird. Vor dessen Eintragung ist das Grundstück mit der Hypothek von 100 M. belastet worden. Der Vorrang der Hypothek des C. hat nun nach § 881 Abs. 3 bei der Zwangsversteigerung insoweit keine Wirkung, als das mit dem Vorbehalte eingetragene Recht, also die Hypothek des A. von 10000 M., die jetzt an zweiter Stelle zu stehn kommt, infolge der inzwischen eingetretenen Belastung mit der Hypothek von 100 M. des B. eine über den Vorbehalt hinausgehende Beeinträchtigung erleiden würde. 1. Beträgt der Erlös 20000 M., so würde die Hypothek des B., da sie an dritter Stelle steht, nach den allgemeinen Grundsätzen des ZVG. ausfallen müssen. Nach § 881 Abs. 3 erhält aber A., der an zweiter Stelle steht, unter allen Umständen 10000 M. Der Vorrang des C. hat also insoweit keine Wirkung, als dadurch das Recht des A. an zweiter Stelle beeinträchtigt wird. Dieses wird aber infolge der Versteigerung durch den Vorbehalt um 100 M. verringert. Daher muß sich C. gefallen lassen, daß er, obwohl an erster Stelle stehend, nur 9900 M. erhält, während B. 100 M. erhält (vgl. Kom. von Rosenthal, Anm. 15 zu § 881).

Die Fragen unter Nr. 2 und 3 überlasse ich dem Leser auf dieser Grundlage selbst zu lösen.

Fall 431.

Zwischen B. als Verkäufer und A. als Käufer ist ein den Formvorschriften der GrO. entsprechender Kaufvertrag abgeschlossen worden. Nach § 433 hat B. das Grundstück dem A. aufzulassen, A. hat dagegen dem B. gegen die Auflassung des Grundstücks 1500 M. abschläglich zu zahlen. B. verweigert, wie zu ergänzen ist, die Auflassung. Daher könnte A. nach § 433 auf diese klagen. A. will aber zunächst, offenbar weil er während des Prozesses andere Eintragungen im Grundbuch befürchten muß und daher Beschleunigung nötig ist, zur Sicherung seines Anspruchs eine Vormerkung in das Grundbuch eintragen lassen. Nach § 883 wird diese u. a. auch zur Sicherung eines Anspruchs auf Einräumung eines Rechts eingetragen. Ein solches Recht ist hier das Recht auf Auflassung. Ein solches Recht besitzt A. schon jetzt, nur ist es bedingt durch die Zahlung der Summe von 1500 M. seitens des A. an den B. Nach § 883 Abs. 1 Satz 2 kann auch zur Sicherung eines künftigen Anspruchs die Eintragung einer Vormerkung erfolgen. Nach § 885 kann ferner die Eintragung einer Vormerkung auf Grund einer einstweiligen Verfügung erfolgen, und zur Erlassung derselben ist nicht erforderlich, daß eine Gefährdung des zu sichernden Anspruchs glaubhaft gemacht wird. (Die Gefährdung liegt hier schon in der Natur der Sache, daher diese scheinbare Ausnahme von dem Grundsatze des § 935 ZPO.) Das Vorgehn des A. ist also berechtigt, und es ist seinem Antrage gemäß die einstweilige Verfügung in das Grundbuch einzutragen. Hierauf kann A. die gewöhnliche Kaufklage gegen B. anstellen, deren Antrag auf Abgabe der Auflassungserklärung gemäß § 873 gegen Zahlung der Summe von 1500 M. geht.

Fall 432.

Zwischen A. und B. ist ein den Formen der GrO. entsprechender Kaufvertrag über die Parzelle des B. abgeschlossen worden. Nach § 433 ist demgemäß der Verkäufer, also A., verpflichtet, dem Käufer B. das Eigentum an der Feldparzelle zu übertragen. Dies erfolgt nach § 873 durch Einigung des Veräußerers und Erwerbers über den Eigentumsübergang (Auflassung) — die nach § 925 bei gleichzeitiger Anwesenheit beider Teile vor dem Grundbuchamte zu erklären ist — und Eintragung des Käufers als Eigentümers im Grundbuch. Wenn nun A. vom Vertrage zurücktritt und die bereits am 9. April an B. verkaufte Parzelle am 14. April dem C. aufläßt, so weigert er sich offenbar, die Auflassungserklärung gegenüber B. abzugeben. Wenn weiter B. den Erlaß einer einstweiligen Verfügung herbeiführt, durch die die Eintragung einer Vormerkung zur Sicherung seines Rechts auf Auflassung angeordnet wird, so ist hiergegen nach § 883 Abs. 1 Satz 2 nichts einzuwenden, denn danach kann die Vormerkung auch zur Sicherung eines künftigen Anspruchs, somit auch hier, eingetragen werden (im übrigen vgl. Fall 431). Dies haben die Gegner des A. auch nicht bestritten. Angenommen, A. hätte das Grundstück nicht weiter verkauft, so könnte also B. nach Eintragung der Vormerkung gegen A. auf Erfüllung klagen.

A. hat nun die am 9. April bereits an den B. verkaufte Feldparzelle am 14. April dem C. aufgelassen (also liegen, wie zu vermuten ist, die Voraussetzungen der GrO. für die Auflassung auch hier vor). Diese Auflassung ist gültig. Darauf hat der Grundbuchrichter die Eintragung der Vormerkung und des Eigentumsübergangs angeordnet. Der Grundbuchführer hat diese Eintragungen in der Reihenfolge vorgenommen, in der die Anträge gestellt sind. Demgemäß ist zuerst die Vormerkung (13. April) und sodann der Eigentumswechsel (14. April) eingetragen worden. Nach § 879 bestimmt sich nun das Rangverhältnis unter mehreren Rechten, mit denen ein Grundstück belastet ist, wenn die Rechte in derselben Abteilung des Grundbuchs eingetragen sind, nach der Reihenfolge der Eintragungen. Demnach geht die Vormerkung dem Eigentumswechsel vor.

In welcher Weise kommt nun B. zu seinem Recht? Auf Grund des mit A. abgeschlossenen Kaufvertrags hat er gegen A. ein Recht auf Auflassung des Grundstücks. Diese muß er zunächst erzwingen. Auf Grund der Auflassung beantragt er sodann seine Eintragung als Eigentümer. Erfolgt diese, so stehen zwei Eigentümer im Grundbuch. Der Inhalt des Grundbuchs steht dann mit der wirklichen Rechtslage im Widerspruch. Auf Grund der Vormerkung kann dann B. auch gegenüber C. die Berichtigung des Grundbuchs herbeiführen (§ 894).

Anm. Der Fall ist instruktiv, indessen in der Praxis würde wohl der Grundbuchrichter Bedenken tragen, im vorliegenden Fall mit der Eintragung der Vormerkung zugleich die des Eigentumswechsels anzuordnen, denn es ist zu erwarten, daß der letztere angefochten wird.

Fall 435.

Wenn der Erbe des A. von B. Herausgabe des Grundstücks verlangt, so kann er sich nur darauf stützen, daß zwischen ihm, bzw. dem A. und dem B. die Voraussetzungen des § 873 oder die der dreißigjährigen Ersitzung (sog. Tabularersitzung) des § 900 vorliegen. Die Voraussetzungen des § 873 liegen bezüglich des A. nicht vor, denn es fehlt zwischen B., dem bisherigen Eigentümer des Grundstücks, und A. die Einigung über den Eigentumsübergang und die Erklärung dieser Einigung vor Gericht, es fehlt somit die Auflassung.

Auch auf Grund des § 900 hat A. kein Eigentum an dem Grundstück des B. erworben. Denn dazu ist vor allem nötig, daß A. oder sein Erbe C. oder beide zusammen das Grundstück 30 Jahre lang im Eigenbesitze gehabt haben. Dazu gehört nach § 872 wiederum, daß der Besitzer die Sache „als ihm gehörend" besitzt. Der Text sagt aber ausdrücklich, daß A. gar nichts von seiner irrtümlichen Eintragung erfährt und daß B. außerdem weiter im Besitze des Grundstücks bleibt. (B. behält also sowohl mittelbaren wie unmittelbaren Besitz.) Es nützt somit dem A. nichts, daß er länger als 30 Jahre als Eigentümer im Grundbuch eingetragen war.

A. ist also der sog. Buchberechtigte oder Bucheigentümer, d. h. derjenige, der, ohne daß die Voraussetzungen für den Eigentumsübergang am Grundstück vorliegen, im Grundbuche als Eigentümer eingetragen ist. C., der Erbe des A., ist demnach ebensowenig Eigentümer geworden.

Die Klage des C. ist also unbegründet. Die Widerklage des B., der Berichtigung des Grundbuchs und Umschreibung des Grundstücks auf seinen Namen verlangt, ist auf Grund von § 894 erhoben (vgl. z. B. Fall 432). Nach § 891 spricht die Vermutung für den Bucheigentümer. B. muß daher sein Eigentum nachweisen. Das tut er durch Hinweis auf die betreffenden Grundakten. In diesen müßte, falls A. berechtigt wäre, ein Erwerbstitel desselben, also z. B. ein Kaufvertrag, enthalten sein. Ist ein solcher bezüglich des A. nicht vorhanden, wohl aber bezüglich des B., so ist zu vermuten, daß ein Fehler vorliegt.

Die Klage des C. ist also abzuweisen und B. dringt mit seiner Widerklage durch.

Fall 436.

Es liegt der Tatbestand des § 904 vor. Die Einwirkung des B. auf das Eigentum des A. ist notwendig zur Abwendung einer gegenwärtigen Gefahr — dieselbe kann auch einen anderen betreffen —, denn B. nimmt an oder muß wenigstens annehmen, daß A. möglicherweise noch am Leben und schleunige Hilfe nötig ist. Der Umstand, daß diese Gefahr einen anderen — den A. — betrifft, hindert nicht die Anwendbarkeit des § 904. Auch ist der drohende Schaden — es handelt sich um das Leben des A., also eines der höchsten Rechtsgüter — gegenüber dem aus der Einwirkung dem Eigentümer entstehenden Schaden — die Zerstörung der Fensterscheiben — unverhältnismäßig groß. C. kann also den B. nicht an dem Einschlagen der Fenster verhindern (sog. Notstandsrecht § 228). Das tut er auch nicht, er verklagt ihn aber auf Ersatz der angerichteten Beschädigung. Hierzu ist er nach § 904 Satz 2 berechtigt (vgl. Fall 149).

Anm. Die Klage des C. gegen den geretteten A. ist nicht so leicht zu begründen. Ich würde die Handlung des B. gegenüber dem A. als Geschäftsführung ohne Auftrag bezeichnen, die A. ev. dadurch genehmigt, daß er sich zum Weiterleben entschließt. Die Behauptungen der Parteien sind, soweit sie nicht mit dem Vorstehenden übereinstimmen, gänzlich haltlos.

Ist A. bereits erstickt, so kommt es darauf an, ob B. das von draußen erkennen konnte. Ist dies der Fall, so liegt keine gegenwärtige Gefahr mehr vor und C. kann nicht nur Schadensersatz verlangen, sondern sogar die Einwirkung nach § 904 ohne weiteres verbieten.

Fall 437.

Als feststehend hat zu gelten, daß aus dem Grundstück des B. übermäßig viel Tuberkelbazillen in dasjenige des C. gelangen und die Mieter des C. infolgedessen die Wohnungen kündigen. Diese vom Grundstück des B. ausgehende Einwirkung auf das des C. ist eine solche, welche die Benutzung des Grundstücks des C., wie nicht bestritten wird, wesentlich beeinträchtigt. Nach § 906 kann sie daher C. verbieten, wenn nicht die Einwirkung „durch eine Benutzung des Grundstücks herbeigeführt wird, die nach den örtlichen Verhältnissen bei Grundstücken dieser Lage gewöhnlich ist". Nach dieser Vorschrift muß z. B. jemand, der in einem Industrieviertel wohnt, sich den Rauch der Essen in seinem Grundstück gefallen lassen. Demgemäß wäre sie hier anwendbar, wenn das Haus des Arztes z. B. in einer Gegend läge, in der sich eine Anzahl medizinische Kliniken befinden. Da aber hiervon nicht die Rede ist, ist C. zur Klage auf Einstellung des Betriebs berechtigt. Die allgemeine Wohlfahrt und die öffentlichen Interessen kommen also gegenüber § 906 in diesem Falle nicht in Betracht.

Fall 438.

Nach § 906 kann B. die Einstellung des Betriebs dann nicht verlangen, wenn die Einwirkung die Benutzung seines Grundstücks nicht oder nur unwesentlich beeinträchtigt, oder durch eine Benutzung des anderen Grundstücks herbeigeführt wird, die nach den örtlichen Verhältnissen bei Grundstücken dieser Lage gewöhnlich ist. Von einer unwesentlichen Beeinträchtigung kann hier keine Rede sein, denn die Wohnung ist gesundheitsgefährlich geworden. Auch der zweite Ausnahmefall des § 906 liegt nicht vor. Die Berechtigung des B. zur Klage auf Einstellung des Betriebs, ev. auf Herstellung solcher Einrichtungen, welche die benachteiligende Einwirkung ausschließen, ist daher ohne weiteres anzuerkennen, wenn auch die Beweisaufnahme das Resultat ergibt, daß andere Einrichtungen als die bereits vorhandenen untunlich, auch mit einem gehörigen Betrieb der Fabrik nicht vereinbar sind. Fraglich erscheint nur, wie es mit der Schadensersatzforderung steht. Hierüber sagt § 906 nichts. Es hindert aber nichts daran, hier, da eine Schädigung bereits vorliegt, eine Schadensersatzpflicht nach § 823 anzunehmen. Daß die Voraussetzungen dieser Vorschrift vorliegen, geht aus dem Obigen hervor. Diese Verpflichtung ist nach den Vorschriften der §§ 249 ff. zu beurteilen.

Fall 439.

Die Lokomotive ist ebenso wie der Oderkahn eine bewegliche Sache. Zweifellos ist es daher richtig, wenn der Beklagte sagt, § 906 komme nicht zur Anwendung, weil der Schutz gegen Immissionen sich nur auf Grundstücke im Verhältnis zu anderen Grundstücken beschränke. An eine extensive Interpretation des § 906 ist hier nicht zu denken. Beklagter übersieht aber, daß sich Kläger gar nicht unbedingt auf § 906 zu stützen braucht. Denn Kläger verlangt Schadensersatz, § 906 dagegen regelt nur die Frage, ob der Eigentümer eines Grundstücks die von einem anderen Grundstücke ausgehende Einwirkung auf dasselbe verbieten kann. Die Schadensersatzfrage steht hiermit in gar keiner Verbindung. Worauf stützt sich nun der Kläger? Da ein Vertrag nicht in Frage kommt, so kann er sich nur auf Delikt stützen, also auf § 823. Danach wäre zunächst zu fragen, ob Beklagter fahrlässig gehandelt hat. (Vorsatz wird nicht vermutet.) Das kann höchstens dann der Fall sein, wenn der Oderkahn desselben bereits zu der Zeit, als Beklagter die Lokomotive am Uferrand aufstellte, in der Nähe gewesen ist. Dann ließe sich darüber sprechen, ob nicht die im Verkehr erforderliche Sorgfalt (§ 276) verlangt, daß Beklagter die Lokomotive im Hinblick auf die nicht ausgeschlossene Feuersgefahr an einer etwas entfernteren Stelle aufstellte. Zugunsten des Beklagten spricht auch der Umstand, daß die Lokomobile mit obrigkeitlicher Genehmigung aufgestellt worden ist und daß dies auf fremdem Grund und Boden geschehen ist. Danach steht nicht einmal fest, ob Beklagter selbst überhaupt an der Aufstellung beteiligt war. In Ermangelung einer ganz bestimmten auf Fahrlässigkeit hindeutenden Angabe würde ich also eine solche nicht annehmen, sondern als Ursache des Brands Zufall (hier in der Form der sog. höheren Gewalt) betrachten. Den Zufall trägt der Eigentümer (casum sentit dominus). Kläger ist also abzuweisen.

Fall 440.

Es stehen sich hier zwei Gesetzesstellen gegenüber, nämlich § 953 einerseits und § 954 verb. mit § 911 andrerseits.

Auf § 953 kann sich A. stützen, indem er behauptet, daß die Früchte als Erzeugnisse des Baumes auch nach der Trennung ihm als dem Eigentümer der Hauptsache gehören. § 953 weist aber in dem Satze, „soweit sich nicht aus den §§ 954—957 ein anderes ergibt", auf Ausnahmen hin. Auf das Vorliegen eines Ausnahmefalls beruft sich B. Er stützt sich auf § 954 und behauptet ein Recht, sich die Früchte des Baumes anzueignen. Dieses Recht wieder leitet er aus § 911 her. Danach gehören Früchte, die von dem Baume des A. auf sein Grundstück als Nachbargrundstück hinüberfallen, ihm, dem B., als Eigentümer des Nachbargrundstücks (vgl. Kom. von Rosenthal, Anm. 48 zu § 954).

Wem von beiden sind die Früchte zuzusprechen? A. hat das Entscheidende richtig erkannt, indem er einwendet, daß sich § 911 nur auf Fallobst beziehe. Das in § 911 gebrauchte Wort „hinüberfallen" ist dahin zu interpretieren, daß ein Fallen durch ein Naturereignis, Wind, Regen usw., jedenfalls ein Fallen ohne Wissen und Willen des Eigentümers, gemeint ist. Hier hat nun der Eigentümer A. die Früchte selbst von seinem Baume herabgeschüttelt. § 911 ist somit nicht anwendbar. Also ist auch § 954 nicht anwendbar, sondern es liegt der normale Fall des § 953 vor. Demnach hat B. kein Eigentum an den Früchten erlangt, sondern dieses hat der A. als Eigentümer der Hauptsache erlangt.

Fall 441 (vgl. Fall 419).

Der Fall ist im allgemeinen analog dem Fall 419 zu behandeln. B. behauptet, daß er gemäß § 905 als Eigentümer ein Recht auf den Luftraum über seinem Grundstück habe und A. ihn entweder im Besitz oder im Eigentum (das ist hier nicht hervorgehoben) gestört habe. B. stützt sich also auf § 905 verb. mit § 858 oder auf § 905 verb. mit § 1004. Auch hier ist aber die Klage auf Grund von § 905 Satz 2 abzuweisen, da die Einwirkung seitens des A. 300 m hoch über dem Grundstück des B., also offenbar in solcher Höhe vorgenommen worden ist, daß B. an ihrer Ausschließung kein Interesse mehr hat (vgl. auch § 226).

§ 912 ist nicht anwendbar, denn für diesen ist die Voraussetzung m. E. dieselbe wie die des § 905 Abs. 2. Außerdem ist wohl in § 912 in erster Linie an einen Überbau bei benachbarten Grundstücken in derselben Lage zu denken.

Fall 443.

Es fragt sich, in welchem Verhältnis der Diener B. zu seinem Herrn, dem A., steht. Die Erklärung des B. erfolgt zwar nicht ausdrücklich im Namen des A., aber C. weiß es und die Umstände ergeben es, daß sie in dessen Namen erfolgen soll, da ein Diener vermutlich in seinem Äußeren als solcher kenntlich ist und da, solange er nicht hervorhebt, daß er für sich handle, die Vermutung gilt, daß er für den Herrn handelt (anders, wenn er Sachen kauft, von denen man von vornherein annehmen kann, daß sie zu seinem eigenen Gebrauch bestimmt sind). Es liegt also hier die direkte Stellvertretung des § 164 vor, insbesondere die nach § 164 Abs. 1 Satz 2. Die Erklärung des B. gegenüber dem Bankier C., also die Kaufserklärung und die Übergabehandlung, wirken daher unmittelbar für und gegen den Vertretenen, den A. Also ist A. Eigentümer des von C. an B. gezahlten Geldes im Augenblick der Übergabe geworden (vgl. Fall 122 u. a.). Der Diener B. ist nur sog. unselbständiger Inhaber im Sinne des § 855.

Wie, wenn B. von vornherein die Absicht hat, das Geld für sich zu behalten? Auch hier entscheidet § 164 Abs. 1 Satz 1 in Verbindung mit § 164 Abs. 1 Satz 2 (e contrario). Hätte B. das Geld selbst erwerben wollen, so hätte er dies dem C. ausdrücklich erklären müssen. Er hätte ihm erklären müssen, daß er in eignem Namen handle. Da er es nicht tut, so bleibt seine eigene Absicht völlig unerheblich. Die obige Vermutung, die dort mit Willen des B. Wirkung hat, hat eine solche hier auch gegen seinen Willen, da er diesen Willen nicht erklärt. Also erwirbt A. auch hier das Eigentum an dem von C. für das Staatspapier an B. gezahlten Gelde, und zwar wieder im Augenblick der Übergabe desselben seitens des C. an B.

Wie, wenn er diese Absicht hat, C. aber ihm erklärt hat, er solle das Geld ja dem A. abliefern? Hier erlangt A. ebenfalls Eigentum an dem Gelde, wieder nach § 164, denn wenn C. den B. noch ausdrücklich auffordert, das Geld dem A. abzuliefern, so mußte B., falls er das Geld selbst behalten wollte, dies um so mehr dem C. mitteilen.

Wie steht es in den ersten beiden Fällen, wenn C. nicht weiß, daß B. der Diener des A. ist?

Im ersten Fall, also in dem normalen Fall direkter Stellvertretung, muß C. nach § 164 Abs. 1 Satz 2 vermuten, daß B. der Diener des A. ist. Tut er dies nicht, so ist das ein Fehler von ihm, den er zu vertreten hat. Es wirkt daher die Erklärung des B. trotzdem für und gegen den A.

Im zweiten Fall — also nur in diesem — wird B. Eigentümer des Geldes, denn A. will nur dem B. Eigentum übertragen und B. will das Eigentum nur für sich annehmen. Es liegt also Willensübereinstimmung zwischen B. und C. vor. B. hat in diesem Falle seine Vollmacht überschritten und gegen seinen Auftrag gehandelt. Daraus haftet er allerdings dem A. Das betrifft aber nur das innere Verhältnis. Der Dritte, C., kann dagegen nur den B. als seinen Kontrahenten ansehen.

Anm. Das innere Verhältnis zwischen A. und B. ist ein Dienstvertrag, der in diesem Falle eine Geschäftsbesorgung zum Gegenstande hat. Das BGB. behandelt diesen nach § 675 teilweise nach den Regeln des Auftrags. Daher haftet B. dem A., soweit er seinen Auftrag überschritten hat, wie schon erwähnt, auf Schadensersatz wegen mangelhafter Erfüllung. Außerdem haftet B. für Schadensersatz aus unerlaubter Handlung auf Grund des § 823, weil er seine Vollmacht überschritten hat und damit, da das Staatspapier ihm nicht gehört, eine Unterschlagung begangen hat.

Fall 144.

Die Maschine ist nach § 98 zweifellos Zubehör des Fabrikgrundstücks. Das würde aber nur zur Folge haben, daß sich im Zweifel Rechtsgeschäfte über das Grundstück auch auf die Maschine beziehen. Es würde nicht verhindern, daß die Maschine getrennt verkauft werden kann. Hier ist aber die

Frage die, ob die Maschine wesentlicher Bestandteil des Grundstücks im Sinne des § 93 ist. Danach sind wesentliche Bestandteile einer Sache solche, die voneinander nicht getrennt werden können, ohne daß der eine oder der andere zerstört oder in seinem Wesen verändert wird. Diese können nicht Gegenstand besonderer Rechte sein. Nach § 94 gehören insbesondere zu den wesentlichen Bestandteilen des Grundstücks die mit dem Grund und Boden fest verbundenen Sachen, insbesondere Gebäude, nach § 94 Abs. 2 die zur Herstellung des Gebäudes eingefügten Sachen. Zu letzteren gehört die Maschine zweifellos nicht, da sie nicht zur Herstellung des Grundstücks eingefügt ist. Wenn man den § 94 Abs. 2 als eine weitere Auslegung des § 94 Abs. 1 bezüglich der Grundstücke betrachtet, so wird man zu dem Schluß kommen, daß die Maschine kein wesentlicher Bestandteil ist. Kuhlenbeck (Anm. 4 zu § 94 S. 56) hält z. B. einen vermauerten Geldschrank nicht für einen wesentlichen Bestandteil. So wird man auch die Maschine nicht dafür halten können. Zweifelhaft ist die Frage natürlich.

Was die Eigentumsübergabe anlangt, so ist diese nach § 930 gültig erfolgt. B. ist also Eigentümer geworden und dringt mit der Klage durch.

Fall 446.

Die Abtretung des Anspruchs auf Herausgabe nach § 931 unterliegt den gewöhnlichen Regeln, wie sie in §§ 398 ff. aufgestellt sind. Nach § 404 kann der Schuldner dem neuen Gläubiger dieselben Einreden entgegensetzen, die zur Zeit der Abtretung der Forderung gegen den bisherigen Gläubiger begründet waren. Dazu gehört aber auch die, daß eine bestimmte Dauer der Miete verabredet ist und der Mieter daher zum Besitz berechtigt ist. Somit hat C. ein Recht zum Besitz des Klaviers. Darin würde ihn B. beeinträchtigen, wenn er sofortige Herausgabe des Klaviers verlangen würde (§§ 861, 862). B. kann daher dem C. gegenüber den Einwand des § 986 geltend machen. Er kann also die sofortige Herausgabe des Klaviers mit der Begründung verweigern, daß er ein Recht zum Besitz habe.

Anm. Dasselbe gilt bei Grundstücken (vgl. § 571 und Rosenthals Bem. hierzu

Fall 447.

Zwischen A. und B. besteht ein Verwahrungsvertrag (§§ 688 ff.). Auf Grund desselben wird B. unmittelbarer Besitzer der Blumen und somit auch der Palme (§ 868).

Der Gehilfe B. ist direkter Stellvertreter (§ 164). Er schließt also den Kauf mit Wirkung für B. ab. Er erscheint nur als Besitzdiener.

Nach § 932 ist nun die Palme durch Verkauf und rechtsgültige Übergabe des Nichteigentümers an den gutgläubigen C. in das Eigentum des letzteren übergegangen. Dadurch ist auch der mittelbare Besitz, den A. als Eigentümer nach § 868 noch an der Palme hatte, diesem verloren gegangen. A. wäre nur dann Eigentümer der Palme geblieben, wenn einer der Ausnahmefälle des § 935 vorläge. Dies ist aber nicht der Fall, denn die Palme ist weder gestohlen, noch verloren, noch sonst abhanden gekommen. Denn der Gehilfe des B. hat ja den Willen, die Palme regelrecht zu veräußern.

Der Wille der Veräußerung ist also vorhanden. Trotzdem liegt nahe, § 932 nicht anzuwenden. Denn der Gehilfe des B. hatte zwar den Willen zu veräußern, nicht aber den, eine fremde Sache zu veräußern. Er irrt also in einem wesentlichen Punkt. Kann daher B. den Kauf nach § 119 BGB. wegen Irrtums anfechten? Das ist nicht der Fall, weil C. gutgläubig ist (vgl. Fall 450).

Der Irrtum des Gehilfen ist nur ein Irrtum im Beweggrunde (Motiv). Die früheren Theoretiker nahmen an, daß dieser keine Anfechtbarkeit erzeugt. Das BGB. steht m. E. nicht mehr auf diesem Standpunkt, sondern läßt die Anfechtung zu. Dieser Irrtum fällt also auch unter § 119 (vgl. Matthiaß Band I § 53 S. 195, vgl. die Irrtumsfälle Buch I).

Somit kann weder A. noch B. gegen C. vorgehen.

Für Frage 2 gelten dieselben Grundsätze.

Fall 448.

Der gutgläubige Eigentumserwerb nach § 932 setzt voraus, daß eine nach § 929 erfolgte Veräußerung vorliegt. Hierzu genügt nach § 929 Satz 2, wenn der Erwerber, wie hier der A., im Besitz der Sache ist, die Einigung über den Übergang des Eigentums. Diese Voraussetzungen liegen nun hier zwar vor. Die weitere Voraussetzung hierzu bleibt aber, daß der Veräußerer, wenn auch nicht unmittelbarer, so doch wenigstens mittelbarer Besitzer der Sache ist (§ 868). Das ist C. nicht, er hat nicht das geringste Recht an dem Klavier. Er kann also auch nicht Besitz übertragen. Somit erlangt A. — so muß es im Text statt B. heißen — kein Eigentum an dem Klavier.

Wenn B. (A. hätte keinen Sinn) das Klavier mittels schriftlichen Vertrags an D. verkauft und C. sich unter Aneignung des Vertrags für D. ausgegeben hat, so bleibt die Lösung dieselbe, denn dann wäre C. ebensowenig imstande, den mittelbaren Besitz auf A. zu übertragen, weil er eben keinen solchen am Klavier hat. Diesen hat entweder noch B. oder er hat ihn bereits nach § 931 auf D. übertragen. Somit kann C. auch kein Eigentum auf A. übertragen.

Wie, wenn B. (A. ist ein Druckfehler, denn es gäbe keinen Sinn) überdies dem D. den Anspruch auf Herausgabe des Klaviers abgetreten und C. auch diese Urkunde dem A. (nicht dem B.) vorgelegt hätte? Dann hätte C. ebensowenig ein Recht erworben, denn dann wäre eben der Käufer D. nach § 931 bereits Eigentümer geworden.

Fall 449.

Die Obligationen, die hier in Betracht kommen, können nur Inhaberpapiere sein, denn der Anspruch aus ihnen wird durch bloße Übergabe des Besitzes übertragen. Wenn sie daher dem Briefträger geraubt werden, so kann ein Dritter, der gutgläubig in ihren Besitz gelangt, nach der Regel des § 935 Abs. 2 an ihnen Eigentum erwerben. C. ist dieser Dritte. Er ist gutgläubig — wenigstens wird das vermutet — in den Besitz der Obligationen gelangt. C. erlangt also Eigentum an ihnen, und A. kann sie nicht mehr vindizieren.

Die Bekanntmachung des Raubs in verschiedenen Zeitungen und im Deutschen Reichsanzeiger hat hier keine Bedeutung. Diese kommt nur im Falle des § 367 HGB. in Betracht, also in dem Falle, daß der Erwerber ein Kaufmann ist, der Bankier- und Geldwechslergeschäfte betreibt. Letzteres ist C. vermutlich nicht. Der Text sagt nur, daß er Kaufmann ist. Somit gilt die allgemeine Vorschrift des BGB. (Vgl. Näheres Staub, Anm. zu § 367 HGB.)

Fall 450.

Zwischen A. und B. ist ein Kaufvertrag abgeschlossen worden, der darin besteht, daß A. seine vergoldete Uhr dem B. für 25 M. verkauft. Dieser obligatorische Vertrag ist gültig, denn es besteht Einigung der Parteien über Ware und Preis. Anders steht es mit der Übergabe. Nach der herrschenden Meinung kann man die in der Übergabe nach § 929 liegende Einigung der Parteien über den Eigentumsübergang als Vertrag ansehen. Diese zur Einigung führende Erklärung ist aber, soweit sie von A. abgegeben worden ist, wegen Irrtums nach § 119 anfechtbar, denn A. hat dem B. aus Versehen nicht die im Kaufvertrag bestimmte Uhr, sondern eine andere wertvollere Uhr im Werte von 200 M. übergeben. Das hätte A. aber bei Kenntnis der Sachlage vermutlich nicht getan. A. behauptet nun, er selbst habe das Eigentum an der Uhr behalten, dasselbe sei also nicht auf B. übergegangen. A. beruft sich dabei auf § 935 und behauptet, die Uhr sei ihm wider Willen abhanden gekommen, sie sei also eine der in § 935 als „sonst abhanden gekommen" bezeichneten Sachen. Demgemäß erhebt A. gegen C. unter Anfechtung der Eigentumsübertragung nach § 119 die Eigentumsklage nach § 985. Er behauptet, die Übergabe an B. sei nichtig, daher auch die an C., er sei daher Eigentümer geblieben. C. bestreitet, daß die Uhr als „sonst abhanden gekommen" zu bezeichnen sei, da A. sie selbst dem B. übergeben habe. Er verlangt daher Abweisung der Eigentumsklage. Damit dringt C. durch, denn C. ist redlicher Erwerber der Uhr nach § 932, er erwirbt daher das Eigentum an derselben. Die Eigentumsklage ist also gegen C. erfolglos. Ebenso ist aber die Anfechtung gegen ihn erfolglos, da die Anfechtung nach § 142 nur erfolgen kann, soweit nicht der Schutz gutgläubiger Dritter eingreift. (Vgl. Kom. von Kuhlenbeck Anm. 2 zu § 142, ebenso Kom. von Rosenthal, Anm. 60 zu § 142.)

Wie, wenn A. sich zu ihrer Einlösung für 150 M. erbietet? Auf die Einlösung braucht sich C. nicht einzulassen, denn A. hat kein Einlösungsrecht. Das Einlösungsrecht stellt sich dar als ein Rückkaufsrecht bezüglich einer verkauften Sache, welches sich der Verkäufer beim Verkauf vorbehält oder welches gesetzlich besteht. Davon ist hier keine Rede.

Welchen Anspruch hat A. gegen B.? A. kommt, indem er gegen C. vorgeht, nicht zum Ziel. Er hätte sich von vornherein mit der Anfechtung gegen B. wenden sollen. Er hätte also gegen B. die Anfechtung vornehmen und sich auf sein Eigentum berufen sollen. Durch die Anfechtung hätte er, falls B. noch im Besitze der Uhr gewesen wäre, nach § 942 die Nichtigkeit der Übergabe und Herausgabe der Uhr an sich erreicht. B. hat nun jetzt die Uhr nicht mehr, sondern hat sie an B. weiter veräußert. Die Herausgabe der Uhr kann also A. von B. nicht mehr erlangen. B. hat aber, trotzdem er nur 25 M. an A. gezahlt hat, den Wert der goldenen Uhr und nicht nur den der vergoldeten dafür erhalten. Es fragt sich daher, ob B. wegen ungerechtfertigter Bereicherung haftet. B. hat zwar nicht ohne rechtlichen Grund durch die Leistung des A. etwas erlangt, aber er hat es in der Weise erlangt, daß der rechtliche Grund später weggefallen ist. Denn nach dem gültigen Kaufvertrage sollte die vergoldete Uhr übergeben werden, A. hat aber aus Versehen die goldene übergeben. Da die Übergabe der goldenen Uhr durch die Anfechtung seitens des A. nichtig wird, so fällt der Rechtsgrund für den Eigentumsübergang weg. Somit ist § 812, insbesondere § 812 Abs. 1 Satz 2, anwendbar und B. ist ohne Grund bereichert. Der Umfang der Bereicherung regelt sich nach § 818 Abs. 2. Danach hat B., da er zur Herausgabe der Sache außerstande ist, den Wert der Uhr zu ersetzen. Die Uhr ist, wie der Text sagt, 200 M. wert. B. hat sie für 150 M. weiter veräußert. Nach den Grundsätzen der §§ 812 ff. braucht B. nur 150 M. an A. herauszuzahlen, denn um diese ist er nur bereichert, wenn er auch nicht den Normalwert der Uhr beim Verkaufe erhalten hat. B. kann aber von der Summe von 150 M. diejenigen 25 M. abziehen, die er für die nach dem Kaufvertrag zu liefernde vergoldete Uhr bereits gezahlt hat. B. kann aber auch von A. Erfüllung beanspruchen. Denn der Kaufvertrag ist, wie bewiesen, gültig und nur die Übergabe anfechtbar. A. hat also dem B. auf Verlangen die richtige Uhr — also die zu 25 M. — zu liefern. Diese Lösung wäre von vornherein im Interesse aller Beteiligten gewesen.

Fall 451.

Die Übergabe ist beim Eigentumserwerb der entscheidende Umstand. Der Umstand, daß der Kaufpreis für die Kaufsache noch nicht bezahlt ist, hat für den Eigentumserwerb an ihr nur dann Bedeutung, wenn es zweifelhaft ist, ob trotz des Nichtvorhandenseins einer körperlichen Übergabe eine solche als stillschweigend erfolgt anzunehmen ist. Er spricht dann für die gegenteilige Absicht der Parteien. Nach der Übergabe ist er dagegen gleichgültig. B. ist also mit der Übergabe Eigentümer des Klaviers geworden. Er kann es somit auch rechtsgültig an C. vermieten. Als Mieter ist C. zum unmittelbaren Besitz berechtigt (§ 535). A. dagegen hat gegen C. keine Rechte, sondern nur eine Forderung gegen B. auf Zahlung des Kaufpreises.

Die Frage, ob B. das Klavier ersessen hat, hat sich damit erledigt.

Fall 452.

Die Klage stützt sich auf § 771 ZPO. Es fragt sich, ob A. im Jahre 1903 dem Kaufmann X. in Harburg die von den Beklagten gepfändeten Sachen verkauft und mittels formloser Besitz- und Eigentumsübergabe (§ 930) übergeben und ob Kläger dies weder gewußt, noch nachher erfahren hat. Kläger bestreitet es nicht, ich nehme es an.

Wenn nun A. im Jahre 1904 die dem X. gehörigen Sachen an den Kläger verkauft und ihm wiederum gemäß § 930 übergibt, so fragt sich, ob Kläger Eigentümer wird. A. ist nicht mehr Eigentümer. Eine Veräußerung des Nichteigentümers kann aber nach § 932 dem gutgläubigen Erwerber nur dann Eigentum verschaffen, wenn sie nach § 929 vorgenommen worden ist, also entweder durch die körperliche Übergabe des § 929 Satz 1 oder die sog. Übergabe kurzerhand des § 929 Satz 2. Die Übergabe des § 930 kann nicht in Frage kommen. Somit hat Kläger kein Eigentum an den gepfändeten Sachen erlangt und demnach auch keinen mittelbaren Besitz. Diese Rechte hat vielmehr der Kaufmann X. behalten. Kläger kann daher nach Pfändung der Sachen durch die Beklagten kein „die Veräußerung hinderndes Recht" im Sinne des § 771 ZPO. geltend machen, sondern es kann dies nur der X. als wahrer Eigentümer.

Ein Eigentumserwerb an den gepfändeten Sachen durch Ersitzung im Sinne der §§ 937 ff. seitens des Klägers ist deshalb ausgeschlossen, weil hierzu Besitz erforderlich ist. Diesen hat aber in der Zeit von 1903 bis 1908 nicht der Kläger, sondern, wie erörtert, der Kaufmann X. gehabt.

Fall 453.

Die Entscheidung der Frage, ob B. die Weinbergspfähle, die A. aus seinem Weinberg ausgegraben hat, vindizieren kann, hängt ab von der Entscheidung der weiteren Frage, ob die Pfähle wesentliche Bestandteile des Grundstücks des A. im Sinne des § 93 geworden sind. Dies ist zu bejahen. A. hat die Pfähle des B. ausgegraben und in sein Grundstück verwendet. Die Pfähle dienen ihm also ebenso wie vorher dem B. dazu, die Pflanzen und das Erdreich festzuhalten. Sie können daher nicht vom Boden getrennt werden, ohne daß dabei die Weinbergspflanzen des A. zerstört werden. Damit sind die Voraussetzungen des § 93 erfüllt. Insbesondere sind die Pfähle auch mit dem Grund und Boden fest verbundene Sachen im Sinne des § 94. Also sind die Pfähle wesentliche Bestandteile des Grundstücks des A. geworden. A. hat daher nach § 946 das Eigentum an denselben erlangt. B. kann somit die Pfähle nicht mit der Eigentumsklage des § 985 von A. herausverlangen.

Hat er einen Anspruch usw.? B. hat gegen A. einen Schadensersatzanspruch im Sinne von § 951 Abs. 2. Mit dem Herausnehmen der Pfähle aus dem Grundstück des B. und dem Verwenden in das seinige handelt B. wie ohne weiteres klar ist, unerlaubt, denn er begeht einen Diebstahl und zugleich eine Sachbeschädigung (§§ 242, 303 StrGB., Idealkonkurrenz), daher hat B. nach § 823 einen Schadensersatzanspruch gegen A. Dessen Art und Umfang bestimmt sich nach §§ 249 ff. Nach § 249 hat A. den früheren Zustand wiederherzustellen, wenn er hierzu imstande ist. Es ergibt sich somit auf diesem Wege das Resultat, daß A., obgleich er Eigenntümer der Pfähle nach § 946 geworden ist, trotzdem die Pfähle, falls er sie noch hat, trotzdem sie wesentliche Bestandteile seines Grundstücks sind, auf die Schadensersatzklage des § 823 hin an B. herausgeben muß. Erst in dem Falle, daß A. die Pfähle oder einige davon nicht mehr hat, der aber ziemlich unwahrscheinlich ist, hat A. an B. Schadensersatz in Geld zu leisten. Nach § 252 hat A. dem B. nicht nur die Pfähle bzw. deren Wert, sondern auch den dem B. durch das Herausnehmen entgangenen Gewinn zu ersetzen. Billigerweise kann dabei nur der Ersatz des Gewinns von B. verlangt werden, der nach dem gewöhnlichen Verlauf der Dinge mit Wahrscheinlichkeit zu erwarten war. Wenn also z. B. die Weinstöcke des B. durch das Herausnehmen derartig beschädigt worden sind, daß sie keinen Ertrag gebracht haben, so hat A. nicht den Ertrag eines besonders guten Weinjahres, sondern den eines normalen Jahres zu ersetzen usw. Ebensowenig braucht A. den Schaden zu ersetzen, der an den Weinstöcken durch die Witterung auch in Verbindung mit den Pfählen entstanden wäre.

Fall 454.

M. E. ist dem B. nicht zu helfen. A. wird zwar als Dieb zunächst nur Besitzer des gestohlenen Geldes, erwirbt aber durch die Vermischung mit seinem Gelde das Eigentum daran nach § 948. Ein Miteigentum des A. an den vorgefundenen 10050 M. läßt sich nicht mehr konstruieren. Die Vorschrift des § 951 ändert daran nichts. B. kann daher im Konkurse kein Aussonderungsrecht (§ 43 KO.) in Anspruch nehmen, sondern ist gewöhnlicher Konkursgläubiger (§ 61 Ziff. 6 KO.).

Fall 455.

Es ist zu untersuchen, ob B. durch die Verarbeitung bzw. Umbildung der dem A. gehörigen Stoffe, also des Papiers und Zeichenmaterials, das Eigentum an der so entstandenen Zeichnung erlangt. Ohne Zweifel ist die von B. hergestellte Zeichnung eine neue Sache. Da sie, wie der Text angibt, eine künstlerische Zeichnung ist, so ist auch zu vermuten, daß der Wert derselben größer, jedenfalls aber nicht erheblich geringer ist, als der Wert des zu ihrer Herstellung verwendeten Stoffs. Nach § 950, insbesondere § 950 Abs. 1 Satz 2 erlangt also B. das Eigentum an dem von ihm gestohlenen Papier und Zeichenmaterial durch Verarbeitung bzw. Umbildung.

A. kann somit an der Zeichnung kein Eigentum beanspruchen. Dagegen kann A. nach § 951 Abs. 2 von B. Schadensersatz auf Grund der §§ 823 ff. beanspruchen. Denn ohne Zweifel hat B., indem er dem A. Papier und Zeichenmaterial wegnahm, eine unerlaubte Handlung, nämlich einen Diebstahl (vielleicht auch Unterschlagung) begangen und damit das Vermögen des A. geschädigt. Somit haftet er ihm nach § 823. Art und Umfang des Schadensersatzes richten sich wieder nach §§ 249 ff. Die Klage geht daher auf das volle Interesse, also hier auf den Wert des entwendeten Papiers und Zeichenmaterials.

A. könnte natürlich auch die Bereicherungsklage im Sinne der §§ 812, 818 Abs. 2 verb. mit § 951 Abs. 1 gegen B. anstellen. Mit dieser erlangt A. nach § 818 Abs. 3 Herausgabe desjenigen, was B. von dem Entwendeten noch hat oder schuldhafterweise nicht mehr hat. B. hat aber von dem Entwendeten, da er es verarbeitet hat, nichts mehr. Man kann auch nicht sagen, daß er schuldhafterweise davon nichts mehr hat, denn die Schenkung des B. (nicht A., wie der Text sagt) an C. kann nicht als schuldhaftes Handeln betrachtet werden. Von der Bereicherungsklage ist also, da sie dem A. vermutlich nichts nützen würde, abzusehen.

Steht dem A. ein Anspruch gegen C. zu, dem B. die Zeichnung geschenkt hat? Dies ist zu verneinen. Denn da B. Eigentümer der Zeichnung ist, so hat C. durch die den Erfordernissen des § 929 entsprechende Übergabe der Zeichnung Eigentum daran erlangt (es ist das also der normale Fall der Eigentumsübergabe). Die §§ 932—935 über den gutgläubigen Erwerb vom Nichteigentümer kommen, da A. Eigentümer wird, nicht in Betracht. Selbst wenn C. böswillig wäre, wenn er also wüßte, daß die Zeichnung durch Verwendung fremden Materials zustande gekommen ist, würde er Eigentum an ihr erworben haben.

Fall 456.

Der Fall behandelt das jetzt viel besprochene sog. Recht am eigenen Bild. Der Photograph A. ist ohne Zweifel bereits vor der Aufnahme Eigentümer der Platte. Durch die Aufnahme und das Entwickeln entsteht auf Grund dieser Umbildung eine neue Sache. Das Eigentum an dieser steht natürlich ebenfalls dem A. zu, das folgt hier ebenso aus § 950 wie aus den allgemeinen Eigentumsvorschriften, nach denen der Eigentümer das freie unbeschränkte Recht über die Sache hat und sie daher auch verändern und zu einer andern Sache machen kann (§§ 903 ff.).

B. hat nun abgelehnt, sich photographieren zu lassen, A. hat ihn aber trotzdem photographiert. Gefragt wird, ob B. etwas dagegen tun kann. Ein Recht auf Verbieten des Photographierens gibt es für den wider seinen Willen Photographierten nach BGB. nicht, ebensowenig ein Recht auf Verbieten des Entwickelns, daher auch kein Recht auf Herausgabe der Platte. Es fragt sich aber, ob es nicht ein Recht auf Verbieten der Vervielfältigung des Bildes gibt. Ein solches läßt sich nach BGB. nur nach Analogie des § 1004 konstruieren. Man kann sagen: Durch die Vervielfältigung des Bildes wird das Recht des Menschen, über seine Persönlichkeit zu verfügen, gestört. Ersteres ist aber ein dem Recht auf Beseitigung der Eigentumsstörung analoges, welches geschützt werden muß, da dies im Sinne des Gesetzgebers liegt, obgleich er für diesen speziellen Fall keine besondere Vorschrift gegeben hat (ein sog. Individualrecht des Menschen, vgl. das im Fall 2 Anm. Gesagte).

B. kann demgemäß verlangen:

1. Beseitigung der vorhandenen Photographien;
2. Unterlassung der Vervielfältigung der Photographie für die Zukunft.

Vernichtung der Platte kann nicht verlangt werden, da B., wenn obige Forderungen erfüllt werden, an dieser Vernichtung kein Interesse hat (§ 226).

Dem B. ist außerdem zu empfehlen, den Erlaß einer einstweiligen Verfügung nach §§ 935 ff. der ZPO. herbeizuführen, durch die dem A. die Weiterverbreitung von Photographien untersagt wird. Denn dieses ist dem A. sehr leicht möglich, und es ist daher wahrscheinlich, daß A. seinen Zweck erreicht, bevor B. mit seiner Klage durchgedrungen ist. Die Gefährdung der dereinstigen Vollstreckung ist dadurch glaubhaft gemacht.

Damit erreicht aber B. noch nicht genug. Es ist nicht ausgeschlossen, daß A. nach seiner Verurteilung wiederum der Verpflichtung zur Unterlassung der Vervielfältigung zuwiderhandelt. Daher ist dem B. zu empfehlen, mit dem Klagantrag den Antrag zu verbinden, den Beklagten gemäß § 390 der ZPO. für jeden Fall der Zuwiderhandlung zu einer Geldstrafe in bestimmter Höhe zu verurteilen. (Vgl. das in Fall 2 Gesagte.)

Fall 458.

Der Bernstein ist eine herrenlose Sache im Sinne des § 959. Es erwirbt daran also derjenige Eigentum, der ihn in Eigenbesitz nimmt. A. hat nun zwar an dem Bernstein unmittelbaren Besitz erlangt, denn er hat die tatsächliche Gewalt über denselben, er hat aber nicht die Absicht, ihn „als ihm gehörend", wie es § 872 für den Eigenbesitz vorschreibt, zu besitzen. Vielmehr hat A. angenommen, die Aneignung sei gesetzlich verboten, oder die Besitzergreifung verletze das Aneignungsrecht eines anderen, nämlich des Staats (§ 958 Abs. 2). Die Absicht des A. geht also zunächst nur auf vorübergehenden Besitzerwerb. Der Aneignungswille, den A. zunächst nicht hat, zeigt sich aber später bei ihm, auch hat ihn sein Erbe, der B. Dieser ist nach § 857 sofort mit dem Tode des A. unmittelbarer Besitzer des Bernsteins geworden. In dem Augenblick, in welchem A. nun die Aneignungsabsicht faßt, erwirbt er das Eigentum an dem Bernstein, denn es kommt nicht darauf an, ob er den Erwerb selbst für rechtmäßig hält, sondern ob er, objektiv betrachtet, rechtmäßig ist. (Anders z. B. bei unerlaubten Handlungen, Diebstahl, Unterschlagung. Der Dieb erlangt nur gewöhnlichen Besitz, nicht aber Eigenbesitz.) Somit erlangt auch der Erbe B. das schon von A. erworbene Eigentum an dem Bernstein.

Fall 459.

Da der Pavillon von den Unternehmern der Ausstellung derelinquiert wird, wird er nach § 959 zu einer herrenlosen Sache. Nach § 958 erlangt daher der Bäcker A., der ihn in Eigenbesitz nimmt, das Eigentum daran. Wenn demgegenüber die Stadtgemeinde ein Eigentumsrecht an dem Pavillon geltend macht und dabei auf ihr Eigentumsrecht am Grund und Boden hinweist, so stützt sie sich möglicherweise auf § 94, wonach zu den wesentlichen Bestandteilen eines Grundstücks die mit dem Grund und Boden fest verbundenen Sachen gehören. Sie folgert weiter, daß der Pavillon daher nach § 93 nicht Gegenstand besonderer Rechte sein kann. Demgegenüber beruft sich A. auf § 95. Danach gehören solche Sachen nicht zu den Bestandteilen eines Grundstücks, die nur zu einem vorübergehenden Zweck mit dem Grund und Boden verbunden sind. Dazu gehören aber, wie allgemein anerkannt, auch die aus Anlaß einer Ausstellung errichteten Gebäude (vgl. Rosenthal, Anm. 7 zu § 95). Auch § 95 Abs. 1 Satz 2 ist hier anwendbar, wonach das gleiche von einem Gebäude oder anderen Werke gilt, das in Ausübung eines Rechtes an einem fremden Grundstücke von dem Berechtigten mit dem Grundstück verbunden worden ist. Hier kann also auch eine Einrichtung zu einem dauernden Zweck vorliegen.

Die Stadtgemeinde kann also, trotzdem sie Eigentümerin des Grund und Bodens ist, das Eigentum an dem Pavillon nicht beanspruchen.

Fall 460.

Nach Art. 69 EG. z. BGB. ist die Regelung der Jagd den Landesgesetzen vorbehalten, jedoch unbeschadet der Vorschrift des § 958 Abs. 2 BGB. Danach wird an einer herrenlosen Sache dann kein Eigentum erworben, wenn die Aneignung gesetzlich verboten ist oder wenn durch die Besitzergreifung das Aneignungsrecht eines anderen verletzt wird. Hier liegt zweifellos der erste dieser Fälle vor, denn die Jagd ist an dem Tage, an welchem A. den Hirsch erlegt, durch Polizeiverordnung verboten. Zugleich liegt aber auch der zweite Fall vor. Denn ein Hirsch, welcher sich auf dem Jagdgrunde des B. befindet, ist eine herrenlose Sache, an der aber nach den Landesgesetzen nur der Jagdberechtigte B., wie an allen anderen auf seinem Revier befindlichen jagdbaren Tieren, ein Aneignungsrecht hat, und dieses verletzt A. zwar noch nicht dadurch, daß er den Hirsch erlegt, wohl aber dadurch, daß er an ihm Besitz ergreift. Nach § 958 Abs. 2 erlangt also A. kein Eigentum an dem Hirsch, sondern nur Besitz, und zwar ist dieser ein fehlerhafter Besitz. B. kann also den Hirsch von A. mit der Eigentumsklage herausverlangen.

Der Einwand, daß er keinen Schaden erlitten habe, weil das Jagen am Sonntag verboten war und er deshalb den Hirsch nicht hätte behalten dürfen, wenn er ihn selbst geschossen hätte, steht dem Anspruche des B. m. E. nicht entgegen. Denn es war ja nicht ausgeschlossen, daß der Hirsch ein anderes Mal auf das Terrain des B. gelangte, so daß er von diesem geschossen werden konnte.

C. erlangt nach § 935 kein Eigentum an dem Hirsch, denn dieser ist zwar nicht als gestohlen oder verloren zu betrachten, wohl aber als „sonst abhanden gekommen“, also dem Eigentümer ohne oder wider seinen Willen abhanden gekommen.

Auf das Geweih hat B. aus denselben Gründen einen Anspruch. Er kann also von D. dessen Herausgabe verlangen.

Ein Bär unterliegt nach den Landesgesetzen dem ausschließlichen Okkupationsrecht des Jagdberechtigten nicht. Diesen kann also jedermann schießen und sich aneignen, somit fällt er dem A. zu.

Fall 461.

Das Ledertäschchen erscheint bei oberflächlicher Betrachtung als eine verlorene, also unbesessene Sache im Sinne der §§ 965 ff., auf welche demgemäß die Grundsätze der Fundlehre (§§ 965 ff.) Anwendung finden würden. Dem widersprechen aber die auf dem Zettel vom Eigentümer desselben aufgeschriebenen Worte: „Elendes Geld" usw. Diese Worte zeigen, daß der Eigentümer der Sache nicht nur den Besitz, sondern auch das Eigentum an dem Täschchen absichtlich aufgegeben (derelinquiert) hat, daß es also eine herrenlose Sache ist. Eine solche darf sich nach § 858 jeder Beliebige aneignen, indem er dieselbe in Eigenbesitz nimmt. Zunächst gelingt es dem A. und B. nicht, an das Täschchen heranzukommen, weshalb A. an das Land geht, um eine Stange zum Heranholen desselben herbeizuschaffen. Beide haben also bisher die tatsächliche Gewalt über das Täschchen nicht erlangt. B. dagegen erlangt diese, und somit Besitz und Eigentum in Abwesenheit des A., denn er begibt sich in das Wasser und holt das Täschchen heraus. A. kehrt zurück, und es fragt sich nun, ob er gegen B., da dieser sich weigert, ihm einen Anteil an dem Inhalte des Täschchens zu geben, vorgehen kann. A. hat recht, wenn er sich sagt, daß er keinen Eigentumsanspruch gegenüber dem B. hat, denn A. hat kein Eigentum erlangt. Auf Schadensersatz hat aber A. ebensowenig Anspruch, denn ein Schadensersatzanspruch kann sich nur gründen auf Vertrag und Delikt. Ein Vertrag ist nun hier nicht vorhanden, also bleibt nur noch Delikt, also unerlaubte Handlung nach § 823. Eine solche liegt aber bei B. ebensowenig vor, denn B. handelt nicht unrechtmäßig (im juristischen Sinne), wenn er sich eine herrenlose Sache aneignet. Vom moralischen Standpunkte aus handelt B. allerdings sehr verwerflich, denn er hätte mit A. teilen sollen, trotzdem dieser zur Zeit seines Eigentumserwerbs nicht zugegen war, da er wußte, daß die Absicht des A. ebenfalls auf den Eigentumserwerb am Täschchen, oder wenigstens auf den Besitzerwerb als Finder ging.

Ich möchte hier aber eine gegenteilige Ansicht vertreten. Es ist m. E. durchaus unbedenklich, anzunehmen, daß zwischen A. und B. im Augenblick, in welchem sie beschließen, das Täschchen gemeinsam in ihre Gewalt zu bekommen, und diesen Willen kundgeben, stillschweigend ein Gesellschaftsvertrag nach §§ 705 ff. zustande gekommen sei, der dahin geht, das Täschchen gemeinsam in Besitz zu bekommen und den Inhalt desselben, bzw. den Finderlohn, zu teilen. B. hat demnach keine Ermächtigung, das Täschchen allein an sich zu nehmen, sondern muß auf die Rückkehr des A. warten, da nach § 709 nur die Gesellschafter gemeinsam die Geschäfte führen können. Wenn er sodann den Inhalt des Täschchens allein behalten will, so widerspricht dies der Vorschrift des § 722, wonach jeder Gesellschafter in Ermangelung einer besonderen Bestimmung gleichen Anteil am Gewinn und Verlust zu tragen hat. B. handelt also unerlaubt. Er schädigt dadurch widerrechtlich das Vermögen des A. und muß gemäß § 823 Schadensersatz leisten.

Fall 463.

Der Fall handelt von der Fundlehre (§§ 965—984).

1. Die Dame hat die Uhr offenbar wider ihren Willen in der Droschke liegen gelassen, diese ist also eine verlorene Sache im Sinne des § 965. Der Finder, der Droschkenkutscher A., kennt nun den Empfangsberechtigten nicht oder wenigstens weiß er ihn nicht zu erreichen. Nach § 965 Abs. 2 hat er daher unverzüglich der Polizeibehörde die dort bezeichneten Mitteilungen zu machen. Dies tut A., indem er die Uhr abliefert, wozu er nicht einmal verpflichtet gewesen wäre. A. hat also seine Pflichten als Finder erfüllt und nach § 971 nunmehr Anspruch auf den dort bezeichneten Finderlohn.

2. Dagegen, daß A. die Uhr der größeren Sicherheit wegen einstweilen bei sich behält, ist nach § 965 Abs. 2, wie schon angedeutet, nichts einzuwenden. Es fragt sich aber, ob sich dadurch, daß A. die Uhr selbst wieder verliert, an der Entscheidung etwas ändert. Nach § 968 haftet der Finder nur für Vorsatz und grobe Fahrlässigkeit. Eine grobe Fahrlässigkeit kann man aber in dem Verlieren der Uhr vermutlich nicht erblicken, höchstens eine geringe, wenn nicht casus. Der Finderlohn bleibt also dem A. trotz des Verlusts der Uhr. Es fragt sich nur, ob nicht der Sohn des A. nunmehr als der wahre Finder zu betrachten ist. Nach § 965 ist der Finder derjenige, welcher eine verlorene Sache findet und an sich nimmt. Der Sohn des A. kann nun, obgleich er geschäftsunfähig ist, Besitz erwerben wie jeder Geschäftsfähige, wenn auch nicht Eigenbesitz, da hierzu die väterliche Genehmigung nötig ist (§ 105). Der Sohn des A. bringt aber die Uhr dem Vater zurück. Er zeigt damit, daß er die tatsächliche Gewalt über die Sache gar nicht für sich erwerben will, sondern nur für seinen Vater, den A. Er handelt also als Werkzeug des A. (§ 855). Somit behält A. selbst den Anspruch auf den Finderlohn.

Anm. Vielleicht könnte auch § 1617 herangezogen werden. Dann wäre die Hingabe der Uhr durch den Sohn an den Vater ein Dienst im Haushalte, zu dem der Sohn verpflichtet ist. In diesem Falle bliebe also die Entscheidung dieselbe.

Fall 464.

A. hat den Fund den Vorschriften des § 965 entsprechend angezeigt. Der Finderlohn wird nun berechnet nach § 971. Dieser beträgt bis zum Betrage von 300 M. fünf Prozent, also hier zunächst 15 M., vom übrigen, also von 55700 M., ein Prozent, also 557 M., zusammen somit 572 M. An eine Frist ist dieser Anspruch nicht geknüpft (§ 271).

Wenn A. das Eigentum an den 50000 M. erlangt hat, so kann dies auf rechtmäßige Weise nur nach § 973 geschehen sein, also dadurch, daß sich innerhalb eines Jahres nach Erstattung der Anzeige der Verlierer nicht gemeldet hat. Dann geht also das Eigentum ohne weiteres auf A. über. Indessen hat A. nach § 977 den Fund nach den Grundsätzen über ungerechtfertigte Bereicherung (§§ 812 ff.) dem Verlierer herauszugeben, wenn dieser innerhalb von drei Jahren nach dem Übergang des Eigentums auf ihn seinen Anspruch gerichtlich geltend gemacht hat. Dies ist hier offenbar nicht der Fall und A. wird daher definitiv Eigentümer des Buchs, sowie des Loses. Wäre dagegen die Voraussetzung des § 977 vorhanden, so hätte A. sowohl die Hypothekensumme als auch den mit dem Lose gemachten Gewinn von 6000 M. an den bzw. die Eigentümer zu zahlen.

Fall 466.

A. hat gegenüber C. eine Auflassungserklärung nach §§ 925, 873 bezüglich seines Grundstücks abgegeben. A. hat aber dabei das brachliegende Ackerstück nicht besonders benannt, sondern nur „sein Gut mit allem Zubehör" verkauft. C. läßt dieses dem D. und D. dem E. auf. Zu ergänzen ist hierbei natürlich, daß außer der Auflassung auch jedesmal die Eintragung der Käufer als Eigentümer im Grundbuch gemäß § 873 erfolgt ist und daß C. und D. ebenfalls das Gut mit allem Zubehör haben übertragen wollen. E. klagt nunmehr gegen B., der vor dem ersten Verkäufer das brachliegende Ackerstück abzubauen begonnen hat, auf Herausgabe desselben. Er stützt sich auf sein Eigentumsrecht, also auf § 985.

Zweifellos ist es die Absicht des A., mit den Worten „mit allem Zubehör" auch das brachliegende Ackerstück mit an B. zu verkaufen und aufzulassen, wie auch B., C., D. und E. sämtlich den Übergang des brachliegenden Ackerstücks gewollt haben. Demgemäß ist dasselbe auch auf C., D. und E. eigentümlich übergegangen. Trotzdem dringt E. mit der Eigentumsklage nicht durch, wenn B. derselben die Einrede des § 986 entgegensetzt, daß er als zum Schürfen Berechtigter auch zum Besitz des streitigen Grundstücks berechtigt sei. Denn allen Bergrechten Deutschlands, so verschieden sie auch sein mögen, ist doch der Grundsatz gemeinsam, daß der zum Schürfen Berechtigte und der Eigentümer des Grund und Bodens Mitbesitz an der Oberfläche des Grundstücks haben, und zwar der Ausbeutende, soweit es der ordnungsmäßige Betrieb erfordert.

Somit wird E. mit der Klage auf Herausgabe des Ackerstücks abgewiesen.

Anm. Auch ohne die Erklärung des A., daß er das Grundstück mit allem Zubehör verkaufe, wäre das streitige Grundstück auf C., D. und E. eigentümlich übergegangen, denn dieses ist zwar nicht Zubehör, wohl aber wesentlicher Bestandteil des Hauptgrundstücks, kann also nach §§ 93, 946 nicht Gegenstand besonderer Rechte sein, sondern teilt das Schicksal der Hauptsache.

Fall 467.

Nachdem die streitige Parzelle dem Grundstück des B. zugeschrieben worden ist, gilt B. zwar als Eigentümer (§ 891), sobald aber der wahre Eigentümer C. es verlangt, kann er, da der Inhalt des Grundstücks mit der wirklichen Rechtslage nicht in Einklang steht, nach § 894 die Zustimmung zur Berichtigung des Grundbuchs von B. als desjenigen verlangen, dessen Recht durch die Berichtigung getroffen wird. Dies geschieht aber nicht, und B. veräußert das Grundstück an A. Damit veräußert B. auch die ihm nicht gehörige Parzelle. Da aber für den Eigentumserwerb an Grundstücken die Grundsätze der §§ 932 ff. über gutgläubigen Erwerb nicht gelten, so erwirbt auch A. kein Eigentum an der Parzelle. Auch ihm gegenüber kann daher C. nach § 894 vorgehen. Nach der Berichtigung des Grundbuchs hat C. wieder als Eigentümer zu gelten.

Fall 468.

Nach § 873 ist zum Erwerb an einem Grundstück Auflassung und Eintragung erforderlich. Zwischen B. und A. liegt nun weiter nichts vor, als ein Kaufvertrag. A. ist also nicht Eigentümer des Grundstücks geworden. Er hat vielmehr nur ein persönliches Recht auf Auflassung gegen B. Hieran ändert weder die Barzahlung etwas noch die Übergabe.

Wenn nun B. das Grundstück vor der Auflassung an A. und C. verkauft und die Auflassung und Eintragung erfolgen, so erwirbt C. hierdurch Eigentum, weil das dingliche Recht des C. dem nur persönlichen des A. auf Auflassung vorgeht. Er kann daher gegen A. mit Erfolg auf Herausgabe des Grundstücks klagen (nicht gegen B., wie versehentlich gesagt). Der Umstand, daß ihm B. auf Grund des Vertrags den Besitz des Grundstücks bereits übergeben hat, ist also bedeutungslos, weil A. kein Recht zum Besitz hat. Sein Besitz ist also dem wahren Eigentümer gegenüber fehlerhaft. Sein Einwand, daß der Kauf des Grundstücks durch C. unmoralisch sei (§ 138), ist nicht stichhaltig. Denn der Umstand, daß B. von C. einen höheren Preis erhält als von A., widerspricht nicht den guten Sitten. Auf das Motiv des C. kommt aber nichts an.

Fall 469.

Die Pfändung seitens des A. und des B. bei C. ist erfolgt nach §§ 803 bis 806 ZPO. Die Ehefrau des C. erhebt hiergegen die Widerspruchsklage nach § 771 ZPO. (die sog. Vollstreckungsinterventionsklage). Sie stützt sich also auf ihr Eigentumsrecht und dieses gründet sich darauf, daß die gepfändeten Sachen ihrem eingebrachten Gut angehören (§ 1363).

Gegen den ersten Gläubiger A. hat nun die Klägerin, wie aus dem Urteil zu schließen ist, nur auf Herausgabe der Pfandstücke geklagt, gegen den zweiten B. dagegen darauf, das Eigentum der Klägerin an den Pfandstücken anzuerkennen und diese herauszugeben. Es fragt sich — das will der Fall feststellen — welcher der beiden Klaganträge mit Rücksicht auf den Fall einer nochmaligen Pfändung derselben Sache vorzuziehen ist. Durch den ersten Antrag erreicht die Ehefrau des C. nur die Verurteilung des A. zur Herausgabe der Pfandstücke. Im Falle erneuter Pfändung würde ihr dieses Urteil nichts nützen. Es wird dadurch nicht festgestellt, daß auch zur Zeit der zweiten Pfändung eine Verpflichtung zur Herausgabe vorliegt. Der Gerichtsvollzieher würde also, wenn die Klägerin ihm im Falle erneuter Pfändung das Urteil vorzeigte, die Pfändung nicht einstellen dürfen, da er gar keinen Beweis dafür hat, daß die Ehefrau des C. zum Besitze der Sachen berechtigt ist. Der zweite Antrag ist dagegen vorteilhafter. Denn dadurch wird die Klägerin in die Lage versetzt, daß sie im Falle der Wiederholung der Pfändung dem Gerichtsvollzieher gegenüber sich als Eigentümerin legitimieren kann, so daß dieser, trotzdem die Vermutung gilt, daß sie dem C. gehören, Bedenken tragen müßte, die Pfändung vorzunehmen. Die Klägerin verbindet im zweiten Falle mit der Widerspruchsklage des § 771 die Feststellungsklage des § 256 ZPO. Diese geht auf Herausgabe und auf Anerkennung des Eigentums der Klägerin an den Pfandstücken. (In jedem Verlangen einer Anerkennung liegt zugleich ein Verlangen der Feststellung.) Im zweiten Falle bleibt also die erneute Pfändung bezüglich der Sachen der Ehefrau des C. erfolglos und diese bleibt im Besitze derselben (vgl. hierzu ZPO. §§ 704 ff., insbsondere § 775).

Fall 470.

Nach § 929 ist zur Übertragung des Eigentums an einer beweglichen Sache erforderlich, daß der Eigentümer die Sache dem Erwerber übergibt und beide darüber einig sind, daß das Eigentum übergehen soll. Die Eigentumsübergabe hat demnach zwei Bestandteile, Einigung über den Eigentumsübergang und Besitzübertragung. Die Frage, ob eine Besitzübergabe vorliegt, ist im vorliegenden Falle wohl kaum mehr bestritten. Nach § 854 Abs. 2 genügt es zum Erwerbe des Eigentums, wenn der Erwerber in der Lage ist, die Gewalt über die Sache auszuüben. A. will nun diese zweifellos an B. übertragen, es geschieht dies aber nur symbolisch, nämlich durch das Zeichnen der Bäume. Diese symbolische Handlung genügt m. E. zur Besitzübertragung (vgl. auch § 930). Danach ist auch das Eigentum an den Bäumen an B. übergegangen.

Ich würde also unbedenklich die Zeichnung der Bäume durch B. mit seiner Namensschiffer als eine Besitzübergabe ansehen. Nach § 854 Abs. 2 genügt zwar die Einigung der Parteien nur dann zum Erwerb des Besitzes, wenn der Erwerber in der Lage ist, die Gewalt über die Sache auszuüben. Es ist aber zu beachten, daß hier eben keine bloße Einigung vorliegt, sondern eine besondere Besitzübertragungshandlung, die darin besteht, daß der A. dem B. erlaubt, die Bäume zu zeichnen. Damit will A. die tatsächliche Gewalt aufgeben und B. sie erlangen. B. ist also als Besitzer anzusehen. Demnach ist B. auch Eigentümer an den Bäumen geworden.

Hat B. sämtliche Bäume mit dem Forsthammer gezeichnet, so bleibt die Entscheidung dieselbe.

Ob der Kaufpreis gezahlt oder gestundet ist, ist in diesem Falle gleichgültig. Das kommt nur in Betracht, wenn eine sonstige Besitzübertragungshandlung nicht vorliegt.

Fall 472.

Wenn A. seiner Geliebten den Ring schenkt und — wie zu vermuten ist — übergibt, so erwirbt die B. durch diese Übergabe, obgleich sie gutgläubig ist, nach § 935 deshalb kein Eigentum, weil der Ring vom Eigentümer verloren worden ist.

Wenn die B. den Ring bei dem Pfandleiher C. versetzt, so finden auf diese Verpfändung nach § 1207 die für den Erwerb des Eigentums geltenden Vorschriften der §§ 932, 934, 935 entsprechende Anwendung, d. h. der gutgläubige Erwerber erlangt ein Pfandrecht unter den daselbst bezeichneten Voraussetzungen. Diese liegen aber hier wiederum nicht vor, da die Sache eine verlorene ist. Nach § 935 erlangt also C. kein Pfandrecht.

Dagegen erlangt D. durch die Versteigerung des Ringes nach § 935 Abs. 2 Eigentum an demselben. Gegen ihn hat also die frühere Eigentümerin keine Ansprüche.

A. haftet nach den Grundsätzen der Fundlehre in Verbindung mit den §§ 823 ff. Nach § 968 hat er Vorsatz und grobe Fahrlässigkeit zu vertreten. Durch Verschenken des Rings hat er aber zweifellos vorsätzlich und widerrechtlich gehandelt. Er hat sogar eine Unterschlagung, also eine strafbare Handlung begangen. Er haftet daher der Eigentümerin gemäß §§ 823 ff. auf Schadensersatz. Die B. ist m. E. als bereichert anzusehen (§ 812). Zwar ist sie dies nicht durch die Leistung eines anderen (der Eigentümerin), wohl aber in sonstiger Weise auf dessen Kosten. Sie hat also die durch das Versetzen des Ringes erlangte Bereicherung herauszugeben. Diese besteht darin, daß sie ihre Schuld infolge der Versteigerung nicht zu bezahlen brauchte. Sie hat also den Versteigerungserlös zu zahlen.

C. haftet nicht. Bei ihm könnte ebenfalls nur Bereicherung in Frage kommen. Eine solche liegt aber nicht vor, weil er, wie erörtert, gutgläubig ist.

D. haftet nicht, da er nach dem Obigen Eigentümer des versteigerten Rings geworden ist.

Fall 473.

Die Rechtsstellung des Finders ist keine ganz unbestrittene. Zwar erlangt derselbe die tatsäche Gewalt an der Sache (§ 854), doch besitzt er nicht für sich, sondern nur für den Eigentümer. Es kommt daher in Frage, ob er nicht unter die in § 855 Genannten, sog. unselbständigen Inhaber fällt. (Vgl. Matthiaß, Band II § 2 II b unter Nr. 3 Seite 6.) Aber auch wenn man den Finder als Besitzer im Sinne des § 854 ansehen wollte, so kann er doch nicht ersitzen, weil zur Ersitzung nach § 937 sog. Eigenbesitz (§ 872) notwendig ist. Diesen kann der Finder nie haben, weil er weiß, daß die Fundsache eines anderen Eigentum ist. Der Einwand der Ersitzung ist also von vornherein zurückzuweisen.

Somit bleibt für C. nur die Möglichkeit eines Eigentumserwerbs auf Grund der Vorschriften der Fundlehre. (Vgl. Fall 464.) Da es sich um eine Taschenuhr handelt, also um einen Gegenstand, der vermutlich mehr als 3 M. wert ist, so ist nach § 965 Abs. 2 Satz 2 die Anzeige des Funds bei der Polizeibehörde erforderlich. Angenommen, diese Formalität wäre hier erfüllt, so würde der Finder C. nach § 973 mit Ablauf eines Jahres nach der Anzeige des Fundes bei der Polizeibehörde das Eigentum an der Uhr erwerben. Doch ist dieser Eigentumserwerb kein definitiver. Er ist vielmehr nur festgesetzt, um aus Gründen des praktischen Lebensbedürfnisses Verkehrs- und Rechtssicherheit zu schaffen. (Vgl. Rosenthal, Anm. 70 zu § 977.) Nach

§ 977 kann vielmehr derjenige, welcher infolge der Vorschriften der §§ 973, 974, 976 einen Rechtsverlust erleidet — das ist in erster Linie der Eigentümer — von dem Finder die Herausgabe des durch die Rechtsänderung Erlangten nach den Vorschriften über die Herausgabe einer ungerechtfertigten Bereicherung (§§ 812 ff.) fordern. Dieser Anspruch erlischt aber mit Ablauf von 3 Jahren nach dem Übergang des Eigentums auf den Finder, wenn nicht die gerichtliche Geltendmachung vorher erfolgt (§ 977 Satz 2). Das ist hier nicht der Fall gewesen. Würde also A. selbst die Uhr beim Finder C. entdecken, so könnte er kein Recht mehr gegen diesen geltend machen. Ebensowenig kann es demnach E., der Erbe des A.

Fall 474.

Die Klage ist die des § 985. Nach § 987 hat der Besitzer dem Eigentümer nur die Nutzungen — dazu gehören auch die Früchte — herauszugeben, die er nach dem Eintritt der Rechtshängigkeit zieht. Der Verwalter hat also die Früchte von der Klagzustellung an herauszugeben. Die Konkurseröffnung ändert an der Verpflichtung des Verwalters nichts. Dieser ist in bezug auf die Pflicht zur Herausgabe der Früchte Rechtsnachfolger des Gemeinschuldners.

Für die Verpflichtung zum Ersatze nicht gezogener Früchte ist nach § 987 Abs. 2 ebensowenig die Konkurseröffnung der maßgebende Zeitpunkt, sondern vielmehr die Rechtshängigkeit der Sache.

Fall 475.

Nach § 433 hat der Verkäufer dem Käufer das Eigentum an der Kaufsache zu verschaffen. Nach § 434 insbesondere ist er verpflichtet, dem Käufer den verkauften Gegenstand frei von Rechten zu verschaffen, die von Dritten gegen den Käufer geltend gemacht werden können. Dazu gehört auch das Eigentumsrecht. Siegt also der Dritte, wie hier im Eigentumsprozesse (sog. Entwehrung, Eviktion), so daß der Käufer die ihm bereits übergebene Sache wieder herausgeben muß, so bestimmen sich nach § 440 die Rechte des Käufers nach den Vorschriften der §§ 320—327. Es liegt ein Fall der sog. subjektiven nachträglichen Unmöglichkeit der Leistung vor. (Vgl. die Fälle des I. und II. Buchs.) Nach § 325 kann daher C. von A. Schadensersatz wegen Nichterfüllung verlangen oder von dem Vertrage zurücktreten (§ 325 Abs. 1 Satz 3 kommt nicht in Betracht, da die Gegenleistung bereits erfolgt ist). Zu ersetzen ist nach §§ 241 ff. der entstandene Schaden und der entgangene Gewinn. Zum Schadensersatz gehörten zweifellos die Kosten des Eviktionsprozesses. Diese kann C. also von A. ersetzt verlangen. Dazu gehört aber auch der Kaufpreis. Denn diesen hat er ja infolge der Entwehrung umsonst gezahlt. (A. ist daher auch um den Kaufpreis bereichert.)

Das Rechtsverhältnis zwischen C. und B. regelt sich nach den §§ 985 ff., denn B., der nichtbesitzende Eigentümer klagt gegen den besitzenden Nichteigentümer und zwar mit Erfolg, da dieser fehlerhaft besitzt (§ 863). Den Kaufpreis kann daher C. keinesfalls von B. verlangen. Die Futterkosten sind notwendige Verwendungen im Sinne des § 994. Sie sind aber zugleich zu den gewöhnlichen Erhaltungskosten im Sinne des § 894 Abs. 1 Satz 2 zu rechnen. Diese sind dem Besitzer für die Zeit, für welche ihm die Nutzungen verbleiben, nicht zu ersetzen. Da es sich um ein Arbeitspferd handelt, so hat C. vermutlich solche Nutzungen gezogen und kann daher keinen Ersatz der Futterkosten verlangen.

Fall 476.

Der Veräußerungsvertrag muß bei Grundstücken nach § 313 schriftlich abgeschlossen und gerichtlich oder notariell beurkundet werden. § 313 Satz 2 sagt zwar, daß auch ein ohne diese Form geschlossener Vertrag gültig wird, wenn Auflassung und Eintragung später erfolgen, wodurch also der Formmangel geheilt wird. Im vorliegenden Fall sind aber Auflassung und Eintragung nicht erfolgt, denn der Vertrag hat sich infolge von Differenzen zerschlagen. Also ist der mündlich abgeschlossene Kaufvertrag nicht gültig geworden, sondern er ist nichtig nach § 125. Diese Nichtigkeit beruht darauf, daß § 313 ein absolutes Gesetz ist. Die Beobachtung der Form des § 313 soll deshalb unbedingt wesentlich für das Zustandekommen des Kaufvertrags sein. Die vorliegenden mündlichen Erklärungen können also nicht als Kaufvertrag aufgefaßt werden (höchstens als Vorverhandlung, Traktat im Sinne des § 154, wobei die Sache so aufzufassen ist, als ob, solange die Form fehlt, einer der in § 154 bezeichneten Punkte fehlt, über die Einigkeit bestehen muß. Ein Traktat ist aber unverbindlich).

Wenn nun A. dem B. erlaubt hat, auf seinem Grundstücke inzwischen einen Brunnen anzulegen, so ist unter dem „inzwischen" zu verstehen, unter der aufschiebenden Bedingung (§ 158 Abs. 1), daß der Kaufvertrag über das Grundstück des A. zustande kommen sollte. Unter dieser Bedingung hat A. dem B. erlaubt, sein Eigentum bis zu einem gewissen Grade zu benutzen, indem B. einen Brunnen auf dem Grundstücke des A. anlegen darf. Da nun feststeht, daß der Kaufvertrag nicht zustande kommen kann, so ist die aufschiebende Bedingung ausgefallen und das Benutzungsrecht des B. hat mit Ausfall der Suspensivbedingung aufgehört.

Von dem Augenblicke an, in dem das Benutzungsrecht des B. aufgehört hat, erscheint seine Handlung als Besitz- bzw. Eigentumsstörung. Daher ist B. verpflichtet, den Brunnen auf eigene Kosten zu beseitigen, oder dem A. als Eigentümer zu erlauben, dies auf seine Kosten zu tun. Falls letzteres dem A. 100 M. kosten sollte, so hat also B. diese 100 M. dem A. zu ersetzen. Dieser letztere Anspruch des A. würde sich als ein Schadensersatzanspruch im Sinne des § 992 darstellen. Denn dadurch, daß B. den Brunnen nicht selbst beseitigt, handelt er widerrechtlich und schädigt dadurch das Vermögen des A. vorsätzlich bzw. fahrlässig. Er begeht also eine unerlaubte Handlung im Sinne des § 823.

Fall 477.

Zum besseren Verständnis des Falles mag folgendes vorausgeschickt werden:

Zu unterscheiden ist der öffentliche Fluß, das ist die Wasserfläche, die ein **res nullius** ist (res extra commercium), und das Flußbett, welches Eigentum des Fiskus ist. Flußbett ist der bei Normalwasserstand vom Wasser bedeckte Teil des Erdbodens. Die über dem Flußbett befindliche Wasserfläche und das Flußbett werden begrenzt durch das Ufer. Das Ufer ist die Grenzlinie zwischen Normalwasserstand und Land. Hochwasser dagegen ist ein unnormaler Wasserstand, bei welchem das Ufer vom Wasser überschritten wird. Ein solcher Zustand liegt hier vor.

B. ist nun im Flusse fischereiberechtigt, d. h. er darf sich die Fische aneignen, die die Wasserfläche des Flusses mit sich führt. Dieses Fischereirecht steht nach § 905 zunächst dem Fiskus als Eigentümer des Flußbetts zu, er kann es aber verleihen und so hat er es hier an den B. verliehen. Der Fiskus kann aber nicht das Fischereirecht auf dem überschwemmten Gebiet verleihen, denn er ist, wie bemerkt, nicht Eigentümer des darunter befindlichen Erdbodens, sondern nur des Flußbetts, somit auch nicht verfügungsberechtigt. Dies ist vielmehr der A. als Eigentümer der überschwemmten Wiese. Von einer Suspension des Eigentums, die B. behauptet, ist also keine Rede, auch ist die erweiterte Wasserfläche kein Teil des Flusses (juristisch), sondern es entscheidet hier allein § 905. Daraus folgt also, daß dem B. kein Fischereirecht auf der Wiese zusteht.

A. klagt gegen B. mit dem Antrage zu erkennen, daß ihm ein Fischereirecht auf der Wiese nicht zustehe. Diese Klage ist eine negative Feststellungsklage nach § 255 ZPO. (Eine Eigentumsstörungsklage nach § 1004 kann nicht angenommen werden, da es sich nicht um Beseitigung der Beeinträchtigung und Unterlassung handelt, sondern nur um Feststellung eines dauernden Zustandes.) Bei Geltendmachung der Feststellungsklage ist ein rechtliches Interesse an alsbaldiger Feststellung nachzuweisen. Dieses ist bei A. ohne weiteres gegeben, es liegt schon darin, daß B. die Behauptung aufstellt, er habe das Recht, im Flusse zu fischen. Die Feststellungsklage ist also begründet und A. dringt mit derselben durch. Nun ist aber das auf die Feststellungsklage hin ergehende Urteil nicht vollstreckbar. A. erreicht also mit demselben zu wenig für den Fall, daß sich die Störung wiederholen sollte, denn dann müßte er von neuem klagen. Es ist daher mit der Feststellungsklage die Klage auf Unterlassung der Eigentumsstörung nach § 1004 zu verbinden. Dabei ist (wie schon in Fällen 2, 150 und anderen) ein Antrag nach § 890 ZPO. zu stellen.

Fall 479.

Das Staatspapier ist ein Schuldschein, worin der Staat dem Inhaber desselben die darin bezeichnete Summe auf sein Verlangen bar auszuzahlen verspricht. Es ist somit ein Inhaberpapier im Sinne der §§ 793 ff.

Da die zehn Hundertmarkscheine beim Bankier noch unterscheidbar vorhanden sind, so steht zunächst fest, daß dieser durch eine Vermischung im Sinne des § 948 keinesfalls Eigentum an denselben erlangt hat. Aber auch auf Grund der §§ 932 ff. hat er es nicht erlangt, denn auch § 935

Abs. 2 gilt nur für den Fall, daß der Dritte gutgläubig erwirbt, während C. bösgläubig ist. A. kann also gegenüber C. mit der Eigentumsklage der §§ 985 ff. die Herausgabe der Papiere verlangen. Nach § 990 hat C. auch die Nutzungen, die er seit dem Erwerb der Papiere gezogen hat, herauszugeben.

Fall 482.

Der Eigentümer hat im normalen Falle das unbeschränkte Herrschaftsrecht über die Sache (§ 903). So besteht auch hier kein Recht eines Dritten, die Quelle des Klägers in eine Brunnenkammer zu fassen. Wenn dies der Kläger seitens des Beklagten duldete, so verpflichtet ihn das nicht, dem Beklagten im Jahre 1910 eine nochmalige Fassung der Quelle zu gestatten. Die Handlung des Beklagten ist dann eine Störung des Klägers im Eigentum, und zwar ist es eine solche im Sinne des § 1004, also eine solche, die „in anderer Weise, als durch Entziehung oder Vorenthaltung des Besitzes" geschieht (vgl. Rosenthal, Anm. 34 zu § 1004). Somit kann der Eigentümer auf Unterlassung klagen. Die Entscheidung könnte sich nur ändern, wenn man annähme, daß § 1004 Abs. 2 vorliege, wonach der Anspruch ausgeschlossen ist, wenn der Eigentümer zur Duldung verpflichtet ist. Eine solche Verpflichtung kann aber auf die bloße Tatsache hin, daß Beklagter bereits früher einmal die Quelle eingefaßt hat, nicht behauptet werden.

Fall 483.

Das Eigentum gewährt im normalen Falle das Recht unbeschränkter Herrschaft über die Sache. Dieses Recht kann — wie z. B. im vorliegenden Falle — durch eine einem anderen zustehende Dienstbarkeit beschränkt sein. Nach § 1019 kann diese aber nur in einer Belastung bestehen, die für die Benutzung des Grundstücks des Berechtigten — also des A. — Vorteil bietet, während der Inhalt der Dienstbarkeit über das sich hieraus ergebende Maß hinaus nicht erstreckt werden kann. Da A. durch die Anlage des B. in keiner Weise bei Ausübung der Wasserschöpfgerechtigkeit gestört wird, so kann er auch gegen dieselbe nichts einwenden (vgl. § 226).

Im zweiten Falle hat A. gegen die Anlage nichts eingewendet, er hat aber zweifellos die Vorschrift des § 1020 verletzt, indem er die Tür, die im Interesse des B. geschlossen werden muß, offen läßt, er hat daher das Interesse des A. nicht geschont. B. kann daher auf Grund seines Eigentumsrechts analog § 1004 Beseitigung der Beeinträchtigung verlangen (vgl. § 226).

Fall 484.

A. ist Nießbraucher im Sinne der §§ 1030 ff. Nach § 1036 hat A. als solcher die bisherige wirtschaftliche Bestimmung der Hauptsache aufrecht zu erhalten. Der Verkauf der ihm nur zum Nießbrauch überlassenen Bäume ist daher unberechtigt (s. auch § 1055). Dem A. wird also durch seine Schuld die Erfüllung des Vertrags unmöglich (§ 325). Er hat also nach § 276 Schadensersatz zu leisten. A. haftet außerdem nach § 823, denn er hat vorsätzlich widerrechtlich (Unterschlagung) das Vermögen des B. durch den zu billigen Verkauf der Bäume geschädigt. B. kann aber von ihm, da er verarmt ist, keinen Ersatz erlangen und will sich deshalb gegen C. wenden. C. ist bösgläubiger Erwerber einer fremden Sache, er erlangt also nach § 932 Abs. 2 kein Eigentum an dem Holz, auch der Dritte, dem es C. weiter verkauft, erlangt es nach § 935 nicht, da das Holz als „sonst abhanden gekommen" anzusehen ist. Gegen den Dritten kann also B. auf Grund der §§ 985 ff. vorgehen. Gegen C. kann er dies nicht, da er das Holz nicht mehr hat. C. ist aber durch den beim Verkauf des Holzes gemachten Verdienst ohne Grund bereichert. Dies ist er zwar nicht durch die Leistung des B., aber „in sonstiger Weise auf dessen Kosten". C. haftet daher dem B. nach § 812. Die Bereicherung besteht in der Differenz zwischen dem von C. gezahlten Einkaufspreis und dem von ihm erlangten Verkaufspreis.

Fall 486.

Nach § 1068 kann Gegenstand des Nießbrauchs auch ein Recht sein. Nach § 1068 Abs. 2 finden auf den Nießbrauch an Rechten die Vorschriften über Nießbrauch an Sachen entsprechende Anwendung, soweit sich nicht aus den §§ 1069—1084 ein anderes ergibt. Im vorliegenden Fall handelt es sich um den Nießbrauch an einer Hypothekenforderung. Hierüber bestimmt § 1076, daß, wenn eine auf Zinsen ausstehende Forderung Gegenstand des Nießbrauchs ist, die Vorschriften der §§ 1077—1079 gelten. Nach § 1077 Abs. 2 können der Nießbraucher und der Gläubiger nur gemeinschaftlich kündigen. Im vorliegenden Falle ist A. Nießbraucher, B. Gläubiger. (Als Eigentümer wird er im Text bezeichnet, weil er Inhaber der Forderung auf die Hauptsumme ist, deren Zinsen A. zu beanspruchen hat.) Gegen die Abtretung der Forderung seitens des B. an C. ist nichts einzuwenden (§ 1071 e contrario). C. ist also jetzt Gläubiger. C. kann aber nach § 1077 Abs. 2 nicht allein kündigen. Wenn daher der Nießbraucher A. mit der Kündigung nicht einverstanden ist, so hat diese keine Wirkung. Eine Verpflichtung des A. zur Zustimmung liegt nur in dem in § 1078 bezeichneten Ausnahmefalle vor. Der Text ist hier aber nicht ganz klar. Nach dem Text scheint es, als ob A. seine Genehmigung zur Kündigung zwar nachträglich gegeben habe, aber seiner nach § 1079 bestehenden Verpflichtung nicht nachgekommen sei. Danach sind der Nießbraucher und der Gläubiger einander verpflichtet, dazu mitzuwirken, daß das eingezogene Kapital nach den für die Anlegung von Mündelgeld geltenden Vorschriften verzinslich angelegt und gleichzeitig dem Nießbraucher der Nießbrauch bestellt werde. Hat also A. einmal seine Genehmigung zur Kündigung gegeben, so muß er auch seiner Verpflichtung aus § 1079 nachkommen. Hat er es nicht getan, so kann er auch seine Genehmigung zur Anlegung usw. verweigern.

Fall 487.

Zwischen B. als Besteller und A. als Unternehmer besteht ein Werkvertrag nach §§ 631 ff. Gegenstand desselben ist die Einsetzung von Türen und Fenstern in den Neubau des B. Da A. zugleich das Werk aus einem von ihm zu beschaffenden Stoffe herzustellen hat, so finden auf den vorliegenden Vertrag nach § 651 die Grundsätze des Kaufs Anwendung. Mit diesem Vertrage ist ein pactum reservati dominii, also ein Eigentumsvorbehalt nach § 455 verbunden, durch den sich der Verkäufer das Eigentum bis zur völligen Bezahlung des Kaufpreises vorbehält. (Ein Abzahlungsgeschäft im Sinne des Gesetzes vom 16. Mai 1894 liegt schon deshalb nicht vor, weil keine Ratenzahlung vereinbart ist, sondern der ganze Preis auf einmal bezahlt werden soll.) Die Übergabe ist also hier nur eine Besitz- aber keine Eigentumsübergabe. Da A. auch bereits die Türen und Fenster eingesetzt hat, so ist von seiner Seite der Vertrag erfüllt und da der Kaufpreis mangels besonderer Vereinbarung nach § 433 Abs. 2 Zug um Zug zu bezahlen ist, so kann A. die Gegenleistung fordern. B. hat auch 3000 M. von derselben auf den Kaufpreis bezahlt, den Rest von 1000 M. aber noch nicht. A. erfährt, daß die Verhältnisse des B. sich verschlechtert haben und nimmt daher Türen und Fenster im Werte von 1000 M. wieder heraus. Es fragt sich, wie diese Handlung juristisch anzusehen ist. Man könnte sie als einen teilweisen Rücktritt vom Vertrage ansehen. Einen solchen hat aber A. gar nicht nötig, denn er ist nach dem Bisherigen noch Eigentümer der Türen und Fenster und kann daher die Zurücknahme auf § 455 stützen. Demgegenüber kommt aber in Frage, ob nicht A. sein Eigentumsrecht an den Türen und Fenstern inzwischen durch das Einfügen nach §§ 946, 93—95 verloren hat und sie nicht Eigentum des Grundstückseigentümers B. geworden sind. Die Türen und Fenster sind ohne Zweifel mit dem Grundstücke fest verbunden worden, daher wesentliche Bestandteile des Grundstücks im Sinne der §§ 93—95 geworden. Nach § 946 wird also B. Eigentümer derselben. Es fragt sich nun, was vorgeht, der Eigentumsvorbehalt des A., also § 455 oder § 946. § 946 geht vor, weil diese Vorschrift offenbar absoluten Charakters ist und gegenüber § 455 zugleich eine lex specialis, die die lex generalis abändern kann. Trotz dieses Ergebnisses ist A. aber nach § 956 zur Wegnahme der Sachen berechtigt, weil der Eigentümer B. sie ihm gestattet. Somit wird A. wieder Eigentümer der Türen und Fenster.

Nun hat B. dem C. für ein zum Zweck des Anbaues gegebenes Darlehn also schon vor der Einfügung der Türen und Fenster eine Hypothek an dem Grundstück bestellt. Nach § 1120 erstreckt sich diese auch auf die wesentlichen Bestandteile des Grundstücks, nach § 1121 aber nur soweit sie nicht von A. weggeschafft worden sind. Die Sachen werden also danach von der Hypothek nicht mit ergriffen. Nun könnte man vielleicht einwenden, daß die Sachen durch das Einfügen als wesentliche Bestandteile auch wider den Willen des B. von selbst mit von der Hypothek ergriffen werden. Die Absicht des B. ist das nicht. Die Sache ist jedenfalls zweifelhaft. Es wird doch m. E. eine besondere Vereinbarung vorausgesetzt werden müssen. Die richtige Meinung würde also m. E. die sein, daß die Sachen von dem Grundstücke wieder entfernt werden, bevor sie zugunsten des Gläubigers C. in Beschlag genommen worden sind. Demnach kann C. nicht gegen A. vorgehen, sondern kann sich nur gegen B. wenden. Gegen diesen kann er die Zwangsvollstreckung betreiben, d. h. also, er kann nach § 1147 die Zwangsverwaltung und Zwangsversteigerung des Grundstückes herbeiführen, um sich wegen seiner Darlehnsforderung Befriedigung zu verschaffen. Eine Pfandklage gibt es nach § 1147 nicht mehr.

Fall 490.

Nach § 1117 erwirbt der Gläubiger, sofern nicht die Erteilung des Hypothekenbriefs ausgeschlossen ist, die Hypothek erst, wenn ihm der Brief von dem Eigentümer des Grundstücks übergeben wird. Auf die Übergabe finden die Vorschriften des § 929 Satz 2 und der §§ 930, 931 Anwendung. Daraus folgt für die Weiterveräußerung der Hypothek, daß auch diese durch formlose Übergabe gültig erfolgt. Nun enthält die Übergabe des Hypothekenbriefs im vorliegenden Falle zugleich eine Schenkung. Zur Wirksamkeit derselben ist natürlich die Form der §§ 516 ff. erforderlich. Die Schenkung kann aber (anders als das Schenkungsversprechen, § 518) ebenfalls formlos erfolgen. Somit ist C. Inhaber der Hypothek geworden. B. ist mit seiner Klage abzuweisen.

Fall 491.

Die Rechtsverhältnisse der Sicherheitshypothek regeln die §§ 1184 ff. Hier insbesondere liegt eine sog. Kautionshypothek vor, d. h. eine solche, bei welcher nur der Höchstbetrag, bis zu dem das Grundstück haften soll, bestimmt, im übrigen die Feststellung der Forderung vorbehalten wird (§ 1190). Nach § 1186 kann nun eine Sicherungshypothek in eine gewöhnliche Hypothek umgewandelt werden, und es ist die Zustimmung der im Range gleich- oder nachstehenden Berechtigten hierzu nicht erforderlich. Aus diesem Zusatz ergibt sich, daß die Zustimmung des persönlichen Schuldners nicht nötig ist. Dieser ist hier aber nicht derselbe wie der dingliche. Persönlicher Schuldner ist vielmehr der B., dinglicher der A. Dieser muß daher der Umwandlung zustimmen.

Fall 495.

Die Vorschriften des Pfandrechts enthalten keine Bestimmungen für die Gefahrhaftung. Daraus ist zu schließen, daß die allgemeinen Bestimmungen gelten. Insbesondere kommt der Satz: casum sentit dominus zur Anwendung. Der Pfandgläubiger ist nach § 868 unmittelbarer Besitzer (vgl. § 1205). Der Besitz allein erzeugt aber keine Verpflichtung zur Gefahrhaftung. A. hat also als Eigentümer des Pferdes die Gefahr des Untergangs desselben zu tragen. B. kann daher von A., nachdem das Pferd von einem Blitzstrahl getötet worden ist, ein anderes Pferd verlangen.

Die Lösung der übrigen Fragen wird dem Leser überlassen.

Fall 496.

Nach § 1205 ist zur Bestellung eines Pfandrechts an einer beweglichen Sache die Besitzübergabe des Pfandes an den Gläubiger erforderlich. Diese Besitzübergabe ist, wie aus der ganzen Formulierung des § 1205 hervorgeht, zur Entstehung des Pfandrechts unbedingt erforderlich. § 1205 ist also ein absolutes Gesetz und duldet keine entgegenstehende Abrede der Parteien. A. hat nun das Pfand, nämlich die Uhr, dem B. nicht übergeben, sondern B. hat sie ihm unter Vorbehalt seines Pfandrechts belassen. Somit ist ein Pfandrecht des B. an der Uhr nicht entstanden, sondern nur ein persönlicher Vertrag zwischen A. und B., der dahin geht, daß A. verpflichtet ist, dem B. den Pfandgegenstand, die Uhr, sobald sie B. fordert, als Pfand herauszugeben. Es ist also nur ein Pfandvorvertrag entstanden, der nur ein persönliches Recht des B. erzeugt. C. pfändet nun die Uhr im Wege der Zwangsvollstreckung nach §§ 803 ff. ZPO. Dadurch erlangt C. ein Pfändungspfandrecht, also ein wirkliches Pfandrecht, an der Uhr, denn sie wird durch den von C. beauftragten Gerichtsvollzieher in Beschlag genommen. B. will dagegen mit der Vollstreckungsinterventionsklage nach § 771 vorgehen, denn er beruft sich auf sein ihm angeblich zustehendes Pfandrecht, also ein dingliches Recht. Da B., wie bewiesen, gar kein Pfandrecht erlangt hat, sondern nur einen persönlichen Anspruch auf Übertragung der Uhr, während C. dagegen ein dingliches Recht im Sinne des § 771 an der Uhr erlangt hat, so ist die Klage unbegründet (vgl. Kom. zur ZPO. von Sydow und Busch, Anm. 3 zu § 771). C. ist also dem B. durch die Pfändung zuvorgekommen. A. hat durch seine Nachsicht jeden Anspruch auf die Uhr verloren.

Der Vertrag zwischen A. und B. ist aber doch nicht ganz ohne Bedeutung. B. kann sich vielmehr bei der nun vermutlich folgenden Versteigerung der Uhr auf § 805 stützen. Er ist ohne Zweifel ein Dritter, der sich nicht im Besitze der Sache befindet, der aber ein Vorzugsrecht hat und daher seinen Anspruch auf vorzugsweise Befriedigung aus dem Erlöse im Wege der Klage geltend machen kann.

Anm. Der Pfandvorvertrag zwischen A. und B. ist genauer ein Bittbesitzvertrag (das frühere precarium). Aus § 604 Abs. 3 geht hervor, daß dieser nicht mehr als ein besonderer Realvertrag anzusehen ist, sondern als eine Abart des Leihvertrags (Kommodat).

Fall 497.

Nach § 1205 ist zur Bestellung des Pfandrechts erforderlich, daß der Eigentümer die Sache dem Gläubiger übergibt und beide darüber einig sind, daß dem Gläubiger das Pfandrecht zustehen soll. Danach ist also in erster Linie die körperliche Übergabe nach § 929 erforderlich. Ausnahmen hiervon enthalten § 1205 Abs. 1 Satz 2 und § 1206. Diese Fälle liegen aber hier nicht vor. Vielmehr sind zwei Fälle zu unterscheiden.

1. Die Kuh ist nach § 930 übergeben und nicht zurückgegeben worden. Dann ist nach § 1205 ein Pfandrecht des B. an ihr ebensowenig wie unter 1 entstanden, ein Vermieten derselben durch den Nichteigentümer ist dann ebensowenig möglich wie vorher. Somit hat B. ein Pfandrecht an der Kuh nicht erlangt. B. wird daher mit seiner Interventionsklage (nach § 805 ZPO.) abgewiesen.

2. Die Kuh ist nach § 930 übergeben, dann aber zurückgegeben worden. Dann bleibt die Lösung dieselbe. Ein Pfandrecht des B. ist dann um so weniger entstanden.

Fall 503.

Zwischen A. als Verpfänder und B. als Pfandgläubiger ist ein Pfandvertrag nach § 1205 abgeschlossen worden. Wenn nun C., ein Dritter, das verpfändete Klavier dermaßen beschädigt, daß sich dessen Wert um 200 M. verringert, so fragt sich, wer gegen C. klagen kann. A. kann zweifellos als Eigentümer gegen C. wegen widerrechtlicher Verletzung seines Eigentums vorgehen, somit von ihm 200 M. Schadensersatz wegen Sachbeschädigung fordern (§ 823). B. kann aber als Pfandgläubiger ebenfalls gegen C. klagen. Denn als solcher hat er nach § 868 den unmittelbaren Besitz des Pfandes. Als solcher wird er im Besitze gestört. Nach § 862 kann er daher Beseitigung der Störung verlangen. Das nützt aber dem B. hier nichts mehr, denn der Wert des Pfandes hat sich bereits verringert. Er muß daher seine Klage anders begründen. Er kann sich nämlich auf § 1227 stützen. Dieser gibt dem Pfandgläubiger bei Beeinträchtigung seines Rechts, also des Besitzrechts, eine der Eigentumsklage der §§ 985 ff. analoge Klage. Diese wird hier nur auf Ersatz des dem B. entstandenen Schadens gehen. Da das Pfand dem B. für eine Forderung von 100 M. haftet, so kann er auch m. E. nur bis zu dieser Höhe einen Schadensersatzanspruch gegen C. geltend machen, nicht aber bis zur Höhe von 200 M. A. kann dagegen, wenn B. nicht vorher geklagt hat, 200 M. von C. verlangen, denn um soviel hat sich sein Eigentum an Wert vermindert. A. wird also durch eine vorherige Klage des B. nur teilweise ausgeschlossen, nämlich bezüglich der 100 M. A. kann sich in diesem Falle die von C. an B. gezahlten 100 M. von seiner Schuld an B. abrechnen, kann also das Pfand ohne weiteres zurückfordern, da B. indirekt befriedigt worden ist.

Anm. Nach § 849 muß C. ev. Zinsen des zu ersetzenden Betrags bezahlen, die nach § 246 vier Prozent betragen.

Fall 505.

Nach § 1253 erlischt das Pfandrecht des B. durch Rückgabe des Pfandes. Die Vorschrift des § 1253 ist eine absolute, ebenso wie diejenige, welche bestimmt, daß das Pfandrecht durch Übergabe der Pfandsache entsteht. Diese Annahme wird noch durch den Zusatz bestätigt: der Vorbehalt der Fortdauer des Pfandrechts ist unwirksam.

A. hat nun das Pfand aus Irrtum zurückgegeben, in der Annahme, daß die Forderung, wegen welcher das Pfand bestellt war, erloschen sei. Es fragt sich, ob dieser Irrtum das obige Resultat, daß das Pfandrecht erloschen ist, abändern kann. Das ist zweifelhaft, denn der Irrtum des B. ist nur ein Irrtum im Motiv, nicht über den Inhalt seiner Erklärung. Bei diesem findet nach der früheren romanistischen Theorie keine Anfechtung statt, da er nicht als wesentlicher Irrtum betrachtet wird. Eine Anfechtung und damit verbundene Klage auf Wiedererlangung des Pfandes ist danach für A. nicht gegeben. Die jetzt herrschende Ansicht geht dahin, daß es nach BGB. für die Frage, ob der Irrtum Anfechtbarkeit begründen soll, gleichgültig, ob er ein Irrtum im Beweggrunde ist oder nicht, sondern es gibt eben nur noch die Unterscheidung zwischen wesentlichen und unwesentlichen Irrtum (vgl. Matthiaß, Bd. I, § 53 S. 195). Nach BGB. dürfte also eine Rückforderung des Pfandes möglich sein.

Hat A. vielleicht einen Bereicherungsanspruch? Das ist zu bejahen. B. hat den Besitz der Uhr widerrechtlich erlangt, denn er ist als Pfandschuldner nicht zum Besitz des Pfandes berechtigt. Er hat den auf Kosten des A. erlangt, denn A. hat infolgedessen keine Sicherheit mehr, seine Forderung ist also im Verkehr weniger wert, als vorher. Es liegt also der Tatbestand des § 812 vor. A. hat etwas zum Zwecke der Erfüllung einer Verbindlichkeit geleistet, die dabei vorausgesetzte Verbindlichkeit (nämlich die zur Rückgabe des Pfands) besteht aber noch gar nicht. (Die frühere condictio indebiti, vgl. Kom. von Rosenthal, Anm. 3c vor § 812.) B. ist somit zur Herausgabe des Pfandes verpflichtet. Das praktische Resultat ist somit dasselbe, wie wenn man wesentlichen Irrtum nach § 119 annehmen und die Anfechtung auf Grund desselben als wirksam erachten würde, denn dann würde A. auf Grund des nichtigen Rückgabevertrags das Pfand ebenfalls zurückerhalten. Juristisch ist aber das Resultat ein anderes, denn im letzteren Falle würde, da die Rückgabe an B. als nichtig anzusehen ist, durch die Anfechtung und Rückgabe des Pfandes der Pfandvertrag wieder aufleben. Im Falle der Annahme des § 812 dagegen ist das Pfandrecht durch die Rückgabe, die gültig ist, nach der absoluten Vorschrift des § 1253 erloschen und A. kann dessen Wiederherstellung von B. auf Grund der früheren Hingabe nicht verlangen. A. ist aber zum Besitze billigerweise nur solange berechtigt, als B. durch denselben bereichert wäre. Das ist der Fall bis zur Bezahlung der Forderung. Erfolgt diese, so ist nunmehr das Verhältnis umgekehrt und A. ist durch den Besitz der Sache bereichert (nach § 812 Abs. 1 Satz 2). Er ist also nunmehr zur Rückgabe der Sache an B. verpflichtet, aber nicht auf Grund des § 1253, sondern auf Grund des § 812.

Druck von C. Schulze & Co., G. m. b. H., Gräfenhainichen.

C. Schulze & Co., G. m. b. H., Gräfenhainichen (Bez. Halle).

FSC
www.fsc.org
MIX
Papier | Fördert
gute Waldnutzung
FSC® C083411

Kolibri 360 GmbH
Ferdinand-Jühlke-Straße 7
99095 Erfurt, Deutschland
produktsicherheit@kolibri360.de